高速公路运营企业
应急预案体系及应用

韩奕波　张小旺　胡　冉　赵要辉　编著

黄河水利出版社

·郑州·

内 容 提 要

本书全面分析了我国高速公路应急预案的现状及存在的问题，通过对我国高速公路应急预案体系建设和应用情况的定性分析，结合目前高速公路的发展现状，构建了高速公路应急预案框架体系，为高速公路运营企业应急预案体系建立和预案编制提供具体的技术方案。

本书可供研究及制定相关政策的政府部门参考，也可供相关研究人员及交通行业人员阅读参考。

图书在版编目（CIP）数据

高速公路运营企业应急预案体系及应用 / 韩奕波等编著. — 郑州：黄河水利出版社，2022.5
ISBN 978-7-5509-3272-2

Ⅰ. ①高… Ⅱ. ①韩… Ⅲ. ①高速公路-公路运输企业-交通运输管理-突发事件-应急对策-中国 Ⅳ. ①U491.31

中国版本图书馆CIP数据核字（2022）第074950号

组稿编辑：王志宽 电话：0371-66024331 E-mail：wangzhikuan83@126.com

出 版 社：黄河水利出版社 网址：www.yrcp.com
地址：河南省郑州市顺河路黄委会综合楼14层 邮政编码：450003
发行单位：黄河水利出版社
发行部电话：0371-66026940、66020550、66028024、66022620（传真）
E-mail：hhslcbs@126.com
承印单位：河南新华印刷集团有限公司
开本：787 mm×1 092 mm 1/16
印张：14.25
字数：330千字
版次：2022年5月第1版 印次：2022年5月第1次印刷

定价：88.00元

前　言

随着我国高速公路建设的快速发展，高速公路突发事件也呈多发趋势，加强高速公路应急预案体系建设对于提升高速公路运营企业应急能力和服务水平具有重要意义。

高速公路是综合交通运输体系必不可少的组成部分，也是促进社会经济发展的有利推手。随着“一带一路”建设和“十四五”规划的深化推进，机动车保有量和交通需求量也在持续增长，不仅极大地促进了运输效率，带来显著的社会效益和经济效益，也促使了人流、物流的高速运转，有利于加速资源要素的跨区域便捷流动。

然而，随着高速公路网络不断建设发展，在带动国民经济发展、人们享受到路网便利的同时，高速公路通行压力和运行压力也越来越大。诸如驾驶不当、车辆故障、超载运输、危险品泄漏以及恶劣天气和自然灾害等引起的事故的发生，是道路交通安全的巨大隐患。同时，由于事故的偶然性和不可预测性，严重威胁着人民群众的生命财产安全，并且事故极易引发严重的交通阻断，造成时间和燃料成本的增加。不仅如此，由于高速公路交通运输的特殊性，次生事故也极易发生，会引起人员伤亡和社会经济损失的进一步扩大。因此，建立科学完备的高速公路应急预案体系在降低事故死亡率和发生率、减少国民经济和财产损失、有效缓解交通拥堵等方面起着至关重要的作用。

近些年来，随着各项专项治理工程、平安工程等的推进，我国高速公路应急预案体系建设取得了巨大的进步，但仍与美国、英国、日本等发达国家有着不可忽视的差距。目前，我国高速公路应急预案编制及实施存在的问题主要体现为：

（1）风险分析不全面，在新形势与新环境下，现有的应急预案体系中对风险范围的覆盖不够全面。例如，针对高速公路环境污染、网络安全、公共卫生事件等情况，现有应急预案体系中未涉及。

（2）内容结构不完整，部分应急预案对突发事件的分级分类、应急主体及应急响应程序描述不清晰，预案应急措施不全面。

（3）操作性不强，现有的应急预案总体上原则性要求较多，与实际问题及实际操作的关联性较小，且存在不同层级的预案内容重复、上下一样粗的问题，预案针对性不强。

（4）缺少统筹规划与规范化管理，各级各部门编制的预案衔接不紧密，存在脱节、矛盾现象。例如，基层组织编制预案中的应急响应级别与上级主管部门或当地政府编制预案的应急响应级别没有做到有效衔接，甚至出现互相矛盾的情况。

为深入贯彻落实《交通强国建设纲要》等文件精神，建立健全高速公路突发事件应急预案体系，着力解决当前高速公路运营企业应急预案编制及实施过程中存在的问题，有必要开展高速公路运营企业突发事件应急预案体系研究。本书参阅国内外应急管理理论和应急救援预案编制方法，依据国家法规、标准，吸收事故应急救援方面的科研成果，构建了高速公路运营企业应急预案编制的思路和方法体系：从基础理论到应急实践，从常规事故应急到特殊事故处置，从综合应急预案到专项应急预案、现场处置方案等。

本书是作者在系统总结近年来承担的多个项目研究成果的基础上撰写的。其中韩奕波编写第 1 章，计 4.7 万字；赵要辉编写第 2 章、第 6 章第 1 节，计 7.7 万字；胡冉编写第 3 章、第 6 章第 3 节，计 8.4 万字；张小旺编写第 4 章、第 5 章、第 6 章第 2 节，计 11.2 万字。全书由张小旺统稿。

本书在编写过程中，参考和引用了国内其他专家、学者的研究成果和文献，在此深表谢意。同时，向在本书编写过程中给予指导和帮助的各位领导、专家表示衷心的感谢。

由于编者水平有限，书中难免存在疏漏和不足之处，恳请各位专家和读者不吝批评指正。

编　者

2022 年 4 月

目　　录

第 1 章　高速公路运营企业应急预案概述

应急预案指面对突发事件如自然灾害、重特大事故、环境公害及人为破坏的应急管理、指挥、救援计划等。它一般应建立在综合防灾规划上，是针对可能发生的突发公共事件，为迅速、有效、有序地开展应急行动而预先制定的方案。高速公路是综合交通运输体系必不可少的组成部分，也是促进社会经济发展的重要支撑，建立完备的高速公路应急预案体系，在降低事故死亡率和发生率、减少国民经济和财产损失、有效缓解交通拥堵等方面起着至关重要的作用。

1.1　我国高速公路应急管理现状分析

我国对于应急管理的研究最早开始于 20 世纪 90 年代，由于我国地质灾害的加剧，对突发公共事件的应急管理研究领域主要集中在自然灾害的应对。2003 年，“非典”事件爆发，暴露了我国在应急管理中存在诸多问题，中央政府开始全面推动我国应急管理的工作和研究。随着 2006 年 1 月 8 日国务院发布的《国家突发公共事件总体应急预案》出台，我国应急预案框架体系初步形成。在此期间，对应急管理的研究，加强了综合性和跨学科性，取得了较为丰硕的研究成果。

我国在高速公路应急管理方面的研究起步较晚，2002 年才初具规模。2004 年 5 月，《中华人民共和国道路交通安全法》的出台从法律角度对车辆和驾驶人员管理进行了全方位的规范。2005 年，国务院发布《公路交通突发公共事件应急预案》，在发生 2008 年特大地质灾害后，总结救灾经验，于 2009 年重新修订了此案，对应急组织体系、运行机制、应急处置、应急保障、监督管理等内容都做了明确的规定。由于总结了 2008 年的实战经验，此次的预案不仅是公路应急管理的总纲领，也提高了实操性，执行力度大大提高。2011 年颁布了《交通运输突发事件应急管理规定》，2017 年依据此规定等相关法规印发了《交通运输综合应急预案》等 7 项突发事件应急预案，在更加专业的领域发挥作用，是交通运输部应对特别重大公路交通突发事件的规范性文件，同时是全国公路交通突发事件应急预案体系的总纲及总体预案。

公路交通应急管理属于我国应急管理的范畴，同样按照应急管理的总体要求来管理，即“一案三制”的要求来进行构建和管理，包括建立完备的应急预案，建立应急管理体制、机制和法制。在国家法律法规和应急预案不断完善的同时，我国的学者、专家和相关从业者对高速公路应急救援体系的探索和优化也在进行。得益于我国全球第一和还在不断增长的高速公路里程数，以及全球最多的交通参与人数，虽然我国高速公路的运营管理工作开展较晚，但从中探索出了许多具有中国高速公路特色的研究成果。

国内多名学者对应急管理、体系、机制等方面的问题进行了分析研究。刘娜、胡刚提出建立道路交通危机管理体系，并提出从制度、管理机构、运行机制等方面来进行构建，重点研究了预警、快速反应、信息发布、协调、评价等五项机制；胡红、刘小明等提出了三级应急交通疏散路网规划系统方法，对疏散路径优化、应急交通控制、疏散时间估计等研究整合，优化了道路交通资源利用；谢素华分析了我国公路交通应急运输保障的现状和存在的主要问题，提出了构建应急物资运输保障体系的建议；潘庆芳针对我国高速公路的应急管理，分析了现状和不足，提出了完善应急管理保障体系的建议；黎符忠提出了通过硬件和软件两方面来构建交通应急保障体系，即建立应急保障网络和建立应急联动机制；张钊等通过对道路交通突发事件特性和突发事件下交通运行情况来分析，提出减小交通需求，提高交通供给的应急交通管理策略；柴干等研究了救援点的选址对道路应急工作的开展起到重要作用，预案编制、资源配置的基础都应该是救援点的布局；罗桂新从全过程风险管理理论角度构建了公路应急管理体系，并提供了公路应急能力评价方法，提出了能力建设的建议；李亚军对高速公路交警部门的交通管理进行了研究，提出制定不同类型的分级应急预案，保障事故处理高效性，提高交通管理工作水平。相较于国外，国内的研究更注重于理论方面，在仿真模拟和试验等方面的研究相对较少，且对于突发事件应急管理的研究多集中于定性分析，缺少科学性和定量分析性。

尽管我国目前高度重视高速公路应急管理体系的建立和完善，但是由于我国当前在应急管理方面的理论和案例缺乏，能力与经验不足以应对数量持续增加的高速公路突发事件。而且，我国尚未建立适合我国国情的统一、固定的高速公路应急预案体系，各省份也大多处于本省高速公路应急管理体系研究的探索阶段，尚未从处置需求的角度建立专业性的应急预案体系。在高速公路发生突发事件时，通常以《交通运输综合应急预案》和《公路交通突发事件应急预案》为指导，按行政级别（如省、市、县）划分指挥权限。尽管应急管理范围明确，应对突发事件类型全面，应急管理组织体系基本健全，应急处置职责较为清晰，但我国高速公路应急管理仍有很多工作需要进一步完善。

1.2 应急预案的基本概念

1.2.1 事故

事故是造成死亡、职业病、伤害、财产损失或其他损失的意外事件。在事故的种种定义中，伯克霍夫（Birckhoff）的定义比较著名。伯克霍夫认为，事故是个人或集体在为实现某种意图或目的而采取行动的过程中，突然发生了与人的意志相反的情况，迫使人们的行动暂时或永久停止的事件。

事故的含义包括：

（1）事故是一种发生在人类生产、生活活动中的特殊事件，人类的任何生产、生活活动过程中都可能发生事故。

（2）事故是一种突然发生的、出乎人们意料的意外事件。由于导致事故发生的原因非常复杂，往往包括许多偶然因素，因而事故的发生具有随机性。在事故发生之前，人们无法准确预测什么时候、什么地方、发生什么样的事故。

（3）事故是一种迫使进行着的生产、生活活动暂时或永久停止的事件。

事故中断、终止人们正常活动的进行，必然给人们的生产、生活带来某种形式的影响。因此，事故是一种违背人们意志的事件，是人们不希望发生的事件。

事故是一种动态事件，它开始于危险的激化，并以一系列原因事件按一定的逻辑顺序流经系统而造成损失，即事故是指造成人员伤害、死亡、职业病或设备设施等财产损失和其他损失的意外事件。它的发生可能导致生产、科研活动暂停，或造成财产损失或人身伤亡，形成某种程度的灾害，因此事故与灾害往往连在一起，所以事故也称事故灾害。

根据生产安全事故（简称事故）造成的人员伤亡或者直接经济损失，事故一般分为以下等级：

（1）特别重大事故，是指造成 30 人以上死亡，或者 100 人以上重伤（包括急性工业中毒，下同），或者 1 亿元以上直接经济损失的事故。

（2）重大事故，是指造成 10 人以上 30 人以下死亡，或者 50 人以上 100 人以下重伤，或者 5 000 万元以上 1 亿元以下直接经济损失的事故。

（3）较大事故，是指造成 3 人以上 10 人以下死亡，或者 10 人以上 50 人以下重伤，或者 1 000 万元以上 5 000 万元以下直接经济损失的事故。

（4）一般事故，是指造成 3 人以下死亡，或者 10 人以下重伤，或者 1 000 万元以下直接经济损失的事故。

国务院安全生产监督管理部门可以会同国务院有关部门，制定事故等级划分的补充性规定。

1.2.2　应急救援

应急救援是为预防、控制和消除事故与灾害对人类生命和财产危害所采取的反应行动。其主要目标是控制紧急事件的发生与发展并尽可能地消除事故，将事故对人、财产和环境的损失降低到最低限度。

工业化国家的统计表明，有效的应急救援系统可将事故损失降低到无应急救援系统的 6%。应急救援要做到迅速、准确及有效。

重大事故应急救援是国际社会极其关注的一项社会性减灾防灾工作，既涉及科学和技术领域，也涉及计划、管理等部门。建立重大事故应急救援预案和应急救援体系是一项复杂的安全系统工程。应急救援的基本任务包括：

（1）立即组织营救受害人员，组织撤离或者采取其他措施保护危险、危害区域的其他人员。

（2）迅速控制事态，并对事故造成的危险、危害进行监测、检测，测定事故的危害区域、危害性质及危害程度。

（3）消除危害后果，做好现场恢复工作。

（4）查清事故原因，评估危害程度。

1.2.3　应急预案

应急预案即预先制定的行动方案，指的是根据国家、地方的法律、法规和各项规章制度，综合本单位、本部门的历史经验、实践积累和当地特殊的地域、政治、民族、民俗等实际情况，针对各种突发事件类型而事先制定的一套能切实迅速、有效、有序解决问题的行动计划或方案，旨在使得政府应急管理更为程序化、制度化，做到有法可依、有据可查。它是在辨识和评估潜在的重大危险、事故类型、发生的可能性、发生过程、事故后果及影响严重程度的基础上，对应急管理机构的职责、人员、技术、装备、设施（备）、物资、救援行动及其指挥与协调等方面预先做出的具体安排。它明确了在突发事件发生前、发生过程中以及结束后，谁或哪个机构负责做什么，何时做，如何做，以及相应的策略和资源准备等。一般来说，一个完善的应急预案体系应包括应急预案制定管理、应急预案评审管理、基于应急预案的辅助决策技术等，同时应急预案的制定应具有可行性、及时性和全面性等特点。

根据国际劳工组织批准公布的《重大工业事故预防实用规程》，应急预案的定义为：

（1）基于在某一设施处发现的潜在事故及其可能造成的影响所形成的一个正式书面计划，该计划描述了在现场和场外如何处理事故及其影响。

（2）重大危险设施的应急计划包括对紧急事件的处理。

（3）应急计划包括现场计划和场外计划两个重要的组成部分。

（4）企业管理部门应确保遵守符合国家法律规定的标准要求，不应把应急计划作为在设施内维持良好标准的替代措施。

应急预案是应急管理的文本体现，是应急管理工作的指导性文件，其总目标是控制紧急事件的发展并尽可能消除事故，将事故对人、财产和环境的损失降低到最低限度。

应急预案实际上是一个透明和标准化的反应程序，它能使应急救援活动按照预先周密的计划和最有效的实施步骤有条不紊地进行。这些计划和步骤是快速响应和有效救援的基本保证。应急预案应有系统完整的设计、标准化的文本文件、行之有效的操作程序和持续改进的运行机制。

1.2.4 隐患

隐患是指在某个条件、事物及事件中存在的不稳定的并且可能影响个人或者他人安全利益的因素，是任何能直接或间接导致伤害或疾病、财产损失，工作场所环境破坏或其组合的对工作标准、实务、程序、法规、管理体系绩效等的偏离。

当隐患暴露在人类的生产活动中时就成为风险，隐患与风险是一对既有区别又有联系的概念。以下举例说明：

在某山顶上有一块摇摇欲坠的巨石，这是一个隐患，是客观存在的不安全状态，但它不是风险，因为周围没有人员从事生产活动，即它没有暴露在人的生产活动中，即使它从山上坠落下来，也不会对人员和设备造成任何伤害和损坏。而当一组地质勘探人员在它周围从事地质勘探作业时，巨石就成为风险，因为它可能会伤害这些地质勘探人员。

1.2.5 危险与风险

危险是指某一系统、产品、设备或操作内部和外部的一种潜在的状态，其发生可能造成人员伤害、职业病、财产损失、作业环境破坏等状态。危险的特征在于其危险可能性的大小与安全条件和概率有关。危险概率是指危险发生（转变）事故的可能性，即频度或单位时间危险发生的次数。危险的严重度或伤害、损失或危害的程度是指每次危险发生导致的伤害程度或损失大小。

危险是风险的前提，没有危险就无所谓风险。风险由两部分组成：一是危险事件出现的概率；二是危险一旦出现，其后果的严重程度和损失的大小。如果将这两部分的量化指标综合，就是风险的表征，称为风险。

1.3　应急预案的理论分析

1.3.1　应急管理

1.3.1.1　应急管理的概念

应急一般是指针对突发、具有破坏力的事件采取的预防、响应和恢复的活动与计划。应急工作的主要目标是：对突发事故灾害做出预警；控制事故灾害发生与扩大；开展有效救援，减少损失，迅速组织恢复正常状态。

应急管理是对事故的全过程管理，尽管事故的发生往往具有突发性和偶然性，但事故的应急管理应贯穿于事故发生前、发生中、发生后的各个过程，不仅限于事故发生后的应急救援行动。

事故应急管理是为了预防、控制及消除事故，减少其对人员伤害、财产损失和环境破坏的程度而进行的计划、组织、指挥、协调和控制的活动。事故应急管理是一个动态过程，包括预防、准备、响应和恢复四个阶段。尽管在实际情况中，这些阶段往往是相互重叠的，但它们中的每一部分都有自己单独的目标，并且成为下一个阶段内容的一部分。

1. 预防

预防就是从应急管理的角度，防止事故发生，避免采取应急行动。对于任何有效的应急管理而言，预防是其核心。在应急管理中，预防包含两层含义：一是事故的预防工作，即通过安全管理和安全技术手段尽可能避免事故的发生，以实现本质安全的目的；二是在假定事故必然发生的前提下，通过预先采取的预防措施来降低或减缓事故影响及其后果的严重程度。

2. 准备

准备是针对可能发生的事故，为迅速有效地开展应急行动而预先所做的各种准备，包括应急机构的设立和职责的落实、应急预案的编制、应急队伍的建设、应急设备（施）及物资的准备和维护、预案的培训和演练、与外部应急力量的衔接等。其最终目的是保证事故应急救援所需的应急能力，一旦事故发生，力求损失最小化，并尽快恢复到常态。

3. 响应

响应又称反应，是在事故发生前、发生中和发生后对情况进行科学合理的分析，立即采取的应急救援行动。响应的目的是通过发挥预警、疏散、搜寻和营救以及提供避难所和医疗服务等紧急事务功能，防止事态进一步恶化，使人员伤亡及财产损失降低到最低限度。

4. 恢复

恢复工作应在事故发生后立即进行，它首先对事故造成的影响进行评估，使受影响地区恢复最起码的服务，然后继续努力，使其恢复到正常状态。要立即开展的恢复工作包括事故损失评估；长期恢复工作包括重建和再发展以及实施安全减灾计划。恢复阶段还要对应急预案进行评审，改进应急预案的不足。

1.3.1.2　事故应急管理的内容与应对措施

预防、准备、响应和短期恢复工作，要求在政府部门与企业之间协调和决策时具有熟练的战术，以便应对事故情况下的应急行动。长期恢复和减灾，则要求在计划、政策设计和采取降低风险行动及控制潜在事故的影响方面具有战略性的行动。在应急行动产生之前，预防和准备阶段可持续几年、几十年甚至更长时间；然而，如果应急发生，则导致进入恢复阶段，新的应急管理又从预防工作开始。

应急管理工作贯穿紧急事件发生之前、之中、之后。由于紧急事件发生时，人们对其反应的时间有限，并且必须在有限的时间内迅速做出准确的决策，但由于信息来源有限、应急所需的人力和设备可能超过实际可得等情况，因此要求应急管理工作者及应急管理工作必须涉及以下方面：

（1）应急管理者要对可能发生的紧急情况提高警惕，提前预防，并将紧急事件的影响控制到最低限度。

（2）在紧急事件发生前，应急管理者应制定应急预案，做出响应与恢复计划；对员工进行应急培训与演练，并为组织和企业做好准备，以应对可能出现的紧急情况及其造成的影响。

（3）在紧急事件发生时，应急管理者应及时出击，在较短的时间内遏制紧急事件的发展。

（4）在紧急事件的处理过程中，应急管理者需要充分利用有限的物质资源和人力资源，保证应急预案的有效实施。

（5）应急过后，管理者需要对随之而来的恢复和重建进行管理，这些工作应在应急预案中充分考虑，在事故发生之前给予充分的准备。

1.3.2　应急救援系统

应急救援系统是指负责事故预测和报警接收、事故应急预案制定、应急救援行动的开展、事故应急救援培训和演练、事故恢复工作等事务，控制和消除事故，使事故损失程度降低到最小的由若干相互联系和作用的应急要素组成的一个有机体。应急救援系统既涉及救援的组织机构，又涉及救援的支持保障；既包含救援系统的核心要素，又需要响应程序来实现其功能等。故本节从应急救援系统的基本要素、组织机构、响应机制及响应程序四个方面进行阐述。

1.3.2.1　应急救援系统的基本要素

系统是指由相互联系、相互作用、相互依赖和相互制约的若干事物和过程所组成的一个具有整体功能和综合行为的统一体。从安全系统的动态特性出发，人类的安全系统是由人、社会、环境、技术、经济、信息等因素构成的大协调系统。事故应急救援系统是安全系统的子系统，也应是由人、社会、环境、技术、经济、信息等因素构成的协调系统。事故应急救援的总目标是通过预先设计和应急措施，利用一切可以利用的力量，在事故发生后迅速控制其发展，保护现场人员和附近居民的健康与安全，并将事故对人、财产和环境造成的损失降至最小限度。应急救援系统随事故的类型和影响范围而异。

1. 政府应急预案的基本要素

政府应急预案的基本要素包括以下六个一级要素。

1）方针与原则

方针反映应急救援工作的优先方向、政策、范围和总体目标（如保护人员安全优先，防止和控制事故蔓延优先，保护环境优先），体现预防为主、常备不懈、统一指挥、高效协调以及持续改进的思想。基本原则：预防为主，统一指挥；分级负责，区域内为主；单位自救和社会救援相结合。

2）应急策划

应急策划即进行危险分析、资源分析，法律法规要求。

3）应急准备

应急准备即要考虑机构与职责，应急资源准备，教育、培训与演练，签订互助协议。

4）应急响应

应急响应是应急预案中最重要的要素，涉及内容包括接警与通知、指挥与控制、警报与紧急公告、通信、事态监测与评估、警戒与治安、人群疏散与安置、医疗与卫生、公共关系、应急人员安全、消防与抢险、泄漏物控制等。

5）现场恢复（短期恢复）

现场恢复的主要内容包括宣布应急结束的程序，撤点、撤离和交接程序，恢复正常状态的程序，以及现场清理和受影响区域内的连续检测，事故调查与后果评价等。其目的是控制此时仍存在的潜在危险，将现场恢复到一个基本稳定的状态，并为长期恢复提供指导和建议。

6）预案管理与评审改进

预案管理与评审改进包括对应急预案的制定、修改、更新、批准和发布做出管理规定，并保证定期或在应急演练、应急救援后对应急预案进行评审，针对实际情况的变化以及应急预案中暴露出的缺陷，不断地更新、完善和改进应急预案文件体系。

2. 企业应急预案的基本要素

结合我国的实际情况，企业的一个高效的事故应急救援系统应具有以下要素。

1）应急救援计划

应急救援计划是政府或企业为降低事故后果的严重程度，以对危险源的评价和事故预测结果为依据而预先制定的事故控制和抢险救灾方案，是事故应急救援活动的行动指南。它是应急救援系统的重要组成部分，针对各种不同的紧急情况制定有效的应急预案，不仅可以指导应急人员的日常培训和演练，保证各种应急资源处于良好的备战状态，而且可以指导应急行动有序进行，防止救援不力而贻误战机。

2）应急救援组织机构

建立坚强有力的应急救援组织机构是落实事故应急预案的关键。健全的应急救援组织机构应包括应急处置行动组、通信联络组、疏散引导组、安全防护救护组等。小规模企事业单位的应急救援组织机构可由单位其他部门担任，但是各个机构要权责明确，整个应急救援组织应训练有素，保证紧急事故出现后招之即来，来之能战，战之能胜。

3）通信联系和报警系统

通信联系在应急系统中是一个决定性因素。企业应建立可靠的通信联络与报警系统，确保一旦现场发出警报，就能立即通知应急服务机构，同时必须将事故的性质、正在采取的行动以及控制后果的措施等信息及时提供给有关人员和公众。

4）应急器材与设施

应急器材与设施主要包括消防器材、紧急照明设备、个人防护用品、疏散通道、安全门、急救器材与设备等。

5）外部援助系统

外部援助系统包括上级指挥中心、特殊专业人员（如分析化学家、毒理学家、气象学家等）、事故应急处理数据库、实验室、消防队、公安局、应急专家咨询机构、军事或民防机构、公共卫生机构、医院、运输公司等。

6）事故预警监测系统

事故预警监测系统是对危险源的情况进行监测，并将信息反馈给相应的管理部门，发生事故时对事故的进展进行监测并将信息反馈给决策部门，以便采取相应的应急救援措施。

1.3.2.2 应急救援系统的组织机构

应急救援系统包括多个运作中心，主要有应急指挥中心（紧急运转中心）、事故现场指挥中心、支持保障中心、媒体中心和信息管理中心。系统内的各中心都有各自的功能职责及构建特点，每个中心都是相对独立的工作机构，但在执行任务时相互联系、相互协调，呈现系统性的运作状态。应急救援系统的组织机构如图 1-1 所示。

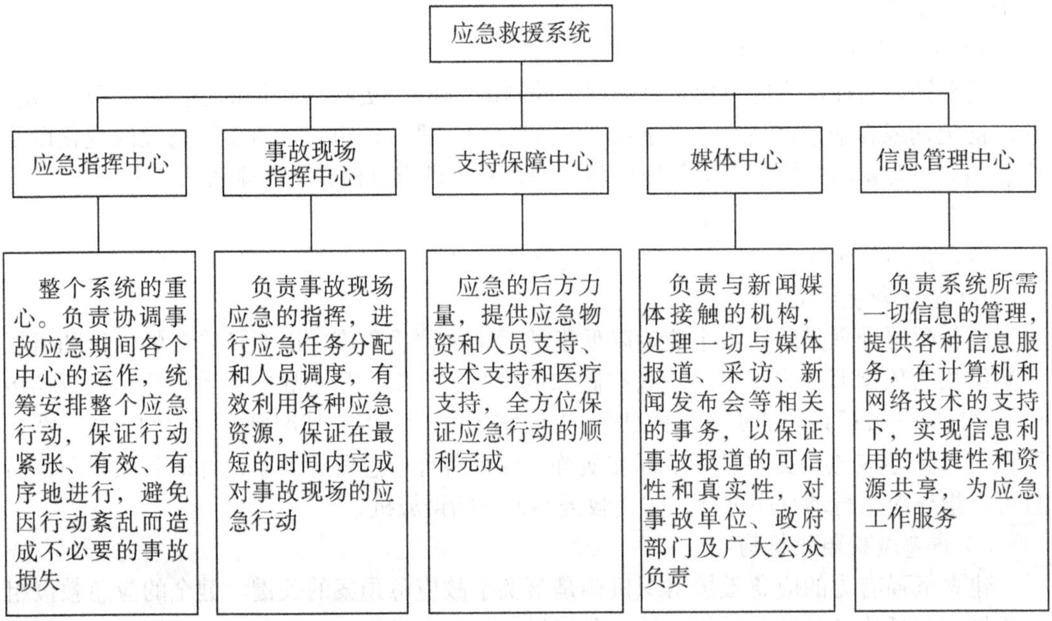

图 1-1　应急救援系统的组织机构

1. 应急指挥中心

应急指挥中心在事故应急救援系统中主要负责事故应急行动中的信息协调，提供应急对策，处理应急后方支持及其他管理职责，是进行应急行动全面统筹的中心，能保证整个应急救援行动有条不紊地进行，减少因事故救援不及时或救援组织工作紊乱而造成的额外人员伤亡和财产损失。

2. 事故现场指挥中心

事故现场指挥中心是应急救援系统中与应急指挥中心相对应的现场指挥机构。该中心与应急指挥中心的不同之处在于，它偏重于事故现场的应急救援指挥和管理工作。其职责主要是负责在事故现场制定和实施正确、有效的事故现场应急对策，确保应急救援任务顺利完成。事故现场指挥中心是整个现场应急救援工作的指挥者和管理者。事故现场指挥中心的建立如图 1-2 所示。

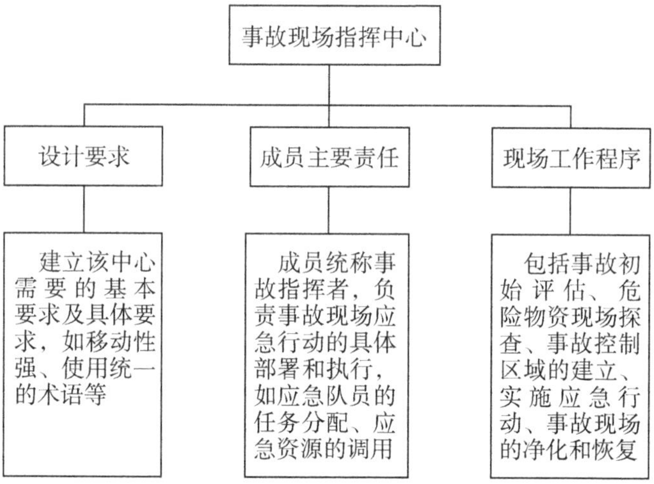

图 1-2　事故现场指挥中心的建立

3. 支持保障中心

支持保障中心在整个应急救援系统中起应急后方力量支持保障的作用，为事故应急救援的完成提供应急所需的物资和人力资源。支持保障中心的建立如图 1-3 所示。

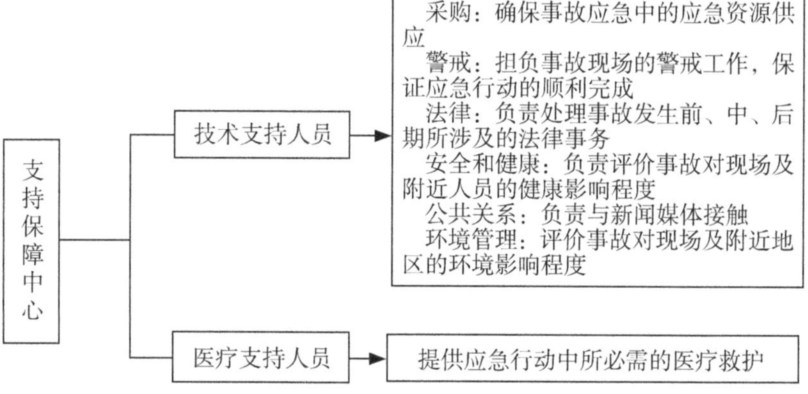

图 1-3　支持保障中心的建立

4. 媒体中心

在事故应急救援系统中，媒体中心负责安排事故应急救援过程中的媒体报道、采访和新闻发布等事宜。任何一个事故的发生都可能引起媒体的注意。如果事故发生后没有专门机构来处理与媒体的关系，则可能导致媒体报道失真，影响应急救援行动，破坏事故单位在公众中的形象，甚至引起公众的恐慌。媒体中心的建立如图 1-4 所示。

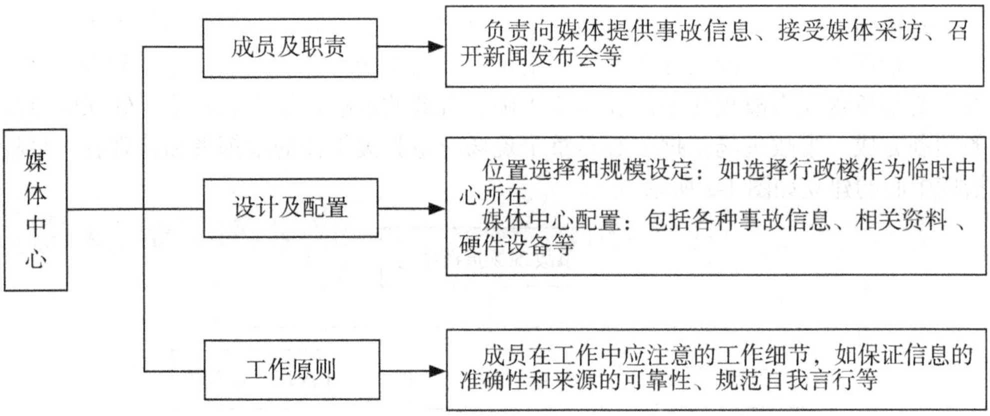

图 1-4　媒体中心的建立

5. 信息管理中心

在事故应急救援系统中，信息管理中心的主要任务是信息管理和信息服务。在信息化时代，信息的高效利用能极大地节约应急所花费的时间，有效地保护人民生命财产的安全。信息管理中心的建立如图 1-5 所示。

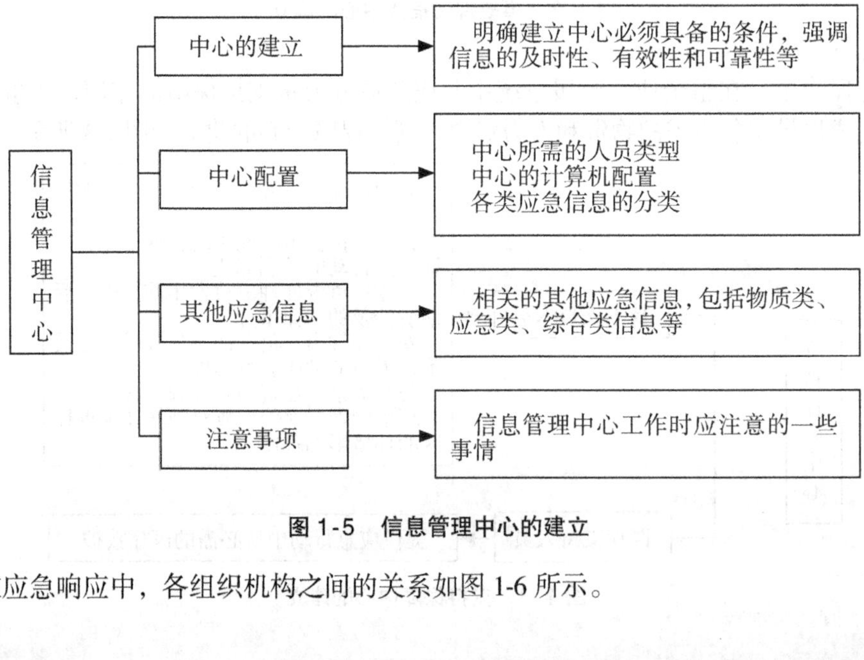

图 1-5　信息管理中心的建立

在应急响应中，各组织机构之间的关系如图 1-6 所示。

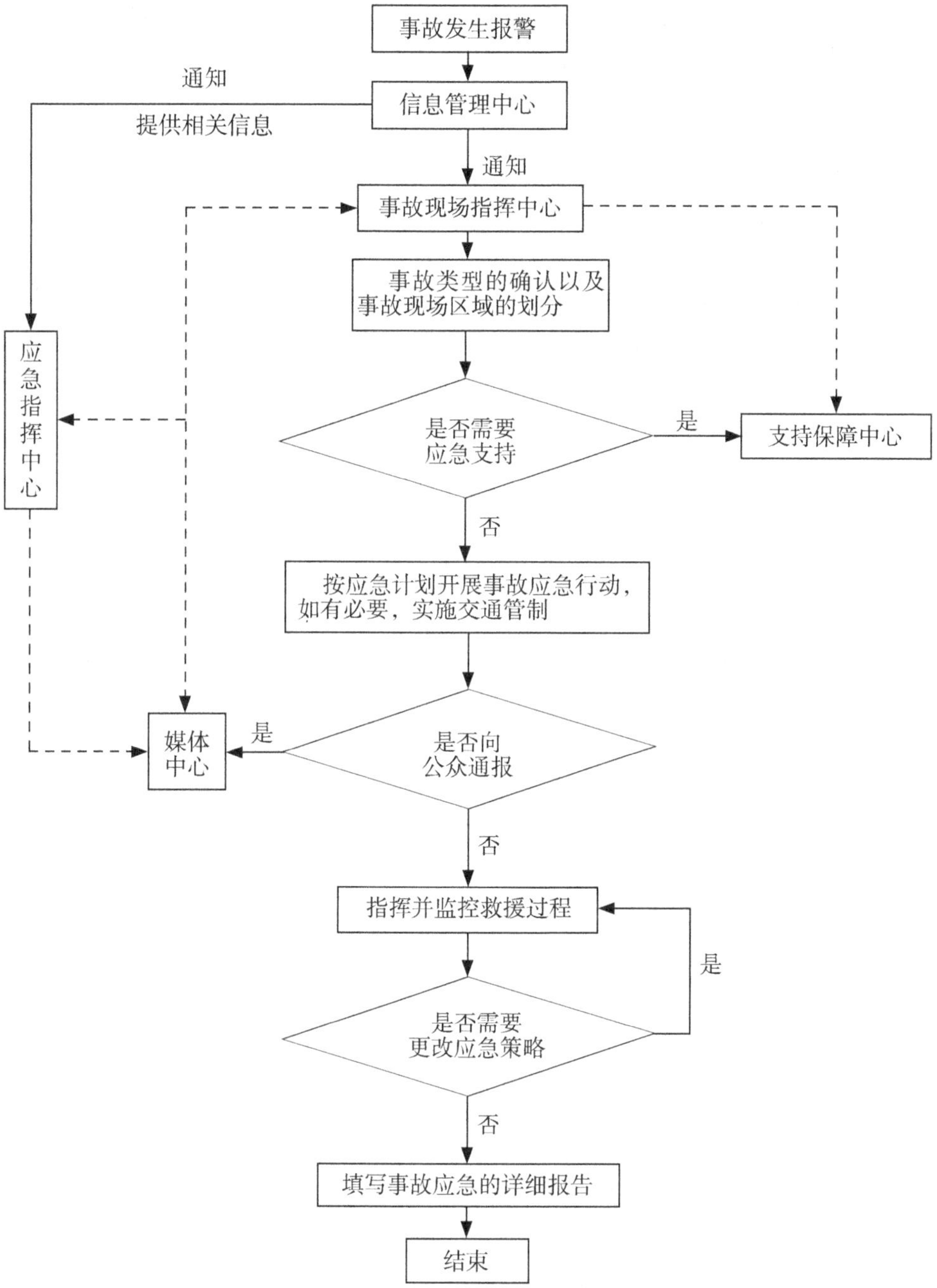

图 1-6　应急响应中各组织机构之间的关系

1.3.2.3　应急救援系统的响应机制

应急救援系统根据事故的性质、严重程度、事态发展趋势实行分级响应机制。针对不同的事故应急响应级别，应相应地明确事故的通报范围、事故应急中心的启动程度，应急力量的出动、设备及物资的调集规模、疏散范围及应急总指挥的职位。事故一旦发生，就应立即实施应急程序，如需上级援助，应同时报告当地县（市）或企业事故应急主管部门，根据预测的事故影响程度和范围，需投入的应急人力、物力和财力等逐级启动事故应急预案。

在任何情况下都应对事故的发展和控制进行连续不断的监测，并将信息传送到企业级事故应急指挥中心。企业级事故应急指挥中心根据事故的严重程度，将核实后的信息逐级报送上级应急机构。企业级事故应急指挥中心可向科研单位、地（市）或全国专家、数据库和实验室就事故所涉及的危险物质的性能、事故控制措施等征求专家意见。

企业级事故应急指挥中心应不断向上级机构报告事故控制的进展情况、所做出的决定与采取的行动。后者对此进行审查、批准或提出替代对策。将事故应急处理移交上一级指挥中心的决定，应由企业级事故应急指挥中心和上级政府机构共同决定。做出这种决定（升级）的依据是事故的规模、企业能够提供的应急资源及事故发生的地点是否使企业范围外的地方处于风险之中。

主管部门应建立适合的报警系统，且有一个标准程序，将事故发生、发展信息传递给相应级别的应急指挥中心。根据对事故状况的评价，启动相应级别的应急预案。我国地方政府或企事业单位在确定其应急救援响应机制时，可根据各自危险、危害情况具体确定。例如，《××市突发公共事件总体应急预案》为了有效处置各类突发公共事件，依据突发公共事件可能造成的危害程度、波及范围、影响力大小、人员及财产损失等情况，由高到低划分为特别重大（Ⅰ级）、重大（Ⅱ级）、较大（Ⅲ级）、一般（Ⅳ级）4个级别。

（1）特别重大突发公共事件（Ⅰ级）：指突然发生，事态非常复杂，对北京市公共安全、政治稳定和社会经济秩序带来严重危害或威胁，已经或可能造成特别重大人员伤亡、特别重大财产损失或重大生态环境破坏，需要市委、市政府统一组织协调，调度首都各方面资源和力量进行应急处置的紧急事件。

（2）重大突发公共事件（Ⅱ级）：指突然发生，事态复杂，对一定区域内的公共安全、政治稳定和社会经济秩序造成严重危害或威胁，已经或可能造成重大人员伤亡、重大财产损失或严重生态环境破坏，需要调度多个部门、区县和相关单位力量及资源进行联合处置的紧急事件。

（3）较大突发公共事件（Ⅲ级）：指突然发生，事态较为复杂，对一定区域内的公共安全，政治稳定和社会经济秩序造成一定危害或威胁，已经或可能造成较大人员伤亡、较大财产损失或生态环境破坏，需要调度个别部门、区县力量和资源进行处置的事件。

（4）一般突发公共事件（Ⅳ级）：指突然发生，事态比较简单，仅对较小范围内的公共安全、政治稳定和社会经济秩序造成严重危害或威胁，已经或可能造成人员伤亡和财产损失，只需要调度个别部门或区县的力量和资源能够处置的事件。

1.3.2.4 应急救援的响应程序

快速、有序且高效地处理事故，需要事故应急救援系统中各个组织机构的协调努力。事故一旦发生，应立即启动事故应急救援系统的应急响应程序。应急响应程序按过程通常可分为接警、响应级别确定、应急启动、救援行动、应急恢复和应急结束等几个过程。

重大事故应急救援系统响应程序如图1-7所示，包括警情与响应级别的确定、应急启动、救援行动、应急恢复、应急结束5大步骤。

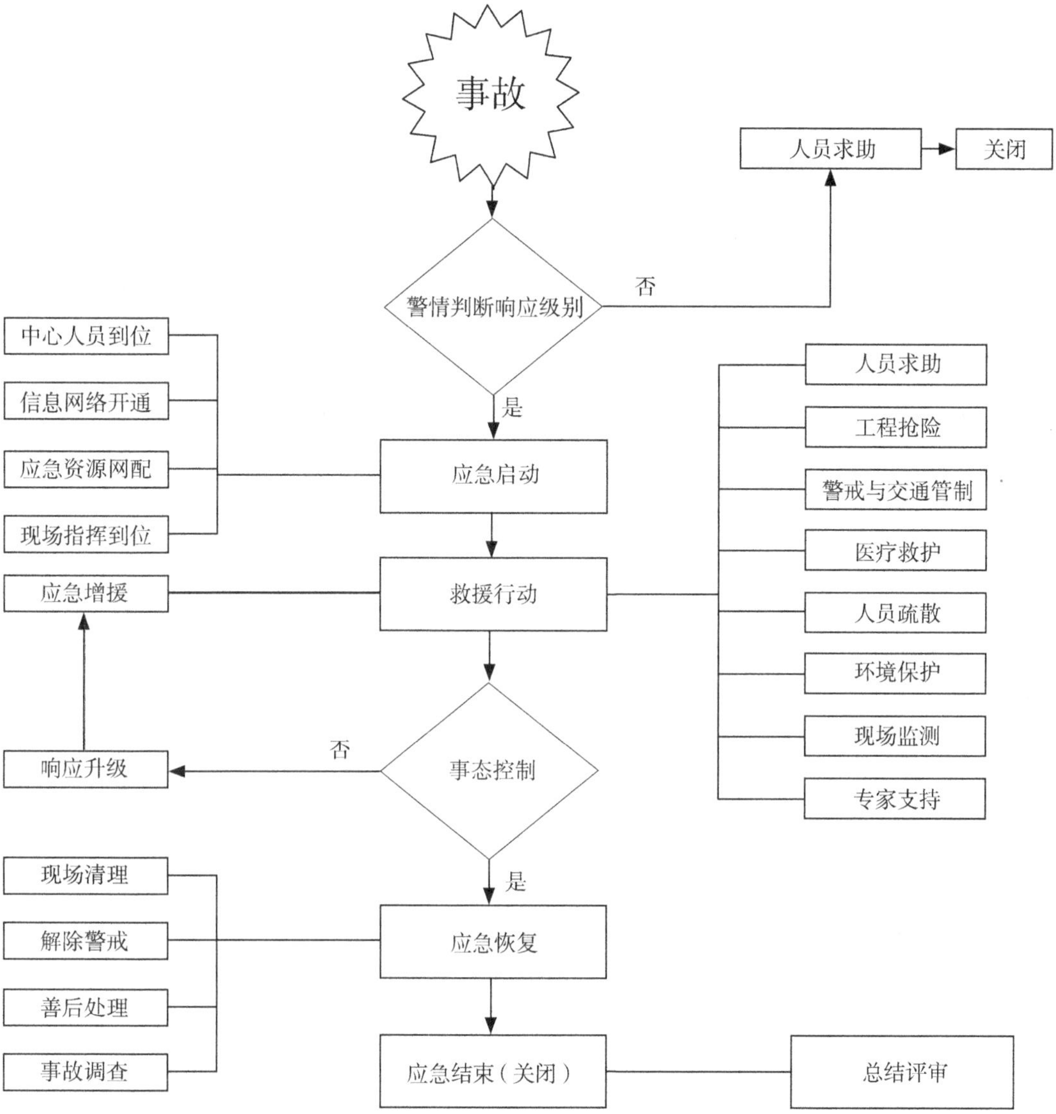

图 1-7　重大事故应急救援系统响应程序

1. 警情与响应级别的确定

接到事故报警后，按照工作程序对警情做出判断，初步确定响应级别。如果事故不足以启动应急救援体系的最低响应级别，响应关闭。

2. 应急启动

应急响应级别确定后，按所确定的响应级别启动应急程序，如通知应急指挥中心有关人员到位、开通信息与通信网络、通知调配救援所需的应急资源、现场指挥到位等。

3. 救援行动

有关应急队伍进入事故现场后，迅速开展侦测、警戒、疏散、人员救助、工程抢险等有关应急救援工作。专家组为救援决策提供建议和技术支持。当事态超出响应级别，无法得到有效控制时，应向应急指挥中心请求实施更高级别的响应。

4. 应急恢复

应急行动结束后，进入临时应急恢复阶段。应急恢复包括现场清理、人员清点和撤离、警戒解除、善后处理和事故调查等。

5. 应急结束

执行应急关闭程序，由事故总指挥宣布应急结束。

一般灾害的应急救援响应程序与重大事故相似，但结合具体事故情况可作调整。

1.3.3 应急实施能力

应急预案编制工作组进行企业、施工现场应急实施能力分析的首要任务是信息收集，这是应急管理的一个重要部分，也是编写好应急预案的关键环节。信息所涉及的内容包括企业、施工现场内部有关计划与政策，有关外部组织的要求，相应的法律法规，内部应急资源及外部应急资源调查等。

1.3.3.1 熟悉企业、施工现场内部有关计划与政策

分析企业、施工现场的应急实施能力，就应熟悉本企业的生产、运营及发展状况，了解其有关的方针与政策。因此，应急预案编制工作组在编写应急预案之前至少需要查询本企业以下的文件：

（1）疏散撤离计划。

（2）防火方案。

（3）安全与卫生方案。

（4）环境政策。

（5）治安程序。

（6）保险方案。

（7）员工应急手册。

（8）工艺过程安全评估。

（9）风险管理计划。

（10）资本扩大规划。

应该注意的是，在应急预案起草前，应急预案编制工作组应确保应急预案与企事业单位的其他组织计划相结合。企事业单位的应急预案应确保符合本单位的有关计划及政策，与相关文件衔接和兼容。

当应急预案最终定稿时，应急预案编制工作组还应与外界组织共同讨论应急预案的可应用部分，以确保正确估计应急能力，并得到其他的服务和资源补充。

1.3.3.2 符合外部组织要求

企事业单位应急实施能力的分析虽涉及本单位，但应急预案编制工作组应确保与政府机构、团体组织和公共事业机构等部门联络，向他们咨询有关的可能发生的紧急事件及计划和可利用的资源。在企事业单位的应急管理中，应急预案编制工作组应与以下机构保持联络，并确保从那里获得有关的信息资源：

（1）中华人民共和国应急管理部。
（2）中华人民共和国国家发展和改革委员会。
（3）中华人民共和国住房和城乡建设部。
（4）中国气象局。
（5）消防部门。
（6）公安机关。
（7）紧急医疗救助机构。
（8）地方应急委员会。
（9）地方气象局。
（10）地方通信管理局。

1.3.3.3　辨识法规和规章

企事业单位根据有关法规明确应负的责任和承担的义务，这是应急预案编制工作的法律依据和保障。在此基础上，每个单位根据自己所属行业和各自生产特点还应辨识可采用的国家、地方等有关应急的规章。如：

（1）有关职业安全卫生的法律法规。
（2）有关环境的法律法规。
（3）有关消防的法律法规。
（4）防震减灾的法律法规。
（5）地方交通规则。
（6）地方性法规。
（7）地方合作政策等。

1.3.3.4　评审相关的应急预案

某些企事业单位可能没有应急预案，或只有很简单的应急预案。在修改或制定一个新的应急预案之前，对已有应急预案进行评审是很有必要的。评审相关的应急预案包括评审已有的应急预案、熟悉周边地区的应急预案及了解政府应急预案。

1. 评审已有的应急预案

评审与紧急情况相关的应急预案，以加深对过去紧急情况管理方法的理解。相关的内容应包括设备手册、评价报告、防火计划、危险品泄漏应急计划、自然灾害应急预案，以及可能涉及的应急停车及类似活动的操作规程。评审和检查上述内容可确保应急预案的连续性。在检查这些应急预案时，应急预案编制工作组应注意应急预案的时效性。

2. 熟悉周边地区的应急预案

应急预案编制工作组应了解邻近辖区是如何为紧急情况做准备的，熟悉邻近辖区的应急预案可以及时发现被自身忽视的某些信息。

应急预案编制工作组还应与邻近企事业单位的相关人员一起对可能发生的事故及资源和能力等信息进行讨论，以寻找对应急操作程序等的改进措施，并可与他们签订互助协议。

3. 了解政府应急预案

应急预案编制工作组应了解包括政府和社团组织在内的社会应急网络的运转，了解政府应急预案，从而理解这些政府机构或社团组织如何准备应急和从紧急情况中恢复，这对本单位在紧急情况中得到外部支持有很大帮助。

1.3.3.5 辨识关键性的产品、服务和操作

企事业单位，特别是一些商业机构，需要辨识其自身关键性的产品、服务和操作来评估潜在的紧急情况对企业自身造成的压力，从而进一步决定企业进行救援工作的必要条件。需要辨识的范围包括：

（1）公司产品与服务以及用于生产的设施设备。

（2）由供应商提供的产品与服务，尤其是提供产品的独家供应商。

（3）生命线工程，如电源、水、管道、液化气、电信和交通等。

（4）对企业持续发展至关重要的操作程序、设备和职工状况。

1.3.3.6 应急资源调查

1. 内部应急资源调查

企事业单位内部应急资源主要包括应急人员、应急设备、应急设施、组织对策及后备系统。

1）应急人员

调查应急人力资源时，主要考虑应急人员的数量、素质和在紧急情况下应急人员的可获得性，以及人员对紧急情况的承受能力和应变能力。应急人员应涉及消防队、危险物响应组、紧急医疗服务、保安、应急管理组、疏散组、公共信息管理人员。

2）应急设备

应急设备可分为现场应急设备和场外应急设备。现场应急设备包括灭火装置、危险化学品泄漏控制装置、个人防护设备、通信设备、医疗设备、营救设备等。在对现场区域内事故发生可能性及危险性分析的基础上，应急预案编制工作组可依据需要来制定所需设备清单，以便进行具体工作的部署。场外应急设备是指不必自备的应急设备。在事故发生现场的附近单位和公共安全机构一般会有一些必需的应急设备，利用这些设备，可使内部和外部的应急资源得到互相补充，提高应急工作效率，节约经费支出。

应急时要求有良好的报警系统。无论采取什么样的报警方式，应急小组应评估报警系统及其工作的充分性；如果可能出现辐射能失调或超负荷情况，主要系统最好配有备用系统。

应急管理中常用的设备类型有：

（1）洒水灭火系统。

（2）消防供水系统。

（3）火灾检测系统。

（4）消防设备。

（5）毒物泄漏控制设备。

（6）个人防护设备。

（7）医疗设备。

（8）气象设备。

（9）生产和照明的备用电力设备。

（10）特殊危险的专用工具。

在应急管理中，应急要求的、企事业单位现有的和仍需要供应的应急设备应以表格形式列出，形成文件。

救援装备在开展应急救援工作中是必不可少的。为保证救援工作的有效实施，企事业单位应尽早制定救援装备的配备标准，平时做好装备的保管工作，保证装备处于良好的使用状态，一旦发生事故就能立即投入使用。

救援装备的配备应根据各自承担的救援任务和救援要求选配。选择装备要考虑实用性、功能性、耐用性和安全性以及客观条件。另外，做好救援装备的保管工作，保持良好的使用状态是平时救援准备的一项重要工作。各救援部门都应制定救援装备的保管、使用制度和规定，专人负责，定时检查，做好救援装备的交接清点工作和装备的调度使用，严禁救援装备被随意挪用，保证应急救援的紧急调用。

3）应急设施

企事业单位在应急管理中应具备必要的应急设施，具体包括应急指挥中心、媒体中心、避难区、急救站和公共卫生站。如果单位不具备一定的规模，可考虑一些部门在应急时充当相应的职能或考虑外部资源。

4）组织对策

企事业单位应急管理中的应急资源还应包括应急培训与教育。企事业单位在培训前应结合本单位的情况进行应急培训需求分析，进而制定培训方案，建立培训程序。

（1）应急培训需求分析。应急培训需求分析是针对组织内的每个层次和职能，结合企业面临的风险以及相应的应急设备和能力，系统识别所需要的应急知识和技能。在此基础上，针对个人评价现有的应急知识和技能水平，比较个人现有应急知识和技能与其所处层次和职能的需要二者之间的差距，确定培训需求。如果上述二者之一发生了任何变化，则还需要进行应急培训需求分析。分析完成后，培训者应按任务和职责对每个应急岗位的能力要求制定一个工作 / 任务摘要简表。工作 / 任务摘要简表的基本格式应包括以下内容：

①使命：岗位的总体目标。

②重要职责：按职责对工作进行全面说明。

③任务：每项职责下要履行的各种任务。

④任务说明：明确说明责任人该怎么做。

⑤小组与个人：个人执行任务和小组执行任务之间的区别。

完成工作 / 任务摘要简表后，应核实所有职责、任务和相关任务的信息。根据工作 / 任务分析，可明确培训目标。

（2）制订培训方案。制定培训方案是根据应急培训需求分析，制定基本应急培训方案、专业应急培训方案。

基本应急培训是对应急行动相关人员进行的最低程度的应急培训，包括除应急救援组织成员以外的与发生事故有关的任何人员，即所有员工及涉及的公众。通过普及教育使公众增加防灾意识，提高应对紧急事件的技能。培训内容包括：

①本区域内存在的危险源及可能发生的事故类型。

②事故的预防措施和应急措施。

③发生事故时相关人员的职责。

④事故报警方法。

⑤防护用具的使用。

⑥自救与互救知识。

⑦应急信号识别。

⑧疏散路线。

基本应急培训的方式多种多样，对于一般的了解知识，可以利用小册子、壁报、挂图、广播、电视等形式，向有关人员做广泛的宣传教育，还可以举办专题讲座。

专业应急培训是对应急救援系统中各应急功能和应急程序的培训，参加人员主要是各应急功能和应急救援程序的执行人员。此培训有助于执行人员明确自己在应急救援中的职责，掌握应急知识和技能。此培训可采用课堂授课和实际演练相结合的方式进行。

（3）建立培训程序。应急组织在识别培训需求和实施培训方案时，应按程序进行。但需注意的是，在建立培训程序时，需根据组织内不同层次的职责、能力和文化程度及所面临风险的不同特点，有针对性地予以考虑，以便使程序更加有效、可行。

5）后备系统

应急预案编制工作组在进行应急资源分析时还需要以下资源，这要求有关部门予以提供与支持，具体包括以下几项：

（1）通信系统。

（2）运输和接收系统。

（3）信息支持系统，包括应急电源、抢救支持系统等。

2. 外部应急资源调查

当紧急事件发生时，有很多外部资源可用于应急管理中。在有些情况下，企事业单位有必要与外部机构签订互助协议，以便在紧急事件发生时能够调用外部资源，做到资源共享。所涉及的外部应急机构包括：

（1）应急管理机构。如国家在国务院设立的应急管理部，以及各省市地方政府应急机构。

（2）消防救援局。我国在应急管理部设有消防救援局，各省市、区、县都设有地方消防机构。

（3）危险化学品应急处置机构。我国在上海、青岛、天津等市都设有危险化学品事故应急处置中心。

（4）紧急医疗救助机构。

（5）地方和国家公安部门。

（6）企业服务机关。

（7）相关合作企业和同行业都是应急救援所需要的技术和专业支持的保障机构。

（8）应急设备供应商。

（9）保险公司。

（10）环境保护机构等。

3. 区域应急资源调查

同企事业单位应急预案编制方法相同，地方政府在建立应急预案编制工作组之后，应明确预案编制工作组的职责，进行职权划分。应急预案编制工作组在进行应急预案编制之前，应对现有的应急预案进行评审、整合，并开展全面的应急资源调查。

1）现有应急预案的评审与整合

应急预案编制工作组的领导者自始至终都要有充足的时间和资源执行其负责的应急任务。应急预案制定完成也就意味着该应急预案已经过时，因此要不断地进行应急预案的重新评估和修订，以适应形势发展的需要。应急预案编制工作组的领导者必须具有一定的能力，确保所有相关的管理部门能够互相沟通和通力合作。

地方政府应急预案既要与上级应急预案协调一致，又要与下级应急预案相互关联。其他省、市的有关应急救援管理机构、消防或公安部门、环境部门、卫生部门或交通部门很可能已经制定了各自机构的应急预案，下属企事业单位也已经制定了自己的应急预案来应对企业的危险。因此，地方政府在编制本辖区应急预案之前，应先了解上级政府有关应急预案，评审周边应急预案，掌握下级企事业单位的专项应急预案。这样可避免应急预案重复，消除与现存应急预案的冲突，同时也可减少应急预案编制的工作量，并从中吸取经验和教训。

应急预案编制工作组应及时对工厂应急预案和辖区及邻近地区的应急预案进行协调，以便对其中发现的问题提出互相可以接受的解决办法，分工合作有助于及时、有条不紊地应对应急救援工作。

地方政府、企业和工厂要建立良好的伙伴关系，联合解决出现的问题，虚心地倾听不同意见，公开交换各种意见，有效领导及充分理解各主要部门参加者的作用，这是应急救援成功的关键。

应急预案整合也包括各组织机构之间的协调，当由两个或两个以上单位执行同一任务时，确定由谁来负责是非常重要的。如政府与几个汽车公司或与几个救护站签订了协议后，应该任命一个负责人，其他人向负责人汇报。如果因此而引起摩擦，负责人也可以由各组织成员定期轮流担任。

2）区域应急资源初步调查

应急资源是有效实施应急救援工作的重要条件，对政府而言，应急资源包括的种类有很多，随紧急事件的类型不同而不同，但无论哪类紧急事件，其应急资源至少涉及以下 5 个方面：

（1）应急资源的资金保障。

（2）应急救援物资保障。

（3）通信与信息保障。

（4）医疗卫生保障。

（5）交通运输保障等。

前面提到应急管理机构中应涉及财政、交通、通信、卫生等部门负责人，他们是应急管理与应急预案有效制定与实施的关键。应急管理机构在成立初始，首先应完成应急管理的时间安排与资金计划，财政部和县级以上人民政府应在财政预算中安排资金用于应急救援的有关工作，国家和各级政府应进行财政专项拨款以购置应急救援物资。在国家应急物资储备中，应安排应急救援物资及装备用于特别重大事故的应急救援。县级以上人民政府及其有关部门应根据应急救援的需要，在本行政区域内储备必要的应急救援物资和装备。

除应急资金和应急物资外，在应急响应过程中，如何能够有效、迅速地控制事态的发展，如何能最大限度地减少人员伤亡和事故损失，通信与信息、医疗卫生与交通运输条件都起着至关重要的作用，在应急资源评估中应充分考虑这些资源的需求。因此，电信部门和通信经营单位应当与国家应急管理机构建立应急救援通信系统和通信服务项目，为应急救援提供畅通的通信服务。当现有通信系统不能满足应急救援需要时，应在县级以上人民政府及其有关部门的要求下，提供临时性的应急救援通信手段。

国家和县级以上人民政府卫生行政管理部门应当积极配合，协助应急救援管理机构开展应急救援工作。参加应急救援的医疗单位，应当配备相应的医疗救治设备、药品，并对医护人员进行应急医疗救治技能的培训，以满足应急救援的需要。

交通、民航、铁路、公安、消防等有关部门应根据应急预案要求，做好应急救援交通运输保障准备。当道路、交通、运输能力不能满足要求时，应当采取相应的措施。国家和县级以上人民政府及其有关部门应当建立应急救援专家队伍，为应急救援工作提供技术支持。

在应急预案编制过程中，应合理地对政府辖区内的资源开展全面调查和客观分析，并在应急管理中对应急资源进行有效整合。

3）区域应急行动人员的确定

在应急预案的编制过程中，必须确定出实施应急预案的人员。实施过程中应特别考虑以下部门或机构：

（1）消防部门。

（2）交通部门。

（3）公安部门。

（4）志愿组织。

（5）地方医院或卫生机构。

（6）学校和寄宿制单位。

（7）环境保护部门。

（8）新闻媒体机构。

（9）市政设施和公用工程部门。

在这些机构中，应急预案人员应根据他们的职位及其在区域内的职责，确认出专门联络企业点。担任这些职位的人员及其替代人员名单应在指挥系统组织结构图中表示出来。如前所述，人员可能经常变化，但是职位是固定的，因此应急预案只以职位表示。相关人员的姓名和24小时联系电话应单独放在附录中。

一旦确定了人力资源、职责范围，就可以制定出组织与功能的表格。

4）区域应急设施调查

大多数情况下，地方政府具有的应急设施可以应对可能出现的各种紧急事件，并且地方政府制定有启动和使用应急设施的程序。对企事业单位的应急反应，只需适当增加资源即可，但必须在事故发生前进行应急预案。政府与提供应急设施的机构、组织或个人之间必须签订协议书和备忘录。

应急设施一般不是应急专用的。许多企业、政府、公安或消防指挥部的一部分可作为应急指挥中心。

公众大多从媒体获得紧急情况的信息，而且主要是电子媒体。为此，最好专门设立一个媒体中心，并请来自事故现场、地方政府和应急反应机构的负责人作为发言人。

地方应急反应所需的其他设施要根据风险分析阶段的辨识结果来确定。如果应急人员有可能暴露在有毒或有放射性物质的环境中，还需要设立一个污染清除中心。无论采用什么方法，都应制定使用程序。受污染的伤员首先要清除污染，然后接受医疗救治，这样可以避免应急医疗人员的交叉污染，必要时还要对车辆污染进行清除处理。

应急医疗救护也是必需的，在事故现场附近应设立专门区域用于护士或应急医师对伤员进行急救。应急工作人员也可根据指挥，运送重伤员到地方医院或事先签有协议的医疗中心。应急小组应确保这些医疗人员熟识企事业单位内存在的危险。

对常见的快速移动的工业事故，公众最好采用的防护性行动是安全躲避，即留在或进入室内并关闭通风设备。但事故发生地附近区域内可能还需要疏散，因此除应制订包括最佳疏散路线的计划外，还要确定疏散人员的收容点和避难所。学校具有大厅和充足的卫生设施及开阔的体育场，因此常作为避难所。在避难所，疏散人员可临时住宿。接待中心也可用于接收短期、小规模的疏散人员。在大型疏散中，接待中心常作为登记处，必要时也可作为污染清除中心。从这个场所，人们可到预先确定的避难所长期驻留，在这种情况下，接待中心作为记录疏散人员的位置和通知有关亲属的信息中心。

5）应急设备调查

地方政府应急操作所需要的设备在某种程度上与企事业单位的相同，但与应对的危险有关。应急指挥中心要配备各类设备以应对重大紧急事故。在任何情况下，必须配备通信联络设备，以及用于公共预警系统和交通管制、公用工程、执法及卫生医疗服务等的设备，一般还要配备收发数据信息的复印、传真设备。

大型应急规划地图应放置在应急指挥中心的显著位置，在地图上标明重要交通、疏散路线和影响区的危险位置。重大危险范围可用以一个中心点为圆心的圆表示，当已经确认出几个危险场所时，此方法特别有用。另外，还可标明特定工厂和受伤害人员的位置。对于交通事故，气体扩散的投影覆盖图或模板也很有用，知道风向和风速后，可立即确认出需要采取防护行动的危险人群。应急指挥中心应备有标示笔，采用的设备应有状态栏等。状态栏可连续更新，以追踪事故和反应行动的进展，及时掌握所有应急反应组织人员的情况，以便媒体人员获得最新的信息。

应急预案所需的应急设备信息可从风险分析过程中获得。应急反应人员应具有以下应急设备：

（1）个人防护设备。

（2）减缓设备。

（3）清理设备等。

资源评价表用来帮助应急小组总结现有设备及需要的设备、缺乏的设备。可通过与别人的合作协议或通过租借或购买取得。如果要租借或购买，必须要明确资金来源。

1.4 应急预案的相关法律法规与标准要求

1.4.1 应急预案建立的法律依据

《中华人民共和国安全生产法》第二十一条规定：生产经营单位的主要负责人具有组织制定并实施本单位的生产安全事故应急救援预案的职责。

第四十条规定：生产经营单位对重大危险源应当登记建档，进行定期检测、评估、监控，并制定应急预案，告知从业人员和相关人员在紧急情况下应当采取的应急措施。

第八十条规定："县级以上地方各级人民政府应当组织有关部门制定本行政区域内生产安全事故应急救援预案，建立应急救援体系。"

《国务院关于特大安全事故行政责任追究的规定》要求："市（地、州）、县（市、区）人民政府必须制定本地区特大安全事故应急处理预案。本地区特大安全事故应急处理预案经政府主要领导人签署后，报上一级人民政府备案。"

1.4.2 应急预案实施的法律规定

《中华人民共和国安全生产法》第四十四条规定："生产经营单位应当教育和督促从业人员严格执行本单位的安全生产规章制度和安全操作规程；并向从业人员如实告知作业场所和工作岗位存在的危险因素、防范措施以及事故应急措施。"

第五十三条规定："生产经营单位的从业人员有权了解其作业场所和工作岗位存在的危险因素、防范措施及事故应急措施，有权对本单位的安全生产工作提出建议。"

第五十八条规定："从业人员应当接受安全生产教育和培训，掌握本职工作所需的安全生产知识，提高安全生产技能，增强事故预防和应急处理能力。"

《安全生产许可证条例》第六条规定，企业取得安全生产许可证，应当具备下列安全生产条件：

（1）建立、健全安全生产责任制，制定完备的安全生产规章制度和操作规程。

（2）安全投入符合安全生产要求。

（3）设置安全生产管理机构，配备专职安全生产管理人员。

（4）主要负责人和安全生产管理人员经考核合格。

（5）特种作业人员经有关业务主管部门考核合格，取得特种作业操作资格证书。

（6）从业人员经安全生产教育和培训合格。

（7）依法参加工伤保险，为从业人员缴纳保险费。

（8）厂房、作业场所和安全设施、设备、工艺符合有关安全生产法律、法规、标准和规程的要求。

（9）有职业危害防治措施，并为从业人员配备符合国家标准或者行业标准的劳动防护用品。

（10）依法进行安全评价。

《建设工程安全生产管理条例》第四十九条规定：“施工单位应当根据建设工程施工的特点、范围，对施工现场易发生重大事故的部位、环节进行监控，制定施工现场生产安全事故应急救援预案。实行施工总承包的，由总承包单位统一组织编制建设工程生产安全事故应急救援预案，工程总承包单位和分包单位按照应急救援预案，各自建立应急救援组织或者配备应急救援人员，配备救援器材、设备，并定期组织演练。”

1.4.3　应急预案建立及实施中的法律责任

《中华人民共和国安全生产法》第九十四条规定：“生产经营单位的主要负责人未履行本法规定的安全生产管理职责的，责令限期改正；逾期未改正的，处二万元以上五万元以下的罚款，责令生产经营单位停产停业整顿。生产经营单位的主要负责人有前款违法行为，导致发生生产安全事故的，给予撤职处分；构成犯罪的，依照刑法有关规定追究刑事责任。生产经营单位的主要负责人依照前款规定受刑事处罚或者撤职处分的，自刑罚执行完毕或者受处分之日起，五年内不得担任任何生产经营单位的主要负责人；对重大、特别重大生产安全事故负有责任的，终身不得担任本行业生产经营单位的主要负责人。”

第九十五条规定:“生产经营单位的主要负责人未履行本法规定的安全生产管理职责，导致发生生产安全事故的，由应急管理部门依照下列规定处以罚款：（一）发生一般事故的，处上一年年收入百分之四十的罚款；（二）发生较大事故的，处上一年年收入百分之六十的罚款；（三）发生重大事故的，处上一年年收入百分之八十的罚款；（四）发生特别重大事故的，处上一年年收入百分之一百的罚款。”

第九十六条规定：“生产经营单位的安全生产管理人员未履行本法规定的安全生产管理职责的，责令限期改正；导致发生生产安全事故的，暂停或者撤销其与安全生产有关的资格；构成犯罪的，依照刑法有关规定追究刑事责任。”

第九十七条规定：“生产经营单位有下列行为之一的，责令限期改正，可以处十万元以下的罚款；逾期未改正的，责令停产停业整顿，并处十万元以上二十万元以下的罚款，对其直接负责的主管人员和其他直接责任人员处二万元以上五万元以下的罚款：（一）未按照规定设置安全生产管理机构或者配备安全生产管理人员的；（二）危险物品的生产、经营、储存单位以及矿山、金属冶炼、建筑施工、道路运输单位的主要负责人和安全生产管理人员未按照规定经考核合格的；（三）未按照规定对从业人员、被派遣劳动者、实习学生进行安全生产教育和培训，或者未按照规定如实告知有关的安全生产事项的；（四）未如实记录安全生产教育和培训情况的；（五）未将事故隐患排查治理情况如实记录或者未向从业人员通报的；（六）未按照规定制定生产安全事故应急救援预案或者未定期组织演练的；（七）特种作业人员未按照规定经专门的安全作业培训并取得相应资格，上岗作业的。

1.5 应急预案的分类及基本结构

应急预案从不同角度,根据不同标准,有多种分类方法,如按应急级别,可分为国家级、省级、市级、区（县）和企业应急预案；按时间特征，可分为常备预案和临时预案；按突发公共事件类型，可分为自然灾害类、事故灾难类、公共卫生类和社会安全事件类应急预案；按预案的功能与目标，可分为综合应急预案、专项应急预案和现场处置方案等。

1.5.1 按突发公共事件类型分类

应急预案按突发公共事件类型的不同，可分为自然灾害类应急预案、事故灾难类应急预案、公共卫生类应急预案和社会安全事件类应急预案，如图 1-8 所示。

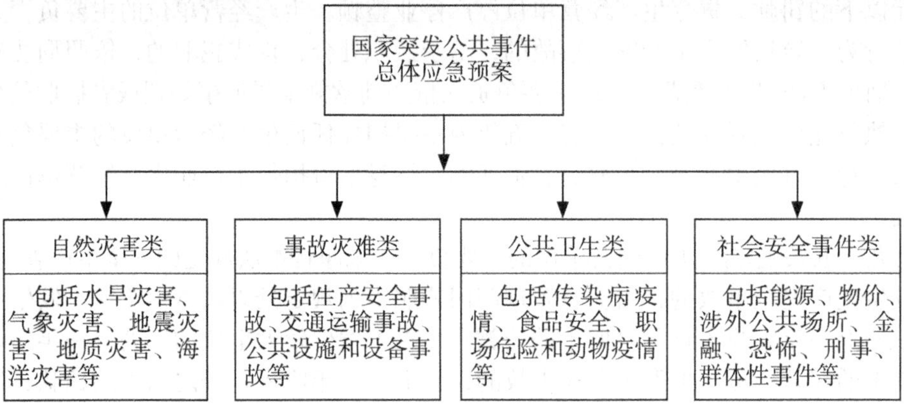

图 1-8 应急预案按突发公共类型分类

1.5.2 按预案的功能与目标分类

1.5.2.1 综合应急预案

综合应急预案是从总体上阐述处理事故的应急方针、政策，应急组织机构及相关应急职责，应急行动、措施和保障等基本要求和程序，是应对各类事故的综合性文件。综合应急预案应全面考虑管理者和应急者的责任和义务，并说明紧急事件应急救援体系中预防、准备、应急和恢复等过程的关联。通过综合应急预案可以清晰地了解应急体系及文件体系，特别是政府综合应急预案，可作为应急救援工作的基础，对那些没有预料的突发事件也能起到一般的应急指导作用。

综合应急预案也称总体预案，随着《生产经营单位生产安全事故应急预案编制导则》（GB/T 29639—2020）等标准的颁布实施，综合应急预案已成为一个标准称谓。

1.5.2.2 专项应急预案

专项应急预案是针对具体的事故类别、危险源和应急保障而制定的计划或方案，是综合应急预案的组成部分，应按照综合应急预案的程序和要求组织制定，并作为综合应急预案的附件。专项应急预案应制定明确的救援程序和具体的应急救援措施。专项应急预案是在综合应急预案的基础上充分考虑某特定危险的特点，对应急形势、组织机构、应急活动等进行更具体的阐述，具有较强的针对性，但需要做好协调工作。对于有多重危险的灾害来说，专项应急预案可能引起混乱，且在培训上需要更多费用。

1.5.2.3 现场处置方案

现场处置方案是针对具体的装置、场所或设施、岗位制定的应急处置措施。它是在专项应急预案的基础上，根据具体情况的需要而编制的，是针对特定的具体场所，通常是该类事故风险较大的场所或重要防护区域所制定的预案。现场处置方案是一系列简单行动的过程，针对某一具体现场的该类特殊危险及周边环境情况，在详细分析的基础上对应急救援中的各个方面做出的具体而细致的安排，具有更强的针对性和对现场救援活动的指导性。但现场处置方案不涉及准备及恢复活动，一些应急行动计划不能指出特殊装置的特性及其他可能的危险，需要通过补充内容来加以完善。现场处置方案应具体、简单、针对性强。现场处置方案应根据风险评估及危险性控制措施逐一编制，做到事故相关人员应知应会，熟练掌握，并通过应急演练，做到迅速反应、正确处置。

综合应急预案与专项应急预案和现场处置方案不同，综合应急预案侧重于各项职责的规定和应急救援活动的组织协调，它为制定专项应急预案和现场处置方案提供了框架和指导。一般规模比较大、存在多种不同类型的危险源的企业，比较适于编制这类预案。规模小、危险因素少的生产经营单位，综合应急预案、专项应急预案及现场处置方案可以合并编写。所有存在潜在事故的生产经营单位都应编制综合应急预案，但不一定编制专项应急预案和现场处置方案。

1.5.3 按应急级别分类

根据可能发生的突发事件的后果的影响范围、地点及应急方式，应急预案可分为五级。

1.5.3.1 Ⅰ级（企业级）应急预案

这类应急预案针对的突发事件的影响局限在一个单位（如某个工厂、火车站、仓库、农场等）内，并且可被现场的操作者遏制和控制在该区域内。这类突发事件可能需要投入整个单位的力量来控制，但其影响预期不会扩大到社会（公共区）。

1.5.3.2 Ⅱ级（县、市、社区级）应急预案

这类应急预案针对的突发事件的影响可扩大到公共区（社区），可被该县（市、区）或社区的力量，以及所涉及的工厂或工业部门的力量控制。

1.5.3.3 Ⅲ级（地区 / 市级）应急预案

这类应急预案针对的突发事件的影响范围大，后果严重，或是针对发生在两个县或县级市管辖区边界上的突发事件。应急救援需动用地区、市级的力量。

1.5.3.4 Ⅳ级（省级）应急预案

对可能发生的重特大突发事件、特大危险品运输突发事件以及属省级风险隐患、重大危险源，应当编制省级应急预案。它可能是一种规模极大的突发事件，或者可能是一种需要用突发事件发生的城市或地区所没有的特殊技术和设备进行处置的特殊突发事件。这类特殊突发事件需动用全省范围内的力量来控制。

1.5.3.5 Ⅴ级（国家级）应急预案

对突发事件的后果超过省、自治区、直辖市边界的及属于国家级突发事件隐患、重

大危险源的设施或场所，应当制定国家级应急预案。

上述五项实际上可归结为政府预案和企业预案（或单位预案）两大类。

1.5.4 按应急预案的对象分类

按不同对象，应急预案可分为应急行动指南、应急响应预案、互助应急预案、应急管理预案四种类型。

1.5.4.1 应急行动指南

应急行动指南是针对已辨识的危险采取特定的应急行动，简要描述应急行动必须遵循的基本程序，如事发后向谁报告，报告什么信息，采取哪些应急措施等。这种应急预案主要起提示作用，需对相关人员进行培训，有时将这种应急预案作为其他类型应急预案的补充。

1.5.4.2 应急响应预案

应急响应预案是针对现场每项设施和场所可能发生的事故情况编制的应急响应预案，如化学品泄漏事故的应急响应预案、台风应急响应预案等。应急响应预案需包括所有可能性的危险状况，不包括事前要求（如培训、演练等）和事后措施。

1.5.4.3 互助应急预案

互助应急预案是相邻部门（单位）为在事故应急处理中共享资源、相互帮助而制定的应急预案。互助应急预案是综合性的事故应急预案，这类应急预案应详细描述事发前、事发过程中和事发后什么人做什么事、什么时候做、如何做等。这类应急预案应明确完成每一项职责的具体实施程序。

1.5.4.4 应急管理预案

应急管理预案包括突发事件应对的四个逻辑步骤，即预防、预备、响应及恢复。县级以上的政府机构、具有重大危险源的企业，除单项事故应急预案外，应当制定重大事故应急管理预案。

不同的预案由于各自所处的层次和适用的范围不同，其内容在详略程度和侧重点上也会有所不同，但都可以采用相似的基本结构。本书采用基于应急任务或功能的“1+4”应急预案编制结构，即一个基本应急预案加上应急功能设置、特殊风险预案、标准操作程序和支持附件，以保证各种类型预案之间的协调性和一致性，如图 1-9 所示。

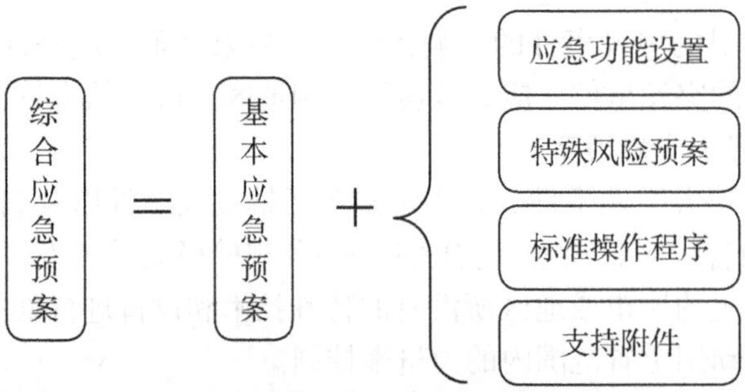

图 1-9 应急预案的编制结构

1. 基本应急预案

基本应急预案是对应急预案的总体描述。它主要阐述应急预案所要解决的紧急情况，应急的组织体系、方针，应急资源，应急的总体思路，并明确各应急组织在应急准备和应急行动中的职责，以及应急预案的演练和管理等规定。

2. 应急功能设置

应急功能是对在各类重大事故应急救援中通常都要采取的一系列基本的应急行动和任务编写的计划，如指挥和控制、警报、通信、人群疏散、人群安置、医疗等。它着眼于城市对突发事故响应时所要实施的紧急任务。由于应急功能是围绕应急行动的，因此它们的主要对象是那些任务执行机构。针对每一种应急功能，应明确其针对的形势、目标、负责机构和支持机构、任务要求、应急准备和操作程序等。应急预案中包含的功能设置的数量和类型因地方差异会有所不同，主要取决于所针对的潜在重大事故危险类型，以及城市的应急组织方式和运行机制等具体情况。

尽管各类重大事故的起因各异，但其后果和影响却大同小异。例如，地震、洪灾和飓风等都可能迫使人群离开家园，都需要实施“人群安置与救济”，围绕这一任务或功能，可以基于城市共同的资源，在综合应急预案的基础上制订共性的计划，而在专项应急预案中针对每种具体的不同类型灾害，可根据其爆发速度、持续时间、袭击范围和强度等特点，仅对该项计划进行微调。同样，对其他应急任务也是相似的情况，关键是要找出和明确应急救援过程中所要完成的各种应急任务或功能，并明确其有关的应急组织，确保都能完成所承担的应急任务。

3. 特殊风险预案

特殊风险是指城市根据各类事故灾难、灾害的特征，需要对其应急功能做出针对性安排的风险。城市应急管理部门应考虑当地地理、社会环境和经济发展等因素的影响，根据其可能面临的潜在风险类型，说明处置此类风险应设置的专有应急功能或有关应急功能所需的特殊要求。

特殊风险预案是在城市潜在重大事故风险辨识、评价和分析的基础上，针对每一种类型可能的重大事故风险，明确其相应的主要负责部门、有关支持部门及其相应的职责，并为该类专项应急预案的制定提出特殊要求和指导。

4. 标准操作程序

由于在应急预案中没有给出各个任务的实施细节，各应急部门必须制定相应的标准操作程序，以便为组织或个人履行应急预案规定的职责和任务提供详细指导。标准操作程序应保证与应急预案协调和一致，其中重要的标准操作程序可附在应急预案后或以适当的方式引用。

5. 支持附件

支持附件主要包括与应急救援有关的支持保障系统的描述及有关的附图表，如危险分析附件，通信联络附件，法律法规附件，机构和应急资源附件，教育、培训、训练和演练附件，技术支持附件，协议附件，其他支持附件等。

1.6 应急预案的核心要素

应急预案是整个应急管理工作的具体反映，它的内容不仅局限于事故发生过程中的应急响应和救援措施，还应包括事故发生前的各种应急准备和事故发生后的紧急恢复及应急预案的管理与更新等。因此，完整的应急预案按相应的过程可分为6个一级关键要素。这6个一级关键要素之间既有一定的独立性，又紧密联系，从应急的方针与原则、策划、准备、响应，恢复到预案的管理与评审改进，形成了一个有机联系并持续改进的应急管理体系。根据一级关键要素所包括的任务和功能，应急策划、应急准备和应急响应3个一级关键要素可进一步划分成若干个二级要素。所有这些要素构成了重大事故应急预案的核心要素。这些要素是城市重大事故应急预案编制应当涉及的基本方面，在实际编制时，为便于应急预案内容的组织，可根据实际情况将要素进行合并、增加或重新排列。

1.6.1 方针与原则

无论是何级或何类型的应急救援体系，首先必须有明确的方针和原则来作为开展应急救援工作的纲领。方针与原则反映了城市应急救援工作的优先方向、政策、范围和总体目标，应急的策划和准备、应急策略的制定、现场应急救援及恢复等都应当围绕方针和原则开展。

1.6.2 应急策划

应急预案最重要的是要有针对性和可操作性。因此，应急策划必须明确应急预案的对象和可用的应急资源情况，即在全面系统认识和评价所针对的潜在事故类型的基础上，识别出重要的潜在事故、性质、区域分布及事故后果；同时，根据危险分析的结果，分析城市应急救援力量和可用资源情况，为所需的应急资源准备提供建设性意见。在进行应急策划时，应当列出国家、地方相关的法律法规，作为制定应急预案和应急工作授权的依据。因此，应急策划包括危险分析、资源分析及法律法规要求3个二级要素。

1.6.2.1 危险分析

危险分析的最终目的是明确应急的对象（即存在哪些可能的重大事故）、事故的性质及其影响范围、事故后果的严重程度等，为应急准备、应急响应和减灾措施提供决策和指导。危险分析包括危险识别、脆弱性分析和风险分析。危险分析应依据国家和地方有关的法律法规要求，结合城市的具体情况进行。危险分析的结果应能提供：

（1）地理、人文（包括人口分布）、地质、气象等信息。

（2）城市功能布局（包括重要保护目标）及交通情况。

（3）重大危险源分布情况，以及主要危险物质种类、数量及理化性质、消防等特性。

（4）可能的重大事故种类及后果影响分析。

（5）特定的时段（如人群高峰时间、度假季节、大型活动）。

（6）可能影响应急救援的不利因素。

1.6.2.2　资源分析

针对危险分析所确定的主要危险，明确应急救援所需的各种资源，分析已有的应急资源和能力，包括应急力量和应急设备（施）及物资中存在的不足，为应急队伍的建设、应急资源的规划与配备、与相邻地区签订互助协议和应急预案编制提供指导。

1.6.2.3　法律法规要求

应急救援有关法律法规是开展应急救援工作的重要前提保障。应列出国家、省、地方所涉及的应急救援各部门的职责要求，以及应急预案、应急准备和应急救援有关的法律法规文件，作为应急预案编制和应急救援的依据。

1.6.3　应急准备

应急预案能否成功地在应急救援中发挥作用，不仅取决于应急预案自身的完善程度，还取决于应急准备的充分与否。应急准备应基于应急策划的结果，明确所需的应急组织及其职责、应急资源、应急队伍的建设和人员培训、预案的演练、公众的应急知识培训、签订互助协议等。

1.6.3.1　机构与职责

为保证应急救援工作反应迅速、协调有序，必须建立完善的应急机构组织体系，包括城市应急管理的领导机构、应急响应中心及相关机构等。对应急救援中承担任务的所有应急组织及有关单位应明确规定其相应的职责。

1.6.3.2　应急资源

应急资源的准备是应急救援工作的重要保障，应根据潜在事故的性质和后果分析，合理组建专业和社会救援力量，配备应急救援所需的消防装备、各种救援机械和设备、监测仪器、堵漏和清消材料、交通工具、个体防护用品、医疗设备和药品、生活保障物资等，并定期检查、维护与更新，使其始终处于完好状态。

1.6.3.3　应急人员培训

针对潜在事故的危险性质，应对所有应急人员，包括社会救助力量开展有针对性的专项培训（包括自身安全防护措施），保证应急人员具备相应的应急能力。

1.6.3.4　预案演练

预案演练是对应急能力的综合检查，应组织由应急各方参加的多种形式的预案培训和演练，使应急人员进入“实战”状态，让他们熟悉各类应急处理和整个应急行动的程序，明确自身的职责，提高协同作战的能力，保证应急救援工作协调、有效、迅速地开展。同时，应对演练的结果进行评估，分析应急预案存在的不足，并予以改进和完善。

训练和演练将有助于：

（1）在事故发生前暴露应急预案和程序的缺陷。

（2）发现应急资源的不足（包括人力和设备等）。

（3）改善各应急部门、机构、人员之间的协调性。

（4）增强公众对突发重大事故救援的信心。

（5）提高应急人员的熟练程度和信心。

（6）明确各自的岗位与职责。

（7）加强各级应急预案之间的协调和衔接。

（8）提高整体应急反应能力。

1.6.3.5　公众教育

公众的应急安全意识和能力是减少重大事故伤亡不可忽视的一个重要方面。作为应急准备的一项内容，平时就应注重对公众的日常教育，尤其是位于重大危险源周边的人群，使其了解潜在危险的性质和危害，掌握必要的自救知识，了解预先指定的主要及备用疏散路线和集合地点，了解各种警报的含义和应急救援工作的有关要求。

1.6.3.6　互助协议

当城市或地区有关的应急力量与资源相对薄弱时，应事先寻求与邻近城市或地区建立正式的互助协议，并做好相应的安排，以便在应急救援中及时得到外部救援力量和资源的援助。此外，也应与社会专业技术服务机构、物资供应企业等签署相应的互助协议。

1.6.4　应急响应

应急响应包括应急救援过程中需要明确并实施的核心功能与任务，尽管核心功能具有一定的独立性，但不是孤立的，它们构成了应急响应的有机整体。应急响应的核心功能和任务包括接警与通知、指挥与控制、警报与紧急公告、通信、事态监测与评估、警戒与治安、人群疏散与安置、医疗与卫生、公共关系、应急人员安全、消防与抢险、泄漏物控制。

1.6.4.1　接警与通知

准确了解事故的性质和规模等初始信息是决定是否启动应急救援的关键，接警作为应急响应的第一步，必须对接警要求做出明确规定，以保证接警人员能迅速、准确地向报警人员询问事故现场的重要信息。接警人员接受报警后，应按预先确定的通报程序，迅速向有关应急机构、政府及上级部门发出事故通知，以采取相应的行动。

1.6.4.2　指挥与控制

城市重大事故的应急救援往往涉及多个救援机构，因此对应急行动的统一指挥和协调是有效开展应急救援的关键。建立统一的应急指挥、协调和决策程序，便于对事故进行初始评估，确认紧急状态，从而迅速有效地进行应急响应决策，建立现场工作区域，确定重点保护区域和应急行动的优先原则，指挥和协调现场各救援队伍开展救援行动，合理高效地调配和使用应急资源等。

1.6.4.3　警报与紧急公告

当事故可能影响周边地区，并对周边地区的公众造成威胁时，应及时启动警报系统，向公众发出警报；同时，通过各种途径向公众发出紧急公告，告知事故的性质、对健康的影响、自我保护措施、注意事项等，以保证公众能够及时做出自我防护响应。决定实施疏散时，应通过紧急公告确保公众了解疏散的有关信息，如疏散时间、路线，随身携带物，交通工具及目的地等。

1.6.4.4　通信

通信是应急指挥、协调和与外界联系的重要保障。在现场指挥部、应急中心、各应急救援组织、新闻媒体、医院、上级政府和外部救援机构之间必须建立完善的应急通信网络，在应急救援过程中应始终保持通信网络畅通，并设立备用通信系统。

1.6.4.5　事态监测与评估

在应急救援过程中，必须对事故的发展势态及影响及时进行动态监测，建立对事故现场及场外的监测和评估程序。事态监测在应急救援中起着非常重要的决策支持作用，其结果不仅是控制事故现场，制定消防、抢险措施的重要决策依据，也是划分现场工作区域、保障现场应急人员安全、实施公众保护措施的重要依据。即使在现场恢复阶段，也应当对现场及其环境进行监测。

1.6.4.6　警戒与治安

为保障现场应急救援工作的顺利开展，在事故现场周围设置警戒区域，实施交通管制，维护现场治安秩序是十分必要的。其目的是防止与救援无关的人员进入事故现场，保障救援队伍、物资运输和人群疏散等的交通畅通，并避免发生不必要的伤亡。

1.6.4.7　人群疏散与安置

人群疏散是减少人员伤亡扩大的关键，也是最彻底的应急响应，应当对疏散的紧急情况和决策、预防性疏散准备、疏散区域、疏散距离、疏散路线、疏散运输工具、安全庇护场所及回迁等做出细致的规定，应考虑疏散人群的数量、所需要的时间、风向等环境变化及老弱病残等特殊人群的疏散问题。对已实施临时疏散的人群要做好临时生活安置工作，保障必要的水、电、卫生等基本条件。

1.6.4.8　医疗与卫生

对受伤人员采取及时、有效的现场急救，合理转送医院进行治疗，是减少事故现场人员伤亡的关键。医疗人员必须了解城市内主要危险对人群造成伤害的类型，并经过相应的培训，掌握对危险化学品受伤害人员进行正确消毒和治疗的方法。

1.6.4.9　公共关系

重大事故发生后，不可避免地会引起新闻媒体和公众的关注，应将有关事故的信息、影响、救援工作的进展情况等及时向媒体和公众公布，以消除公众的恐慌心理，避免公众的猜疑和不满；应保证事故和救援信息的统一发布，明确事故应急救援过程中对媒体和公众的发言人及信息批准、发布的程序，避免信息不一致；同时，还应处理好公众的有关咨询，接待和安抚受害者家属。

1.6.4.10　应急人员安全

城市重大事故尤其是涉及危险物品的重大事故，其应急救援工作的危险性极大，必须周密考虑应急人员自身的安全问题，包括安全预防措施、个体防护用品、现场安全监测等，明确紧急撤离应急人员的条件和程序，保证应急人员的安全。

1.6.4.11　消防与抢险

消防与抢险是应急救援工作的核心内容之一，其目的是尽快控制事故的发展，防止事故的蔓延和进一步扩大，从而最终控制住事故，并积极营救事故现场的受害人员。尤其是涉及危险物品的泄漏、火灾事故，其消防和抢险工作的难度和危险性十分大，应对消防和抢险的设施、器材和物资，人员的培训、行动方案以及现场指挥等做好周密的安排和准备。

1.6.4.12 泄漏物控制

危险物品的泄漏及溶解了有毒蒸汽的灭火用水，都可能对环境造成重大影响，同时也会给现场救援工作带来更大的危害。因此，必须对危险物品的泄漏物进行控制，包括对泄漏物的围堵、收容和清消，并进行妥善处置。

1.6.5 现场恢复

现场恢复是在事故被控制之后所进行的短期恢复，从应急过程来说意味着应急救援工作的结束，进入另一个工作阶段，即将现场恢复到一个基本稳定的状态。大量的经验教训表明，在现场恢复的过程中往往仍存在着潜在的危险，如余烬复燃、受损建筑倒塌等，因此，应充分考虑现场恢复过程中的危险，制定现场恢复程序，防止事故再次发生。

1.6.6 预案管理与评审改进

应急预案是应急救援工作的指导文件。应当对应急预案的制定、修改、更新、批准和发布做出明确的管理规定，并保证定期或在应急演练、应急救援后对应急预案进行评审，针对实际情况的变化及应急预案中暴露出的缺陷，不断地更新、完善和改进应急预案文件体系。

第 2 章　高速公路运营企业应急预案编制方法

编制应急预案是应急救援工作的核心内容之一，是开展应急救援工作的重要保障。我国政府相继颁布的一系列法律法规，如《中华人民共和国突发公共事件应对法》《国家突发公共事件总体应急预案》《危险化学品安全管理条例》《国务院关于特大安全事故行政责任追究的规定》等，对安全生产事故应急预案的编制提出了相应的要求，是各级政府、企事业单位编制应急预案的法律法规基础。

2.1　应急预案编制的基本要求

2.1.1　应急预案编制中存在的问题

应急预案是针对重点地区、重点单位或部门可能发生的安全事故或其他灾害，根据应急救援的指导原则和战术原则，以及现有装备拟定的。在编制应急预案时，必须把握好实事求是这一原则，才能达到应急预案在安全事故或灾害现场发挥作用这一基本目的。然而，目前某些单位在编制应急预案时没有把握好这一原则，反而凸现出一些误区和问题。

2.1.1.1　应急预案内容不详细

应急预案内容不详细，主要表现在救援力量部署、救援方案、注意事项等方面的内容模糊、混乱不清。有些应急预案在救援力量进退路线的安排部署上，有救援路线，无退防路线，交代了各救援力量的任务分工，却忽视了相互间的救援协同；有些应急预案在救援方案上，通常只选定救援方式，却没有对救援现场进行估算；有些应急预案在注意事项上，没有根据单位具体情况提出具体的注意事项，而是千篇一律。

2.1.1.2　应急救援步骤制定格式化

一般表现在制定救援对策时，往往把各救援力量在现场的救援行动交代得过细，如救援中心的力量什么时侯到达现场、现场救人采取什么方法、救援时哪些人利用哪些救援工具等，却忽略了事故现场瞬息万变的发展规律和计划指挥与临场指挥的关系，反而使应急预案失去了实际意义。

2.1.1.3　事故设定过于简单

事故设定是应急预案制定的关键环节之一，对救援力量部署、施救对策等内容起着决定作用。如果事故设定过于简单，如只确定一个事故点或者是不设定事故发展变化中易引起的次生灾害（如危险化学品的燃烧、压力容器的爆炸、建筑物的倒塌、人员连续伤亡及被困情况变化等），不能充分估计事态发展，那么应急预案就起不到“打大仗、打硬仗、打恶仗”的准备作用，对平时的应急救援训练工作的指导意义也就不强。

2.1.1.4　不同应急预案之间脱节

对于一些较大规模、较大影响的事故，应急救援中心、辖区单位和当地政府部门会制定同一地点、区域的应急预案，但如果应急预案制定单位在制定过程中没有做好统一、衔接和沟通工作，往往会造成力量部署（如停车位置、事故现场设置、救援和退防路线的设置）相冲突甚至任务分工不协调等问题。应急救援中心一旦调动多种力量作战，就很可能造成作战任务重叠或使应急救援中心制定的应急预案失去作用。

2.1.1.5　各级各单位编制应急预案时侧重点不突出

同样是编制同一类事故的应急预案，应急救援中心和相关单位在编制时由于把握不好出发点，重点不突出，难免出现雷同，甚至是“拿来主义”，使不同单位制定的应急预案基本一个样儿，失去了具体的指导意义。

2.1.2　应急预案的编制要求

编制应急预案必须以科学的态度，在全面调查的基础上，实行领导与专家相结合的方式，开展科学分析和论证，使应急预案真正具有科学性。同时，应急预案应符合使用对象的客观情况，具有实用性和可操作性，以便准确、迅速地控制事故。

应急预案的编制要求有以下 5 点。

2.1.2.1　在应急预案体系上注重完整性

突发事件具有种类多、分布广、损失大、影响深等特点，应急预案体系必须覆盖影响各领域、各行业、各类型的突发事件，具有系统性、完整性和广泛性。

1. 纵向到底

按照《中华人民共和国突发事件应对法》的规定，各级政府要组织开展应急预案编制工作，建立健全突发事件应急预案体系。国务院制定国家突发事件总体应急预案，组织制定国家突发事件专项应急预案；国务院有关部门根据各自的职责和国务院相关应急预案，制定国家突发事件部门应急预案；地方各级人民政府和县级以上地方各级人民政府有关部门根据有关法律、法规、规章、上级人民政府及其有关部门的应急预案以及本地区的实际情况，制定相应的突发事件应急预案。

2. 横向到边

各级、各部门、各领域、各行业应当结合各自特点，针对可能发生并造成严重后果的突发事件，根据社会发展变化和客观形势的要求，制定各类应急预案。特别是山洪地质灾害等自然灾害多发地区，矿山、危险化学品等高危生产行业等，务必认真制定应急预案，力求基本覆盖高发类型突发事件的主要方面。

3. 外延到点

各个城镇社区和乡村居民点是应对处置突发事件的前沿阵地，也是目前应急能力最薄弱的地方。只有将应急预案覆盖到这些节点，才能将应急管理延伸至每一户、每个人。社区和乡村可在政府指导下，针对可能出现的突发事件，制定简明扼要、简便易行的具体应急预案，做到应急有预案、救援有人员、处置有机制、善后有措施。

按照上述原则编制应急预案，能延伸应急管理的触角，拓宽应对工作的广度，覆盖公共安全的各个方面，形成应急预案的立体网络体系。

2.1.2.2　在应急预案内涵上注重科学性

应急预案是应对处置突发事件的行动指南，其内涵应当具有科学性，表述应清晰准确，逻辑系统应严密，措施应严谨科学。

1. 系统

应急预案应当完整包括突发事件事前、事发、事中、事后各个环节，明确各个进程中所做的工作，谁来做、怎样做、何时做，逻辑结构应严密，层层递进，让人一看就懂。各级各类应急预案相互之间也应有序衔接，构成一个完整体系。起草应急预案时，各级各部门各单位一定要密切联系，加强沟通，确保应急预案的严密性和系统性。

2. 权威

制定完善的应急预案要符合党和国家的方针政策，以马克思列宁主义、毛泽东思想、邓小平理论、“三个代表”重要思想、科学发展观、习近平新时代中国特色社会主义思想为指导，坚持依法办事，符合有关法律、法规、规章，使应急预案有法律依据，具有权威性。要明确应急管理体系、组织指挥机构以及职责、任务等一系列行政性管理规定，确保应对工作达到统一和高效。

3. 科学

应对处置突发事件是一项复杂而系统的工程，不同类型的突发事件涉及不同门类的专科知识，同一类型突发事件由于时空等具体条件的不同，处置措施也不尽相同。因此，必须在全面调查研究的基础上，开展分析论证，制定出科学的处置方案，使应急预案建立在科学的基础上，严密统一、协调有序、高效快捷地应对突发事件。

2.1.2.3　在应急预案对象上注重针对性

各级各类应急预案的作用和功能是不尽相同的。编制应急预案应当注重针对性，有的放矢，针对具体情况及所要达到的目的和功能来组织编制，如果照搬照抄，依葫芦画瓢，制定的应急预案必然是一纸空文，华而不实。

1. 结合实际

一旦发生突发事件，应急预案必须既能用，又管用。因此，一定要从实际出发，切忌生搬硬套。各地、各部门、各单位在编制应急预案时，在具体内容、操作程序、行动方案上一般不做统一规定，要针对本地、本部门、本单位突发事件的现状和趋势进行深入细致的调查研究，从中发现和抓住处置突发事件的规律和特点，突出重点，研究制定。

2. 吸收借鉴

一方面，研究上级应急预案的精神和要点，吸收其精华，尽量在框架体系、主要内容上与国家应急预案对接，做到上下衔接；学习各地、各部门应急预案，吸收他人的成功经验，借鉴别人的有效做法，有条件的还可以吸取和借鉴国外的有益做法和经验。另一方面，研究历史突发事件应对案例，从成功经验或者失败教训中分析比较，从中归纳出符合实际、行之有效的做法，并把好的做法包括经验提炼上升为科学、规范的应急预案，使之更具针对性、实效性。

3. 区别对待

不同类别应急预案的作用和功能不同，在编制时应当有所侧重，避免“千篇一律”。一般来说，综合应急预案应当体现在“原则指导”上，专项应急预案应当体现在“专业应对”与“部门职能”上，现场处置方案应当体现在“岗位职责”上，重大活动应急预案应当体现在“预防措施”上。

2.1.2.4　在应急预案应用上注重操作性

应急预案不是用来应付上级检查的，更不是管理者用来推卸责任的，而是关键时刻用来解决问题的。应急预案必须能用、管用、质量高、具有很强的可操作性。

1. 明确

应急预案的内容一般都涉及预防应对、善后处理、责任奖惩等具体问题，文本必须准确无误、表述清楚。在描述突发事件事前、事发、事中、事后的各个环节中，对所有问题都应有明确、充分的阐述，不能模棱两可，产生歧义。每个应急预案的分类分级标准尽可能量化，职能职责定位尽可能具体，避免在应急预案应用中出现职责不清、推诿扯皮等情况。突发事件的发展扩散往往瞬息万变，如果因为应急预案规定不清楚而造成应急救援行动无法协调一致，延误最佳处置时机，后果将会非常严重。

2. 实用

编制应急预案应实事求是、实际管用，要始终把握关键环节，如只写以现有能力和资源为基础能做到的，不写未来建设目标和规划内容等做不到的；从实际出发设置组织指挥体系，与应急处置工作相适应，不强求千篇一律；根据实际情况确定应急响应级别，不强求上下一致等。

3. 精练

编制应急预案要坚持文字“少而精”，内容上不面面俱到，文字上不贪多求全，力求主题鲜明、内容翔实、结构严谨、表述准确、文字简练、篇幅简短。凡是与应急预案主题无关的内容不写，一切官话、套话、空话、废话均应去掉，做到言简意赅。

2.1.2.5　在应急预案制定上注重规范性

编制应急预案要在程序、内容结构、体例格式等方面力求规范、标准。

1. 编制程序要规范

编制应急预案一定要遵循程序，特别是政府的总体、专项和部门应急预案，在应急预案体系中占有主体地位，更应当规范编制程序。一般要制定《应急预案编制管理办法》，从立项、起草、审批、印发、备案等程序对编制应急预案做出规定，对应急预案的更新、修订进行要求，对应急预案的宣传、培训和演练等动态管理内容提出指导性意见。

2. 内容结构要规范

应急预案文本虽然没有固定格式，但基本内容无外乎总则、组织指挥体系、预警预防机制、应急响应、善后工作、应急保障、监督管理、附则等方面。编制应急预案时，一般要对结构框架、呈报手续、体例格式、字体字号、相关附件等进行规范。在应急预案内容结构方面，从应急预案内容、政策规定、部门协调、行文规范等提出严格要求；在呈报手续方面，规定应急预案需附主办部门请示、部门专家意见、上级机关相关应急预案以及有关资料等。这样，编制应急预案既能确保体系内容的完整性，又可提高编制效率。

3. 体例格式要规范

应急预案编制应当基本统一体例格式标准，如对应急预案中涉及的单位名称规定用全称或规范化简称；正文中序号按国家总体应急预案序号层次排列，最高为 3 个层次，超过的用括号区别；附件应当附有与应急预案相关的重要文件或者有关补充内容等。

2.1.3　应急预案编制的基本程序

应急预案编制的基本程序包括应急预案策划、成立应急预案编制工作组、资料收集、风险评估、应急资源调查、应急预案编制、桌面推演、应急预案评审和发布等。

应急预案的编制流程如图 2-1 所示。

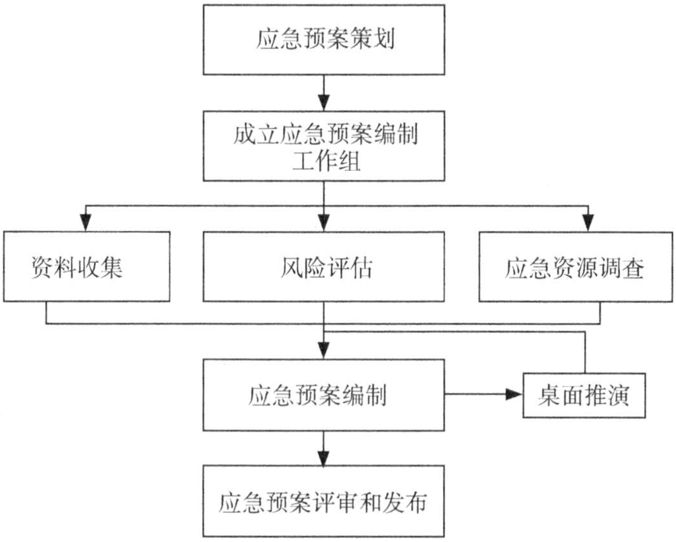

图 2-1　应急预案编制流程

2.1.3.1　应急预案策划

要使应急预案具有针对性和可操作性，需要对所编制的应急预案进行策划，其目的是明确应急预案的对象和可用的应急资源情况。在全面系统的认识和评价所针对的潜在事故类型的基础上，识别出重要的潜在事故及其性质、区域、分布及事故后果，并根据危险分析结果，分析评估企业中应急救援力量和资源情况，为所需的应急资源准备提供建设性意见。在进行策划时，应当列出国家、地方相关的法律法规，作为制定应急预案和应急工作授权的依据。因此，应急策划包括危险分析、应急能力评估（资源分析）及法律法规要求等。

2.1.3.2　成立应急预案编制工作组

应急预案编制工作是一项涉及面广、专业性强的工作，是一项非常复杂的系统工程，需要具备环保、安全、工程技术、组织管理、医疗急救等各方面的知识。因此，预案编制工作要由各方面的专业人员和专家组成，还应邀请相关救援队伍以及周边相关企业、单位或社区代表参加。成立应急预案编制工作组是将各有关职能部门、各类专业技术人员有效结合起来的最佳方式，也是保证应急预案准确性、完整性和实用性的有效方式，而且为应急各方提供了一个非常重要的协作与交流机会，有利于统一应急各方的不同观点和意见。由于应急预案编制工作组是一个临时机构，项目的组织者应具有较强的组织、协调能力，熟悉情况，能充分调动各类编制人员的积极性并发挥他们各自的特长，使编制人员通力协作，互相配合，成为一个有机整体。

2.1.3.3 资料收集

编制应急预案需要收集各方面的相关信息资料，如适用的法律法规、部门规章、地方性法规和政府规章、技术标准及规范性文件；企业周边地质、地形、环境情况及气象、水文、交通资料；企业现场功能区划分、建（构）筑物平面布置及安全距离资料；企业工艺流程、工艺参数、作业条件、装备配置及风险评估资料：本企业历史事故与隐患、国内外同行业事故资料；属地政府及周边企业、单位应急预案等，并通过分析，从中筛选出对应急预案编制具有价值的信息，作为编制应急预案的依据。信息可以是国家权威机构公布的数据、部门或行业的信息、本地区或者企业的相关资料等。信息收集的渠道可以是公开发表的刊物，网络信息，会议交流，企业保存的档案，国家有关部门的文件、标准，同行业的资料，供应商、制造商等提供的资料。信息必须具有权威性，必须经过核实，真实有效，否则会误导应急预案的编制工作。

2.1.3.4 风险评估和应急资源调查

为了准确策划应急预案的编制目标和内容，应急预案编制工作组应在资料收集的基础上，开展风险评估和应急资源调查。

1. 风险评估

风险评估是应急预案编制的基础和关键过程。在辨识生产经营单位存在的危险有害因素的基础上，确定可能发生的生产安全事故类别；分析各种事故类别发生的可能性、危害后果和影响范围；评估确定相应事故类别的风险等级，撰写评估报告作为应急预案的编制依据。

2. 应急资源调查

编制应急预案要与所在区域或企业所具有的应急资源相适应，如果应急预案所需资源高于实际所具有的应急资源，将使应急预案实施起来很困难，甚至无法实施。因此，需要对应急资源进行调查。应急资源包括但不限于：本单位可调用的应急队伍装备、物资、场所；针对生产过程及存在的风险可采取的监测、监控、报警手段；上级单位、当地政府及周边企业可提供的应急资源；可协调使用的医疗、消防、专业抢险救援机构及其他社会应急救援力量。

应急资源调查是单位建立应急组织和应急物资装备保障系统的基础，是编制应急预案的重要依据。撰写应急资源调查报告以明确应急救援的需求和不足，为应急预案的编制奠定基础。

2.1.3.5 编制应急预案

针对可能发生的事故，结合风险评估和应急资源调查的结果，按照《国家突发公共事件总体应急预案》、《省（区、市）人民政府突发公共事件总体应急预案框架指南》（国办函〔2004〕139 号）、《生产经营单位生产安全事故应急预案编制导则》（GB/T 29639—2020）等有关规定和要求编制应急预案。

编制应急预案过程如下：首先，确定目标和行动的优先顺序；其次，确定具体的目标和重要事项，列出完成任务的清单、工作人员清单和时间表，明确风险评估中发现的问题和资源不足的解决方法；再次，编写计划，分配应急预案编制工作组每个成员相应的编写内容，确定最合适的格式，对具体的目标明确时间期限，同时为保证完成任务提供足够和必要的时间；最后为编写过程各项活动（初稿、评审、定稿）制订时间进度表。

应急预案封面主要包括应急预案编号、应急预案版本号、生产经营单位名称、应急预案名称及颁布日期。同时，应急预案应设置目次，目次中所列的内容及次序应为：批准页；应急预案执行部门签署页；章的编号、标题；带有标题的条的编号、标题（需要时列出）；附件，用序号表明其顺序。

应急预案编制过程中，应注重编制人员的参与和培训，充分发挥他们各自的专业优势，使他们均掌握风险评估和应急资源调查的结果，明确应急预案的框架，应急过程行动重点以及应急衔接、联系要点等。同时，编制的应急预案应充分利用社会应急资源，考虑与政府应急预案、上级主管单位以及相关部门的应急预案相衔接。

2.1.3.6 桌面推演

按照应急预案明确的职责分工和应急响应程序，结合有关经验教训，相关部门及其人员可采取桌面推演的形式，模拟生产安全事故应对过程，分步讨论并形成记录，校验应急预案的可行性，并进一步完善应急预案。桌面推演的相关要求参见《生产安全事故应急演练基本规范》（AQ/T 9007—2019）。

2.1.3.7 应急预案的评审和发布

1. 应急预案的评审

为确保应急预案的科学性、合理性以及与实际情况的符合性，应急预案编制单位或管理部门应依据我国有关应急的方针、政策、法律、法规、规章、标准和其他有关应急预案编制的指南性文件与评审检查表，组织开展应急预案评审工作，取得政府有关部门和应急机构的认可。

2. 应急预案的发布

重大事故应急预案经评审通过后，应由生产经营单位主要负责人签发实施，并报送有关部门和应急机构备案。

应急预案编制完成后，应通过有效实施确保其有效性。应急预案实施主要包括应急预案宣传、教育和培训，应急资源的定期检查落实，应急演练和培训，应急预案的实践，应急预案的电子化，事故回顾等。

2.1.4 应急预案编制的内容

2.1.4.1 基本内容

（1）应急预案发布令。宣布应急预案生效，做好各项应急准备。

（2）应急机构署名页。应急相关部门及负责人签名。

（3）应急预案分布记录页。应急预案接收部门签字。

（4）应急预案修改记录页。修改人签字。

（5）术语与定义等。

2.1.4.2 方针与原则

（1）阐明应对工作的方针与原则，如保护人员安全优先，防止和控制事故蔓延，保护环境，以及预防为主、常备不懈、高效协调和持续改进。应急预案编制的原则是简明扼要、明确具体（如以人为本、安全第一、统一领导、分级负责、资源共享、协同应对、依靠科学、依法规范、反应快捷、措施果断、预防为主、平战结合等）。

（2）列出应急预案针对的事故（或紧急情况）类型、适用范围和救援目标等。

2.1.4.3 应急工作策划

1. 危险辨识与评价

（1）确认可能发生的灾害（事故）类型、地点。

（2）确定灾害（事故）影响范围及可能影响的人数。

（3）重大危险源的数量及分布。

（4）根据灾害（事故）种类和后果严重度，确定应急预案编制的级别。

（5）确认地理、人文（人口）、地质、气象等信息。

（6）确认城市布局及交通情况。

（7）确认可能影响应急救援的不利因素等。

（8）形成附件。

2. 应急资源调查

调查目前相关部门（单位）和社会应急活动中可以使用或可以调动的各种资源，包括应急力量（人员）、应急设备（施）、物资等。

（1）基本应急装备：通信、交通、照明、防护等工具。

（2）专用应急救援装备：消防、医疗、应急发电、大型机械等。

（3）形成附件。

3. 应急机构与职责

（1）明确应对过程中各个特定任务的负责机构及职责。

（2）明确应急处置负责人和各部门负责人及职责。

（3）明确本区域以外能提供援助的有关机构的职责。

（4）明确政府和有关单位在应急处置中的职责。

（5）形成附件。

4. 应急机制

（1）按突发事件的严重程度建立分级响应机制和程序。

（2）统一领导、统一指挥、分级响应、资源共享、全体参与。

（3）建立预测预警机制、应急决策协调机制、应急沟通协调机制、应急社会动员机制、应急资源征用机制、责任追究机制等。

（4）对各应急机构的应急行动与协调活动进行总体规划并建立有效的工作机制。

5. 法律法规要求

（1）明确列出涉及应急救援要求的相关法律法规、规范性文件等。

（2）形成附件。

2.1.4.4 应急准备

1. 应急设备、设施、物资

（1）准备用于应急救援的机械与设备、监测仪器、交通工具、个体防护设备、医疗、办公室等应急设备、设施和物资。

（2）列出有关部门（单位），如武警、消防、卫生、防疫等部门可用的应急设备。

（3）定期检查与更新。

（4）列出存放地点及获取方法。

（5）形成附件。

2. 应急人员的培训

（1）对应急人员进行有针对性的培训，并确保合格上岗。

（2）列出每年的培训计划。

（3）列出对现场应急人员进行培训的频度和程度等。

3. 应急预案演练

（1）表述应急预案演练的目的。

（2）制订每年的演练计划。

（3）列出参加应急预案演练的有关单位。

（4）描述对演练结果的评价，发现应急预案存在的问题并加以解决。

4. 公众教育

（1）周期性宣传以及提高安全意识的方法与措施。

（2）宣传潜在危险的性质、疏散路线、报警和自救方法，了解各种警报的含义、应急救援的有关程序等知识。

5. 互助协议

（1）列出与邻近企业、消防、医疗、检测、武警、邻近城市或地区建立的互助协议。

（2）列出与社会专业技术服务机构、物资供应企业建立的互助协议。

（3）形成附件。

2.1.4.5　应急响应

1. 报警程序（由下到上）

事发现场的每个公民都有报警的义务，因此要明确报警方式（如电话、警报器等）、报警内容，以便报警规范化。

（1）确定接警的机构及原则。

（2）确定 24 小时与政府主管部门的通信、联络方式。

（3）制定报警信息单，详细记录事件情况，如事发地点、突发事件类型、危险物资、伤亡情况、影响范围、事态控制情况等。

2. 警报和紧急公告（由上到下）

（1）明确警报和紧急公告的机构和标准原则。

（2）明确授权发布警报和紧急公告的机构和负责人。

（3）明确向公众报警的标准、方式、信号等，明确各种警报信号的不同含义，协调警报器的使用及每个警报器所覆盖的地理区域等。

（4）发布重要的公告信息，包括自我保护、疏散路线、医院等。

（5）特殊情况下的警报，包括警报的盲区、特殊需要的人群及地点、使用机动方式帮助发出警报还是逐家通报等。

（6）制定标准化或填空式公告样本。

3. 指挥与控制

（1）明确协调总指挥、现场应急抢险指挥。

（2）建立现场指挥、协调和决策程序，对突发事件进行初始评估，确认紧急状态，有效地确认响应级别（Ⅰ级、Ⅱ级、Ⅲ级响应等）和抢险救援行动指令。

（3）确定重点保护区域的应急行动的优先原则。

（4）明确指挥和协调现场各救援队伍的救援行动。

（5）合理高效地使用应急资源等。

4. 通信

（1）在应急救援过程中应当保证各部门通信畅通。

（2）规定所需的各类通信设施，确保通信器材完好。

（3）维护通信系统。

（4）设立备用通信系统。

5. 人群疏散与安置

（1）确定实施疏散的紧急情况。

（2）明确发布疏散居民指令的机构和负责人。

（3）预防性疏散准备、疏散区域、疏散距离、疏散路线、疏散运输工具、避难场所的规定。

（4）应当考虑疏散人群的数量、需要疏散的时间、可利用的时间、风向等环境变化、老弱病残等特殊人群的疏散问题等。

（5）做好疏散人群的生活安置、保障工作。

（6）明确负责执行和核实疏散居民（包括通告、运输、交通管制、警戒）的机构。

（7）核查疏散人数，记录疏散情况。

（8）明确临时安置场所的管理和运转负责部门。

（9）安排好临时安置场所的食品、水电、医疗、消毒、治安等工作。

（10）明确临时安置场所的标志。

6. 警戒与治安

（1）确定警戒的机构和职责。

（2）制定事故现场警戒和管制程序。

（3）交通管制、路口封锁、指挥中心警戒、事故现场警戒。

（4）制定对特殊设施和人群的安全保护措施（如学校、幼儿园、残疾人等）。

（5）确定决定终止保护措施的情况和规定。

7. 医疗与卫生服务

（1）医疗资源的数量。

（2）规定紧急医疗服务的组织，伤员的分类救护和转送方法。

（3）抢救药品，医疗器械，消毒、解毒药品等。

（4）急救点设置，化学品受伤和疾病感染人员的隔离、净化和治疗。

（5）死亡认定与处置。

（6）医疗人员应经过培训并掌握治疗受伤人员的正确方法等。

8. 现场监测（事态监测）

建立对事发现场监测和评估的程序，为现场的救援决策提供支持。现场监测包括事件的规模，事态的发展趋向，伤亡情况，食物、水源，环境卫生污染监测等。

9. 现场抢险与控制

（1）现场抢险的目标和原则。

（2）现场抢险的操作程序。

（3）现场抢险人员的要求。

（4）现场抢险的物资、设备要求。

针对特殊的风险如危险化学品事故、火灾等，需要采用进一步详细的抢险程序和方案，包括使用特殊的应急救援人员、专家、技术、方法、材料、设备等达到控制和消除事故的目的。

10. 应急人员安全

为保证应急人员在抢险中免受伤害，应当建立进入和离开事故现场的相关程序，保证其安全。其内容包括：进入和离开现场的标准程序、进入和离开现场的报告规定、进入和离开现场的登记规定、应急救援人员的清点规定、消毒程序、安全与卫生设备的正确配备、个人安全预防措施等。

11. 环境保护

（1）对可能对环境造成严重影响的重大事故，应当建立环境保护程序。

（2）拟定控制环境污染扩大的方案。

（3）及时清除污染。

（4）对环境污染水平的监测。

（5）对可能对公众健康造成损害的污染通告等。

12. 信息发布管理

（1）明确应急救援过程中与媒体和公众接触的机构及发言人，准确发布突发事件信息。

（2）明确信息发布的审核、批准程序和格式。

（3）准确通告突发事件发生、救援及人员伤亡的情况。

（4）为公众了解防护措施等有关问题提供咨询服务。

13. 应急资源管理

应当制定应急救援过程中各种应急救援资源供给程序，保证应急救援资源被及时合理地调配与高效使用。其内容包括：应急救援资源供给的机构、应急救援资源调用指令的响应、应急救援资源供给的记录、应急救援资源快速运抵现场的要求、应急救援设备的及时回收与清点等。

2.1.4.6　现场恢复与事故调查

（1）明确决定终止应急响应、恢复正常秩序的机构和负责人。

（2）宣布应急响应终止的程序。

（3）恢复正常状态的程序。

（4）现场清理及环境影响区域的污染消除与连续检测要求。

（5）事故调查与后果评价。

2.1.4.7 应急预案管理

应当建立应急预案制定、修订、审核、批准和发布等程序，经常检查和修改相关内容，保证应急预案的及时更新和实效性，一般包括：

（1）应急人员的身份和电话。

（2）应急组织机构。

（3）应急资源的变更。

根据演练中发现和存在的问题，不断修订并完善应急预案。

2.1.4.8 支持附件

（1）风险分析附件。

（2）通信联络附件。

（3）法律法规附件。

（4）应急资源附件。

（5）教育、培训、训练和演练附件。

（6）技术支持附件。

（7）互助协议附件。

（8）技术专家附件。

（9）各种表单。

（10）其他支持附件。

2.2 应急预案的评审与发布

2.2.1 应急预案评审与发布

应急预案编制完成后，应进行评审。应急预案评审的目的是确保应急预案能反映当地政府或企业经济、土地使用、技术发展、应急能力、危险源、危险物品使用、法律及地方法规、道路建设、人口、应急电话等方面的最新变化，确保应急预案与危险源相适应。评审后，按规定报有关部门备案，并经生产经营单位主要负责人签署发布。

2.2.1.1 应急预案评审类型

应急预案作为重大事故应急管理工作的规范文件，一经发布，具有相当大的权威性。因此，应急管理部门或编制单位应通过应急预案评审，不断更新、完善和改进应急预案文件体系。

根据评审性质、评审人员和评审目标的不同，将评审过程分为内部评审和外部评审两类，见表 2-1。

表 2-1 应急预案评审类型

评审类型		评审人员	评审目标
内部评审		应急预案编写成员	（1）确保应急预案语句通畅； （2）确保应急预案内容完整
外部评审	同行评审	具有与编制成员类似资格或专业背景的人员	听取同行对应急预案的客观意见
	上级评审	对应急预案负有监督职责的个人或组织机构	对应急预案中要求的资源予以授权和作出相应的承诺
	社区评议	社会公众、媒体	（1）改善应急预案的完整性； （2）促进公众对应急预案的理解； （3）促进应急预案为各社区所接受
	政府评审	政府部门组织的有关专家	（1）确认应急预案符合相关法律、法规、规章、标准和上级政府有关规定的要求； （2）确认应急预案与其他预案协调一致； （3）对应急预案进行认可，并予以备案

1. 内部评审

内部评审是指编制工作组内部组织的评审。应急预案编制单位应在应急预案初稿编写完成后，组织编写成员对应急预案进行内部评审。内部评审不仅要确保语句通畅，更重要的是评估应急预案的完整性。编制工作组可以对照检查表检查各自的工作或评审整个应急预案，以获得全面的评估结果，保证各种类型应急预案之间的协调性和一致性。

内部评审工作完成之后，应对应急预案进行修订并组织外部评审。

2. 外部评审

外部评审是应急预案编制单位组织本城或同行专家、上级机构、社区及有关政府部门对应急预案进行的评审。外部评审的主要作用是确保应急预案中规定的各项权力法制化，确保应急预案被所有部门接受。根据评审人员和评审机构的不同，外部评审可分为同行评审、上级评审、社区评议和政府评审四类。

（1）同行评审。应急预案经内部评审并修订完成之后，编制单位应邀请具有与编制成员类似资格或专业背景的人员进行同行评审，以便对应急预案提出客观意见。此类人员一般包括：

①各类工业企业及管理部门的安全、环保专家或应急救援服务部门的专家。

②其他有关应急管理部门或支持部门的专家（如消防部门、公安部门、环保部门和卫生部门的专家）。

③本地区熟悉应急救援工作的其他专家。

（2）上级评审。上级评审是指应急预案编制单位将起草的应急预案交由其上一级组织机构进行的评审，一般在同行评审及相应的修订工作完成之后进行。重大事故应急响应过程中，需要有足够的人力、装备（包括个体防护设备）、财政等资源的支持，所有应急功能（职能）的相关方应确保上述资源保持随时可用状态。实施上级评审的目的是确保有关责任人或组织机构对应急预案中要求的资源予以授权和做出相应的承诺。

（3）社区评议。社区评议是指在应急预案审批阶段，应急预案编制单位组织公众对应急预案进行评议。公众参与应急预案评审不仅可以改善应急预案的完整性，也有利于促进公众对应急预案的理解，使其被周围各社区正式接受，从而提高对事故的预防。

（4）政府评审。政府评审是指由城市政府部门组织有关专家对编制单位编写的应急预案实施审查批准，并予以备案的过程。政府对于重大事故应急准备或响应过程的管理不仅体现在应急预案编制上，还应参与应急预案的评审过程。政府评审的目的是确认该应急预案是否符合相关法律、法规、规章、标准和上级政府有关规定的要求，并与其他应急预案协调一致。一般来说，政府部门对应急预案评审后，应通过颁布法规、规章、规范性文件等形式对该应急预案进行认可和备案。

2.2.1.2 评审时机

应急预案评审时机是指应急管理机构、组织应在何种情况下、何时或间隔多长时间对应急预案实施评审、修订。对此，国内外相关法规、预案一般都有较为明确的规定或说明。

应急预案的评审、修订时机和频次可以遵循以下规则：

（1）定期评审、修订。

（2）根据培训和演练中发现的问题对应急预案实施评审、修订。

（3）评审重大事故灾害的应急过程，吸取相应的经验和教训，修订应急预案。

（4）国家有关应急的方针、政策、法律、法规、规章和标准发生变化时，评审、修订应急预案。

（5）危险源有较大变化时，评审、修订应急预案。

（6）根据应急预案的规定，评审、修订应急预案。

2.2.1.3 评审项目

为确保应急预案内容完整、信息准确，符合国家有关法律法规的要求，并具有可读性和实用性，一些发达国家和国际性组织在有关应急预案编制指南性材料中都十分强调应急预案评审或评价的作用，部分资料更是对应急预案评审的项目及各项目的评价指标进行了较为详尽的描述。

结合我国重大事故应急准备工作实际，对比分析上述有关国家和国际组织对应急预案编制和评审工作提出的要求和相关资料，重大事故应急预案评审可参考表 2-2 中所示的 4 组 31 个评审项目。

2.2.2 应急预案备案

《生产安全事故应急预案管理办法》（2016 年 6 月 3 日国家安全生产监督管理总局令第 88 号公布，根据 2019 年 7 月 11 日应急管理部令第 2 号《应急管理部关于修改〈生产安全事故应急预案管理办法〉的决定》修正）对应急预案的备案做出了以下规定：

第二十五条 地方各级人民政府应急管理部门的应急预案，应当报同级人民政府备案，同时抄送上一级人民政府应急管理部门，并依法向社会公布。

地方各级人民政府其他负有安全生产监督管理职责的部门的应急预案，应当抄送同

表 2-2　应急预案评审项目

应急预案类别	评审项目	评审结果	说　明
A 基本应急预案评审	A1 预案发布 A2 应急组织机构署名 A3 术语与定义 A4 相关法律法规 A5 方针与原则 A6 危险分析 A7 应急资源 A8 机构与职责 A9 教育、培训与演练 A10 与其他应急预案的关系 A11 互助协议 A12 预案管理		
B 应急功能设置评审	B1 接警与通知 B2 指挥与控制 B3 警报与紧急公告 B4 通信 B5 事态检测与评估 B6 警戒与管制 B7 人群疏散 B8 人群安置 B9 医疗与卫生 B10 公共关系 B11 应急人员安全 B12 消防与抢险 B13 泄漏物控制 B14 现场恢复		
C 特殊风险管理	C1 特殊风险 C2 特殊风险应急功能设置		
D 标准操作程序	D1 标准操作程序编制 D2 标准操作程序格式 D3 标准操作程序内容		

级人民政府应急管理部门。

第二十六条　易燃易爆物品、危险化学品等危险物品的生产、经营、储存、运输单位，矿山、金属冶炼、城市轨道交通运营、建筑施工单位，以及宾馆、商场、娱乐场所、旅游景区等人员密集场所的经营单位，应当在应急预案公布之日起 20 个工作日内，按照分级属地原则，向县级以上人民政府应急管理部门和其他负有安全生产监督管理职责的部门进行备案，并依法向社会公布。

前款所列单位属于中央企业的，其总部（上市公司）的应急预案，报国务院主管的负有安全生产监督管理职责的部门备案，并抄送应急管理部；其所属单位的应急预案报所在地的省、自治区、直辖市或者设区的市级人民政府主管的负有安全生产监督管理职责的部门备案，并抄送同级人民政府应急管理部门。

本条第一款所列单位不属于中央企业的，其中非煤矿山、金属冶炼和危险化学品生产、经营、储存、运输企业，以及使用危险化学品达到国家规定数量的化工企业、烟花爆竹生产、批发经营企业的应急预案，按照隶属关系报所在地县级以上地方人民政府应急管理部门备案；本款前述单位以外的其他生产经营单位应急预案的备案，由省、自治区、直辖市人民政府负有安全生产监督管理职责的部门确定。

2.2.3　应急预案的发布实施

应急预案的发布实施是应急预案管理工作的重要环节。应急预案发布实施后，应急管理部门应做好以下 6 个方面的工作。

2.2.3.1　应急预案的宣传、培训

应急预案管理部门应当广泛宣传应急预案，使普通公众了解应急预案中的有关内容。同时，积极组织应急预案培训工作，使各类应急人员掌握、熟悉或了解应急预案中与其承担职责和任务相关的工作程序标准等内容。

2.2.3.2　应急资源的检查落实

应急预案管理部门应根据应急预案的要求，定期检查落实本部门应急人员、设施、设备、物资等应急资源的准备情况，识别额外的应急资源要求，确保应急资源随时能用。

2.2.3.3　应急预案的演练

应急预案管理部门应当积极组织开展或者参加各类应急预案演练，及时发现应急预案、工作程序和应急资源准备中的缺陷和不足，明确相关机构和人员的职责，改善不同机构和人员之间的协调问题，检验应急人员对应急预案、应急程序的了解程度和操作技能的掌握程度，评估应急培训效果，分析培训要求，同时促进公众、媒体对应急预案的了解，争取其对应急工作的支持，使应急预案有机地融入应急保障工作中去，真正将应急预案的要求落到实处。

2.2.3.4　应急预案的实践

应急预案管理部门应当在突发事件应对工作中积极运用应急预案，开展应急决策，指挥和协调相关机构和人员的应急行动，从实践中检验应急预案的实用性，检验各应急机构之间的协调能力和应急人员对实际操作技能的掌握程度，发现应急预案、工作程序、应急资源准备中的缺陷和不足，以便修订、更新相关的应急预案和工作程序。

2.2.3.5　应急预案的电子化

应急预案的电子化将使应急预案更易于管理和查询。在应急预案实施过程中，应当充分利用计算机及现代信息技术，实现应急预案的电子化。尤其是包含大量信息数据的应急预案的支持附件，是应急预案电子化的主体内容，在结合地理信息管理系统应用的基础上，将对应急工作起到重要的支持作用。

2.2.3.6　应急预案的总结评估

应急预案管理部门应当积极收集突发事件信息，积极开展应急预案总结工作，评估应急过程中的不足和缺陷，总结经验和教训，为应急预案的修订和更新提供依据。

2.3 应急预案的评估与管理

应急预案发布实施后，必须进行系统的评估与管理。事实证明，坚持不懈地抓好应急预案的评估与管理，是应急预案发挥应有作用、达到预期效果的重要保证。应急预案的评估与管理主要包括应急预案评估、宣传、培训、演练、考核、数字化建设等方面，不仅包含内容多，又各自具有相对独立性。

2.3.1 应急预案的评估

应急预案是事前根据突发事件一般特点和经验教训编制的，带有主观性，与事实必然存在差距，因此需要定期对应急预案进行评估，适时进行修订，使之更加完善，符合实际工作要求。而一套完整的评估体系，应当回答“为什么评估、评估什么、谁来评估、如何组织评估、怎样评估、评估结果如何”等一系列问题。一般来说，应当包括应急预案的评估目的、应急预案的评估方法和步骤等基本要素。

2.3.1.1 应急预案的评估目的

评估是一种辅助性活动，主要目的是服务于所评估的对象。

1. 评估的对象

评估的对象即评估什么的问题。评估是一个客观见诸于主观的过程，也是知识发现和信息扩散的过程，因此可具有多种视角，也可有多种关注对象。清晰明确的评估对象能够使评估目的充分体现在评估框架和评估体系中，使评估的结果便于实际应用。

2. 评估的主体

评估的主体即谁来评估的问题。评估体系的建立围绕如何组织评估而展开，其基本问题是由谁负责组织评估，哪些人或部门参加评估。评估的主体又可分为组织者和实施者。按评估主体来源的不同，可分为内部评估与外部评估。

3. 评估的流程

评估的流程即如何评估的问题，是评估顺利开展的制度保证。评估周期是多长时间、评估程序是怎样的、评估报告应该给谁、如何处理等，都需要规范。评估流程的合理性影响评估结果的客观公正，也影响评估成果的有效实施。评估的流程设计服务于评估目的，同时受评估原则的限制。

4. 评估的指标体系

评估的指标体系即怎样评估的问题。从哪些方面对评估对象进行评价，指标体系是否合理、全面，关系到评估的质量。同时，指标体系还包括评估方法的确定，即用什么方法对评估指标进行统计、分析和说明。

5. 评估的结果

评估的结果，即评估报告、改进行动等，一般包括直接成果（评估报告）和间接成果（以评估成果为依据所采取的改进行动或责任追究等）。评估的目的不仅是得到对事实状况的描述，而且是在对评估结果进行鉴别和分析的基础上，及时有效地贯彻改进方案。这就需要有一个强有力的组织或部门，负责改进方案的有效实施。

2.3.1.2 应急预案的评估方法和步骤

1. 制订评估方案

在评估方案中确定评估目的，评估小组的牵头部门、参加部门和专家，评估工作的原则、重点、方法、时间等内容，并在实施时根据需要进行调整。

2. 对应急预案体系开展系统的调查研究

根据应急预案所针对的突发事件种类，选择具有针对性、实用性和操作性的评估方法，如实地考察，阅读资料，召开不同形式、类型、层面的座谈会探讨应急预案的可行性。通过问卷调查或抽样调查，自下而上或自上而下，点面结合地对应急预案的可行性进行准确判断。当然，上述方法既可单独使用，也可结合使用。

3. 结合实例进行应急预案评估

评估应急预案时必须结合具体的事例，对应急措施进行逐项分析，具有针对性、说服力，符合逻辑，用事实说话。应急预案的评估应当客观、公正、全面。评估应急预案，既要对应对工作可行性做出总体评价，又要对重点应对工作做出评价。评估既要肯定成绩，又要指出问题，还要提出改进意见和建议。

2.3.2 应急预案的管理

2.3.2.1 应急预案的宣传

应急预案的宣传工作是保证应急预案贯彻实施的重要手段，也是提高事故防范能力的重要途径。各类生产经营单位要按照《关于加强安全生产应急管理工作的意见》（安监总应急〔2006〕196 号）和《关于加强安全生产应急管理培训工作的实施意见》（安监总应急〔2007〕34 号）要求，采取不同方式开展安全生产应急管理知识及应急预案的宣传教育和培训工作，使应急预案相关职能部门及其人员提高危机意识和责任意识，明确应急工作程序，提高应急处置和协调能力，在此基础上，确保所有从业人员具备基本的应急技能、熟悉企业应急预案、掌握本岗位事故防范措施和应急处置程序，提高应急水平。

应急预案操作性、实用性很强，且应急响应行动需要广大公众的大力支持和积极参与。对于公众应了解和参与的应急预案，相关部门（单位）可以通过行政手段使大众了解相关内容，也可以借助媒体的力量，如在电视台设立应急知识讲座、在平面媒体开设宣传专栏等。对涉密内容，可制发应急预案简本，公布不涉密的内容，使公众了解应急预案中的有关内容。另外，可开展应急救援法律法规，事故预防，避险、避难、避灾，自救、互救等应急知识的宣传普及活动，提高公众的安全意识和应急救援能力。

2.3.2.2 应急预案的培训

应急预案培训是应急管理队伍建设的基础性工作，也是提高各级领导干部、专兼职应急管理人员等应对突发事件的整体素质和业务能力的重要途径。

应急预案的主要责任单位每年应组织 1~2 次应急预案培训，相关责任单位也应在职责范围内组织培训。应急管理机构应制定应急预案的培训大纲，定期组织党政领导和应急管理人员、基层单位负责人、专业救援人员等开展培训。同时，可根据不同的培训目标、对象和内容，分别研究制定培训质量评估和考核制度，纳入现行的干部教育培训考核体系，并适时开展检查，使其掌握安全生产事故的紧急处置方法，增强自救互救和第一时间处置突发事件的能力。

应急预案培训的重点应放在应急管理工作指导思想和与相关单位或部门有关的应急行动计划的关键部分。但也有必要了解整个应急预案，以保证参加培训的人员具有大局意识。

应急培训部门或单位可以邀请公安消防部门参加他们自己的专业应急预案培训课程。应急管理人员也可以参加消防部门组织的应急预案培训。这种培训能够帮助队员了解他们在协作应急中的作用，也促使应急管理人员与消防队员和培训主管人员加强联系与交流。

当突发事件发生时，期望现场群众能迅速采取某些行动或遵从应急管理人员的指挥，因此群众也应成为应急预案培训计划的一部分。与群众交流的主要方式是书面材料（招贴画、报纸和传单）、电视（宣讲、通告、座谈和专访）、广播（宣讲、座谈）、有线电视（相关工作人员正面宣讲、播放培训录像带）、网络（宣讲视频、各类媒体资料）以及报告会（学校、社区组织）等。

2.3.2.3　应急预案的管理考核

开展应急预案管理考核工作，可建立目标管理责任制，各级应急管理机构会同应急预案主责单位开展检查，对应急预案执行情况予以奖励或责任追究，以有效推进工作，加强相互联系，落实应急预案中规定的各项内容。应急预案管理工作的考核，既可与应急管理综合考核结合进行，也可由主责单位对各责任部门进行考核。

2.3.3　应急预案的演练

应急预案编制完成后，应当定期或不定期地组织演练，磨合、协调应急预案的运作，检验应急预案实施的效果，发现存在的问题，通过持续改进，使之不断完善。

应急预案发布后并不能立即使个人、单位和相关部门对突发事件做出有效的响应。经验表明，如果应急人员和公众不能充分理解应急响应的每项职责和步骤，在进行应急救援时，就会出现严重的问题。为提高应急救援人员的技术水平和救援队伍的整体能力，以便在救援行动中达到快速、有序、有效的效果，经常性地开展应急预案演练应成为应急救援队伍的一项重要的日常性工作。

应急预案演练是指来自多个机构、组织或群体的人员，根据编制的应急预案，针对假设发生的事件，执行突发事件发生时各自职责和任务的排练活动。这是检测应急管理工作和应急预案完善与否的最好的度量标准，具有十分重要的意义和作用。

2.3.3.1　验证和改善应急预案的可行性与实效性

通过演练，应急预案的各组成部分或整体能否有效地付诸实施可以得到检验，应急预案的实施效果可以得到验证，应急措施的适应性和针对性、应急通信系统的可靠性、应急机构与人员之间的协同性、应急准备工作的充分性均可得到实际演练的检查和证实。只有通过演练，才能真正地发现应急预案中存在的问题，才能对需要改善的地方进行及时修改和完善，才能确保应急预案更加符合客观实际情况，其可行性与实效性才能得到提高。

2.3.3.2 锻炼应急管理人员

应急预案演练使参与者得到了相应的锻炼，了解了突发事件发生时可能遇到的危险以及自身应采取的应对措施。通过演练，可以让人们了解其现有知识和技能与正确应对突发事件要求的差距，从而提前做好补救措施，避免遭遇突发事件时手足无措。

通过演练，不但使人们掌握了应对突发事件的相关知识，还使人们意识到突发事件已经得到上层组织的高度重视，并为此做出相应的准备；另外，在事发前暴露应急预案及其程序的缺点，辨识出缺乏的资源（包括人力和设备），有助于避免事件突发时相关资源不到位的问题。因此，一旦突发事件真正发生，人们在心理上不会受到过大冲击，克服困难的信心和心理承受能力均会增强。

2.3.3.3 检验和强化相关部门协同配合能力

应急预案演练可增强政府、企业、社区等之间的协调与合作，检验相关部门及其人员的协同配合能力。各种相关应急系统（如中心指挥系统、消防系统、通信与联络系统、医疗急救系统）等的有效配合是应对突发事件的关键之一，通过演练，各相关部门和系统各司其职，保证在最短的时间内发挥其职能，提高整体应急反应能力。

2.4 应急预案的修订

随着社会、经济和环境的变化，应急预案中包含的信息可能会发生变化。因此，应急组织或应急管理机构应定期或根据实际需要对应急预案进行评审，检验、更新和完善，以便及时更换变化或过时的信息，并解决应急预案演练和实施中反映出的问题。

当出现以下情况时，应进行应急预案的修订：

（1）法律、法规的变化。

（2）需对应急组织和政策做出相应的调整和完善。

（3）机构或部门、人员调整。

（4）通过日常演练和实际安全生产事故应急反应取得了启发性经验。

（5）需对应急反应的内容进行修订。

（6）应急预案生效且执行时间超过 5 年。

（7）其他情况。

应急预案管理部门应根据应急预案评审的结果、应急演练的结果及日常发现的问题，组织人员对应急预案进行修订、更新，以确保应急预案的持续适宜性。同时，修订、更新的应急预案应通过有关负责人员的认可，并及时进行发布和备案。

2.4.1 应急预案修订的指导思想

坚持以人为本，树立全面协调、可持续的科学发展观，遵循预防为主、常备不懈的方针，按照统一领导、分级管理，条块结合、以块为主，职责明确、规范有序，结构完整、功能全面，反应灵敏、运转高效的思路，制定和完善突发事件的应急预案，建立健全各种预警和应急机制，提高组织应对突发事件的能力，保障人民群众的生命财产安全、社会政治稳定和国民经济的持续、快速、协调、健康发展。

2.4.2　应急预案修订的工作原则

2.4.2.1　以人为本，健全机制

要把保障人民群众的生命安全和身体健康作为应急工作的出发点和落脚点，最大限度地减少突发公共事件造成的人员伤亡和伤害。要不断改进和完善应急救援的装备、设施和手段，切实加强应急救援的科学指挥和应急救援人员的安全防护。要充分发挥人的主观能动性，充分依靠各级领导、专家和群众，充分认识社会力量的基础性作用，建立健全组织和动员人民群众参与应对突发公共事件的有效机制。

2.4.2.2　依靠科学，依法规范

制定、修订应急预案要充分发挥社会各方面尤其是专家的作用，实行科学民主决策，采用先进的预测、预警、预防和应急处置技术，提高预防和应对突发公共事件的科技水平，提高应急预案的科技含量。应急预案要符合有关法律、法规、规章，与相关政策相衔接，与完善政府社会管理和公共服务职能、深化行政管理体制改革相结合，确保应急预案的全局性、规范性、科学性和可操作性。

2.4.2.3　统一领导，分级管理

在国务院统一领导下，组织有关部门、单位制定和修订本部门的突发事件应急预案。要按照分级管理、分级响应和条块结合、以块为主的原则，落实各级应急响应的岗位责任制，明确责任人及其指挥权限。

2.4.2.4　加强协调配合，确保快速反应

应急预案的制定和修订是一项系统工程，要明确不同类型突发事件应急处置的牵头部门或单位，其他有关部门和单位要主动配合、密切协同、形成合力；要明确各有关部门和单位的职责和权限；涉及关系全局、跨部门、跨地区或多领域的，应急预案制定、修订部门要主动协调有关各方；要确保突发公共事件信息及时准确传递，应急处置工作反应灵敏、快速有效。

2.4.2.5　坚持平战结合，充分整合现有资源

要经常性地做好应对突发事件的思想准备、预案准备、机制准备和工作准备，加强培训演练，做到常备不懈。按照条块结合、资源整合、降低行政成本的要求，充分利用现有资源，避免重复建设，充分发挥我国社会主义制度集中力量办大事的优越性。

2.4.2.6　借鉴国外经验，符合我国实际

认真借鉴国外处置突发事件的有益经验，深入研究我国实际情况，切实加强我国应急能力和机制的建设，提高应急管理水平。

2.4.3　应急预案修订的内容和范围

本应急预案所称突发事件是指突然发生，造成或者可能造成重大人员伤亡、重大财产损失、重大生态环境破坏和对全国或者一个地区的社会经济稳定、政治安定构成重大威胁或损害，有重大社会影响的涉及公共安全的紧急事件。

随着形势的发展变化，今后还会出现一些新情况，突发事件的类别和内容将适当调整。各部门、单位应通过总结分析近年来国内外发生的各类突发事件及其处置过程中的经验

教训，按照全面履行政府职能，加强社会管理的要求，在现有工作的基础上，结合本部门实际，制定、修订相应的应急预案。

2.4.4 应急预案修订的要求

应急预案制定机关或者单位应按照有关法律、法规、规章等规定，定期或适时修订应急预案。一般来说，至少 3 年要修订一次应急预案，而且在应急处置或应急演练结束后，应及时对应急预案进行评估，总结经验教训，提出修订建议。应急预案制定机构或单位修订应急预案时，应在风险分析和应急能力评估后，按照程序重新进行编制、审议、批准、备案和发布。各级政府应急管理机构应对有关应急预案的修订情况进行监督检查，对未按要求定期或适时修订应急预案的，应责令纠正。

应急预案需要修订时，除较小的局部变动外，应按原制定程序予以修订。其具体要求如下：

（1）在重新调整应急预案时，除对发生变化的情况做深入细致的了解外，对具体情况也要予以考察，注意局部变化对全局的影响。

（2）对于局部变化的，可做局部调整；对于整体发生变化的，考虑各方面的统一调整，必要时废除原方案，重新制定。

（3）基于多方面因素，有些应急预案一时难以修订时，可根据实际情况适时地制定一些临时性应急措施，待条件成熟后及时补充。

（4）对于应急预案的修订情况，应及时报告上级有关部门，经过修订或重新制定的应急预案，也要重新报上级部门审核批准。

（5）应急预案的撤销权限与审核权限相同。因为内容修订而作废的应急预案应指定专人进行销毁，电子文档应予以永久性删除。

2.4.5 需要注意的几个问题

（1）紧紧围绕应急工作体制、工作运行机制和法制建设等方面制定、修订应急预案。体制方面主要是明确应急体系框架、组织机构和职责，强调协作，特别要落实各级岗位责任制和行政首长负责制。运行机制方面主要包括预测预警机制、应急信息报告程序、应急决策协调机制、应急公众沟通机制、应急响应级别确定机制、应急处置程序、应急社会动员机制、应急资源征用机制和责任追究机制等内容。同时，应急预案工作要与加强法制建设相结合，要依法行政，努力使突发公共事件的应急处置逐步走向规范化、制度化和法制化轨道，并注意通过对实践的总结，促进法律、法规和规章的不断完善。

（2）协作配合部门或单位制定的配套预案，可作为主管部门应急预案的附件，建立跨部门的信息与技术资源共享机制。

（3）按照分级管理、分级响应的原则，结合突发公共事件的严重性、可控性，所需动用的各类资源，影响区域范围等因素，分级设定启动应急预案的级别。

（4）突发公共事件的新闻报道要按照及时主动、准确把握、正确引导、讲究方式、注重效果、遵守纪律、严格把关的原则进行，具体要求见《中共中央办公厅 国务院办公厅关于进一步改进和加强国内突发事件新闻报道工作的通知》（中办发〔2003〕22 号）

和《国务院办公厅关于改进和加强国内突发事件新闻发布工作的实施意见》（国务院办公厅 2004 年 2 月 11 日印发）。

（5）在应急预案制定和修订过程中要按照决策民主化、科学化的原则，广泛征求社会各界和专家的意见。

（6）正确处理日常安全防范、安全生产工作和应急处置突发公共事件工作的关系；正确处理内部规章制度（如防火、保密、安全等）和突发公共事件应急预案的关系。

（7）应急预案要及时修订，不断充实、完善和提高。每一次重大突发公共事件发生后，都要进行应急预案的重新评估和修订。

（8）应急预案正文前应有总目录，并就应急预案的整体情况做简要说明。按国务院办公厅统一行文规定的要求打印，并按有关规定标注密级。

第 3 章　高速公路运营企业应急预案体系构成实体及功能

高速公路运营企业突发事件应急预案体系由事故预防预警体系、应急保障体系、应急响应体系、应急处置体系、监督体系、信息发布体系及善后处置体系七个方面构成，围绕着“何时做，谁来做，做什么，如何做”四个方面明确公路交通应急保障全过程中各环节的责任主体与职责、工作流程及其各流程间的界面和转化关系，形成面向交通运输部应急保障整体工作流程的运行机制，增强预案的可操作性和执行力。

本章从三个层面具体介绍高速公路运营企业应急预案体系，第一层为我国交通运输部制定的应急预案体系，第二层为 ×× 省交通运输厅、×× 省高速公路管理中心及 ×× 省交通运输发展集团总部相关应急预案体系，第三层为各高速公路运营管理单位（分公司）综合、专项应急预案或现场处置方案，以集团 ×× 分公司为例进行说明。如图 3-1 为各层级应急预案体系相关关系。

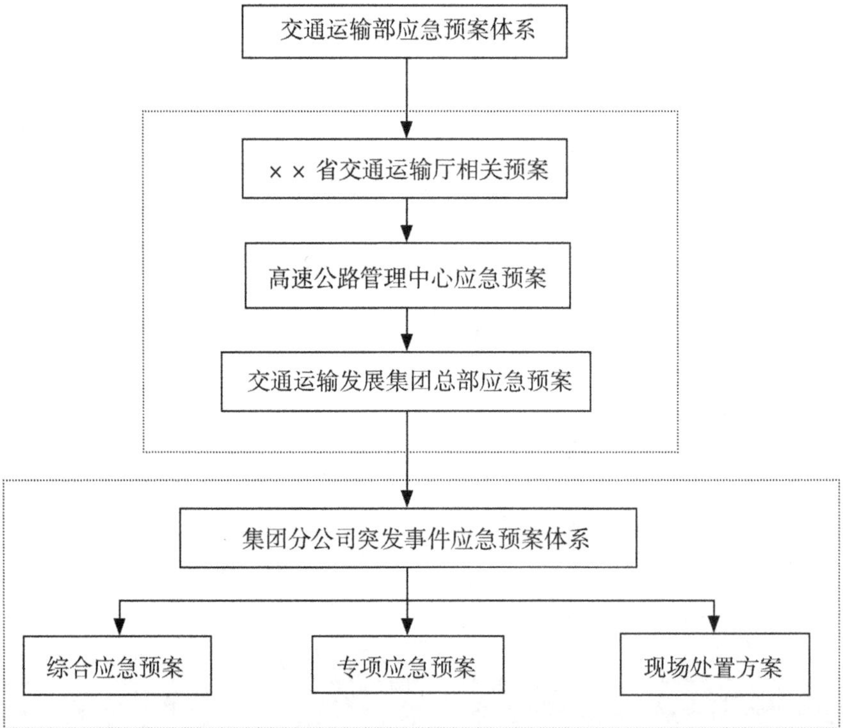

图 3-1　应急预案体系相关关系

3.1　预防预警体系

3.1.1　预防预警机制概述

公路交通应急管理中的预防，主要是建立完善的公路交通突发事件应急预案，并加强预案的培训演练。公路交通应急预案是在辨识和评估潜在的重大危险、事件类型、发生的可能性及发生过程、事件后果及影响严重程度的基础上，根据有关的法律法规要求，对各级公路交通应急机构与职责、人员、技术、装备、设施（备）、物资、救援行动及其指挥与协调等方面预先做出的具体安排，明确在公路交通突发事件发生之前、发生过程中以及刚刚结束之后，谁负责做什么，何时做，以及相应的策略和资源准备等。作为预先制定的公路交通突发事件处置方案，是公路交通突发事件应急救援活动的行动指南。一旦发生公路交通突发事件，由这些预案规定的流程和处置措施便是第一处置行动的主要依据。

公路交通应急管理中的预警，是根据有关公路交通突发事件的预测信息和风险评估结果，依据公路交通突发事件可能造成的危害程度、紧急程度和发展态势，确定相应预警级别，标示预警颜色，并向社会发布相关信息的机制。预警机制是在突发事件实际发生之前对事件的预报、预测及提供预先处理操作的重要机制。

在我国交通运输部应急预案体系中，预防预警信息由交通运输部应急办牵头，搜救中心及路网中心负责部际层面预警信息收集、整理和风险分析工作，处理防御工作事务。部内相关司局、部直属单位配合做好相关工作。各级交通运输部门负责相应行政区域内的预警信息收集整理及风险分析工作，处理具体防御工作事务，做到早发现、早预防、早报告、早处置。事故灾难、公共卫生、社会安全等类别突发事件的预防预警工作可参照国家相关专项预案和交通部配套的文件要求，以及本预案预警信息收集、转发和防御响应等相应措施执行。各级交通运输主管部门应在日常工作中开展预警预防工作，重点做好对气象、国土等部门的预警信息，以及公路交通突发事件相关信息的收集、接收、整理和风险分析工作，完善预测预警联动机制，建立完善预测预警及出行信息发布系统。针对各种可能对公路交通运行产生影响的情况，按照相关程序转发或者联合发布预警信息，做好预防与应对准备工作，并及时向公众发布出行服务信息和提示信息。

3.1.1.1　预警信息来源

交通运输部搜救中心及路网中心负责通过多种渠道收集热带气旋（包括超强台风、强台风、台风、强热带风暴、热带风暴）、冬季大风、寒潮、风暴潮、海冰、海啸、洪水、低温雨雪冰冻等极端恶劣天气、海洋灾害、地质灾害等信息的发展态势，及时上报相关情况，并通报相关部门。

（1）气象、地震、国土资源、水利、公安、安监等有关部门的监测和灾害预报预警信息以及国家重点或者紧急物资运输通行保障需求信息。

（2）各级交通运输主管部门及相关管理机构有关公路交通中断、阻塞的监测信息。

（3）其他需要交通运输主管部门提供应急保障的紧急事件信息。

信息收集内容包括预计发生事件的类型、出现的时间、地点、规模、可能引发的影响及发展趋势等。

3.1.1.2 预警信息

应急预案体系中的预防预警主要针对自然灾害类突发事件。接收极端恶劣天气、地质灾害等预警信息，进行汇总分析并做出判断，发布预警信息，并采取相应防御措施。各级部门需要做好各类预警信息的接收、整理和风险分析工作，处理防御工作事务。各高速公路运营管理单位负责所辖路段的预警信息收集、整理及风险分析工作，处理具体防御工作事务，做到早发现、早预防、早报告、早处置。涉及公路交通突发事件的预警及相关信息包括：

（1）气象监测、预测、预警信息。

每日 24 h 全国降水实况图及图示最严重区域降水、温度、湿度等监测天气要素平均值和最大值。

72 h 内短时天气预报（含图示），重大交通事件（包括黄金周、大型活动等常规及各类突发交通事件）天气中期趋势预报（含图示），气象灾害集中时期（汛期、冬季等）天气长期态势预报。

各级政府气象部门公开发布的暴雪、道路结冰气象预警信息；管辖范围内高速公路交通中断、堵塞监测信息；各运管单位现场巡查、监测、监控获得的异常信息；道路结冰、降雪初始情况、道路积雪情况、道路车辆通行情况及道路交通管制情况信息。

各类气象灾害周期预警信息专报（包括主要气象灾害周期的天气类型、预计发生时间、预计持续时间、影响范围、预计强度等）和气象主管部门已发布的台风、暴雨、雪灾、大雾、道路积冰、沙尘暴预警信息。

（2）强地震（烈度 50 以上）监测信息。

地震强度、震中位置、预计持续时间、已经和预计影响范围（含图示）、预计受灾人口与直接经济损失数量、预计紧急救援物资运输途经公路线路和需交通运输主管部门配合的运力需求。

（3）突发地质灾害监测、预测信息。

突发地质灾害事件是指由自然因素或人为活动引发的危害人民生命和财产安全的山体崩塌、滑坡、泥石流、地面塌陷、地裂缝等地质灾害的应急处置工作。

突发地质灾害监测信息包括突发地质灾害发生时间、发生地点、强度、预计持续时间、受影响道路名称与位置、受灾人口数量、疏散（转移）出发地与目的地、途经公路路线和需交通运输主管部门配合的运力需求。

突发地质灾害预测信息包括突发地质灾害预报的等级、发生时间、发生地点、预计持续时间、预计影响范围。

应急部门和自然资源部门联合建立地质灾害预报预警和险情、灾情速报制度，健全地质灾害信息资源获取和共享机制，依法统一发布地质灾害险情、灾情信息。自然资源部门负责开展地质灾害预报预警工作。

（4）洪水、堤防决口与库区垮坝信息。

洪水的等级、发生流域、发生时间、洪峰高度和当前位置、泄洪区位置、已经和预计影响区域（含图示）、预计受灾人口与直接经济损失数量、需疏散（转移）的人口数量、出发地、目的地、途经路线、需交通运输主管部门配合的运力需求。

堤防决口与库区垮坝的发生时间、发生地点，已经和预计影响区域（含图示）、预计受灾人口与直接经济损失数量、需疏散（转移）的人口数量、出发地、目的地、途经路线、需交通运输主管部门配合的运力需求。

（5）海啸灾害预测预警信息。

风暴潮海啸灾害预计发生时间、预计影响区域（含图示）、预计受灾人口与直接经济损失、预计紧急救援物资、人口疏散运输的运力要求和途经公路线路。

（6）重大突发公共卫生事件信息。

突发疾病的名称，发现事件，发现地点，传播渠道，当前死亡和感染人数，预计受影响人数，需隔离、疏散（转移）的人口数量，该疾病对公路交通运输的特殊处理要求，紧急卫生和救援物资运输途经公路线路、需交通运输主管部门配合的公路干线、枢纽交通管理手段和运力需求。

（7）环境污染事件影响信息。

危险化学品（含剧毒品）运输泄漏事件的危险品类型、泄漏原因、扩散形式、发生时间、发生地点、所在路段名称和位置、影响范围、影响人口数量和经济损失、预计清理恢复时间、应急救援车辆途经公路路线。

因环境事件需疏散（转移）群众事件的原因、疏散（转移）人口数量、疏散（转移）时间、出发地、目的地、途经路线、需交通运输主管部门配合的运力需求。

（8）重大恶性交通事故影响信息。

重大恶性交通事故的原因、发生时间、发生地点、已造成道路中断和阻塞情况、已造成道路设施直接损失情况、预计处理恢复时间。

（9）因市场商品短缺及物价大幅波动引发的紧急物资运输信息、运输物资的种类、数量、来源地和目的地、途经路线、运载条件要求、运输时间要求等。

（10）公路损毁、中断、阻塞信息和重要客运枢纽旅客滞留信息，公路损毁、中断、阻塞的原因、发生时间起止位置和桩号、预计恢复时间，已造成道路基础设施直接损失、已滞留和积压的车辆数量和排队长度已采取的应急管理措施、绕行路线等。

（11）重要客运枢纽车辆积压、旅客滞留的原因、发生时间、当前滞留人数和积压车辆数量及其变化趋势、站内运力情况、应急运力储备与使用情况、已采取的应急管理措施等。

（12）其他需要交通运输部门提供应急保障的紧急事件信息。

3.1.1.3　预测、预警支持系统

建立面向交通行业的气象灾害、地震、地质灾害等突发事件影响的预测、预警支持系统。建立各级预警联系人常备通信录及信息库，建立公路交通突发事件风险源数据库，建立公路交通突发事件影响的预测评估系统。

联合相关应急协作部门，建立长效预测、预警机制。

路网中心负责交通运输部预测预警支持系统的建设，省级交通运输主管部门在路网中心指导下建设本省各级预测、预警支持系统。

3.1.1.4 预警分级

根据突发事件发生时对公路交通的影响和需要的运输能力将预警分为四级，分别为Ⅰ级预警、Ⅱ级预警、Ⅲ级预警、Ⅳ级预警，分别用红色、橙色、黄色和蓝色来表示。发生特别重大突发事件的风险较高时，发布Ⅰ级预警（红色）；发生重大突发事件的风险较高时，发布Ⅱ级预警（橙色）；发生较大突发事件的风险较高时，发布Ⅲ级预警（黄色）；发生一般突发事件的风险较高时，发布Ⅳ级预警（蓝色）。交通运输部负责Ⅰ级预警的启动和发布，省、市、县交通运输主管部门负责Ⅱ级、Ⅲ级和Ⅳ级预警的启动和发布。

3.1.1.5 驶预警启动程序

公路交通突发事件Ⅰ级预警时，交通运输部按如下程序启动预警（见图 3-2）：

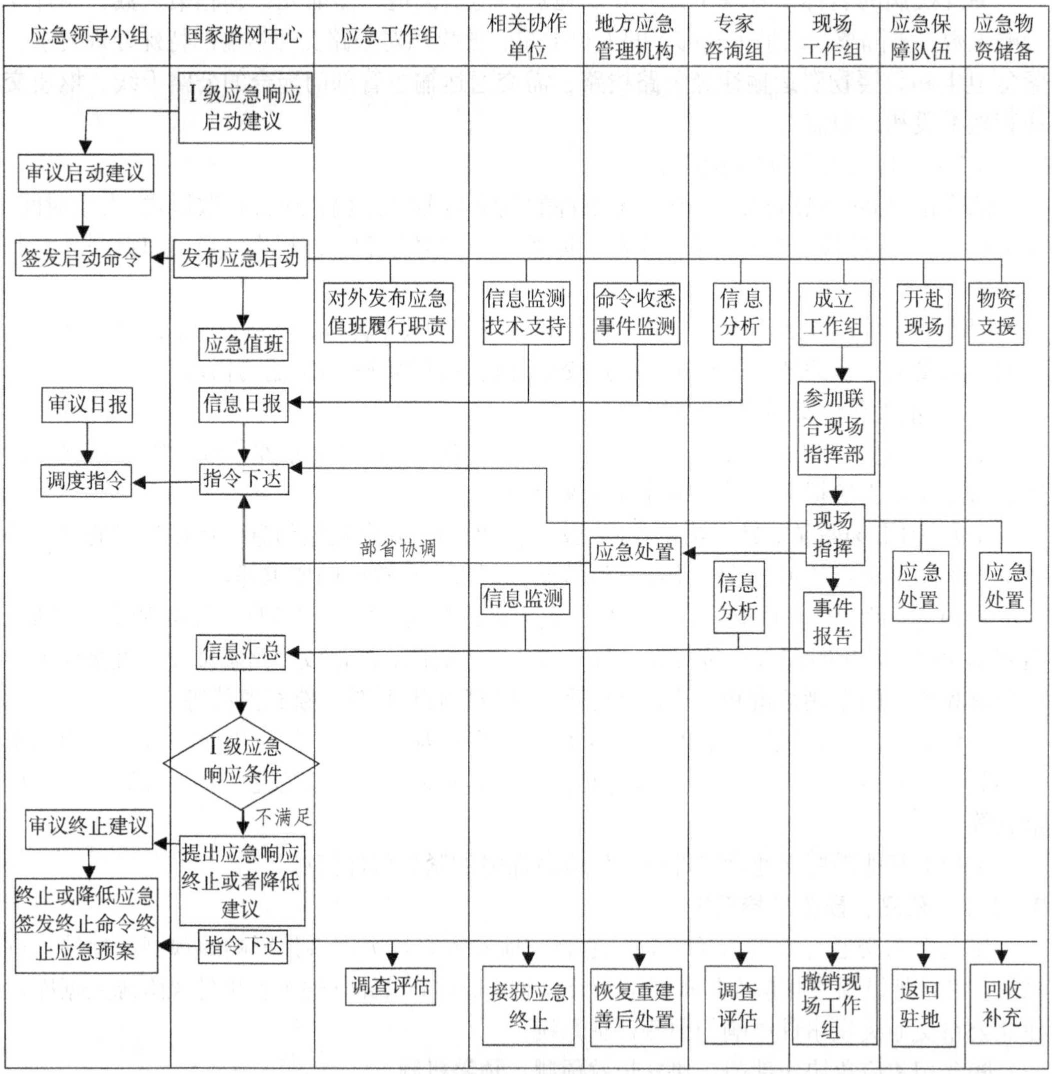

图 3-2 公路交通突发事件预警启动流程和终止流程

（1）交通运输部公路网管理与应急处置中心（简称路网中心）提出公路交通突发事

件Ⅰ级预警状态启动建议。

（2）应急领导小组在 2 小时内决定是否启动Ⅰ级公路交通突发事件预警，如同意启动，则正式签发Ⅰ级预警启动文件，并向国务院应急管理部门报告，交通运输部各应急工作组进入待命状态。

（3）Ⅰ级预警启动文件签发后 1 小时内，由路网中心负责向相关省级公路交通应急管理机构下发，并电话确认接收。

（4）根据情况需要，由应急领导小组决定此次Ⅰ级预警是否需面向社会发布，如需要，在 12 小时内联系此次预警相关应急协作部门联合签发。

（5）已经联合签发的Ⅰ级预警文件由新闻宣传小组联系新闻媒体，面向社会公布。

（6）路网中心立即开展应急监测和预警信息专项报送工作，随时掌握并报告事态进展情况，形成突发事件动态日报制度，并根据应急领导小组要求增加预警报告频率。

（7）交通运输部各应急工作组开展应急筹备工作，公路抢通组和运输保障组开展应急物资的征用准备。

Ⅱ、Ⅲ、Ⅳ级预警启动程序由各级地方交通运输主管部门参考Ⅰ级预警启动程序，结合当地特点，自行编制；在预警过程中，如发现事态扩大，超过本级预警条件或本级交通运输主管部门处置能力，应及时上报上一级交通运输主管部门，建议提高预警等级。

3.1.1.6　预警终止程序

Ⅰ级预警降级或撤销情况下，交通运输部采取如下预警终止程序：

（1）路网中心根据预警监测追踪信息，确认预警涉及的公路交通突发事件已不满足Ⅰ级预警启动标准，需降级转化或撤销时，向应急领导小组提出Ⅰ级预警状态终止建议。

（2）应急领导小组在同意终止后，正式签发Ⅰ级预警终止文件，明确提出预警后续处理意见，并在 24 小时内向国务院上报预警终止文件，交通运输部各应急工作组自行撤销。

（3）如预警降级为Ⅱ级，路网中心负责在 1 小时内通知Ⅱ级预警涉及的省级交通运输主管部门，省级交通运输主管部门在 12 小时内启动预警程序，并向路网中心报送已正式签发的Ⅱ级预警启动文件。

（4）如预警降级为Ⅲ级或Ⅳ级，路网中心负责通知预警涉及的省级交通运输主管部门。由省级交通运输主管部门组织涉及的市或县启动预警。

（5）如预警直接撤销，路网中心负责在 24 小时内向预警启动文件中所列部门和单位发送预警终止文件。

（6）Ⅱ、Ⅲ、Ⅳ级预警终止程序由各级地方交通运输主管部门参考Ⅰ级预警终止程序，结合当地特点，自行编制。

Ⅰ级预警在所对应的应急响应启动后，预警终止时间与应急响应终止时间一致，不再单独启动预警终止程序。

3.1.1.7　应急资源征用

公路抢通小组和运输保障小组应根据预警事件的特征和影响程度与范围，提出公路交通应急保障资源征用方案，经应急领导小组同意后下发。

在交通运输部征用通知下发后 24 小时内，相关省级交通运输主管部门应按照通知的要求，负责组织和征用相关应急保障资源，签署公路交通应急保障资源征用通知书并下发相关单位，征调相关公路抢险保通和运输保障的人员、车辆、装备和物资，并到指定地点集结待命。

3.1.2 集团总部预防预警体系

3.1.2.1 预防预警工作原则

在公路维护、保养和营运生产经营活动中，应针对可能出现的突发事件风险，提前做好现场监控和预防措施。突发事件发生后，应迅速、果断做出反应，启动应急预案。同时，应迅速判断突发事件可能的后果，按分级响应要求，向上一级应急组织机构报告事件情况。

3.1.2.2 预警信息收集

集团总部值班室接到预警信息后报告应急指挥领导小组办公室，应急指挥领导小组办公室做好整理、汇总及转发工作。预警信息来源主要包括：

（1）公安、气象、地震、应急等部门的监测和灾害预报预警信息，以及省重点或者紧急物资运输通行保障需求信息。

（2）部路网中心或省路警联合指挥中心发布或转发的重大公路预警信息。

（3）各分公司上报的交通事故（Ⅲ级及以上）和道路阻断、生产安全事故相关信息。

（4）其他重大致险情况。

（5）其他需要分公司提供的应急保障紧急事件信息。

信息收集内容包括预计发生事件的类型、出现的时间、地点、规模、可能引发的影响及发展趋势等。

3.1.2.3 预警信息处置

应急指挥领导小组办公室接收到预警信息后，视情况组织对预警信息中突发事件发生的可能性及其对高速公路可能造成的影响进行研判，经应急指挥领导小组同意后，发布相应预警信息。

3.1.2.4 防御响应程序

（1）应急指挥领导小组办公室根据预警信息研判结果，提出启动防御响应建议，经应急指挥领导小组同意后启动。

（2）防御响应启动后，应急指挥领导小组根据预警内容和实际情况，指挥或指导事发地分公司采取防御响应措施。

（3）应急指挥领导小组根据事件发展态势，可将防御响应转入应急响应，按照应急响应程序处置。

（4）上级部门或发布预警信息其他有关部门宣布预警解除时，或集团内部发布的预警信息中可能引发突发事件的危险因素得到有效控制时，应急指挥领导小组办公室宣布防御响应结束。

3.1.2.5 防御措施

防御响应过程中采取以下一项或多项防御措施：

（1）增加预警信息监测频次，及时收集、报告有关信息。

（2）做好与相关分公司沟通，收集实际情况向省高速中心等上级单位报送，并按照上级单位要求发布相关信息及公告。

（3）组织指导分公司做好装备、物资、人员等准备工作。视情调集应急处置所需要的物资、设备。

（4）做好与公安、应急、气象等相关单位或部门的信息共享和协调联动工作。

（5）落实领导带班和 24 小时值班，认真履行职责，确保通信畅通，及时获取、报告道路运行情况和突发事件信息。

（6）防汛时组织指导各分公司对所辖路段内桥隧、边坡、易积水、易水毁路段以及重点低洼场所进行全面排查；雨雪冰冻时组织指导各分公司对所辖易结冰路段以及桥隧重点路段进行全面排查；桥梁隧道路段组织指导相关分公司对桥涵、隧道及配套设施进行全面排查。

（7）如果需要交通管制但未造成中断或堵塞，指导相关分公司设立必要安全警示标志、按规定发布相关信息。

（8）站区易积水、倒灌区域设置挡水板、码放防水沙袋等。

（9）其他需采取的防御响应措施。

3.1.3　高速公路运营管理单位预防预警体系

3.1.3.1　预警信息收集

监控中心负责分公司内部信息流通及与基层单位的沟通联络，做好各类预警信息的收集、汇总，密切监视发展，及时上报应急办；应急办负责与省高速中心、集团总部值班室以及其他发布预警信息的有关单位（部门）衔接，负责所辖路段的预警信息接收、研判及上报等相关工作。预警信息来源主要包括：

（1）公安、交警、气象、自然资源、应急等部门的监测和灾害预报预警信息，以及重点或者紧急物资运输通行保障需求信息。

（2）集团应急指挥领导小组办公室等上级单位（部门）发布或转发的重大公路预警信息。

（3）收费站、服务区、路产、养护、机电等基层单位通过日常安全检查、巡查等方式及监控中心利用监控系统发现的风险源或隐患点。

（4）路基、路面、桥梁、隧道等结构安全的隐患排查及整改工作中发现的风险。

（5）各站队（区）上报的交通事故和道路阻断、生产安全事故等相关信息。

（6）其他需公司提供的应急保障紧急事件信息。

信息收集内容包括预计发生事件的类型、出现的时间、地点、规模、可能引发的影响及发展趋势等。

3.1.3.2　预警信息处置

监控中心接收到预警信息后，及时汇总并报告应急办。应急办视情组织对预警信息中突发事件发生的可能性及其对高速公路可能造成的影响进行研判，经应急领导小组同意后，发布相应预警信息。

3.1.3.3　防御响应程序

（1）应急办根据预警信息研判结果，提出启动防御响应建议，经应急领导小组同意后启动。

（2）防御响应启动后，应急领导小组根据预警内容和实际情况，组织或指导采取防御响应措施。

（3）应急领导小组根据事件发展态势，可将防御响应转入应急响应，按照应急响应程序处置。

（4）上级单位或发布预警信息其他有关部门宣布预警解除时，或分公司内部发布的预警信息中可能引发突发事件的危险因素得到有效控制时，应急办宣布防御响应结束。

3.1.3.4 防御措施

防御响应过程中采取以下一项或多项防御响应措施：

（1）增加预警信息监测频次，及时收集、报告有关信息。

（2）做好与相关站队（区）沟通，收集实际情况向集团总部值班室报送，并按照要求发布相关信息及公告。

（3）组织做好防御准备，视情况调集应急处置所需要的物资、设备。

（4）做好与公安、交警、气象、自然资源、应急、消防、医疗等相关单位或部门的信息共享和协调联动工作。

（5）严格落实领导带班和 24 小时值班，履行职责，确保通信畅通，及时获取、报告道路运行情况和突发事件信息。

（6）在汛期前完成管辖路段内路基、路面、边坡、桥梁、隧道、易积水、易水毁路段以及低洼场所及相关附属设施（包括房建、机电等）的隐患排查，疏通排水设施。

（7）结合路段易发水毁类型、位置、原因等，储备和清点防汛物资并做好抢险设备的调试、保养工作。

（8）定期查看易积水和水毁的地点，并做好安全巡查记录。

（9）在易积水、倒灌区域，提前做好设置挡水板、码放防水沙袋等防御准备。

（10）全面排查对管辖重点路段或位置（桥梁、超高段弯道、陡坡、隧道入口、阴坡等气温较低、容易积雪、结冰或二次结冰的局部路段或位置），提前设置明显的反光标识，随时掌握并报告事态进展情况。

（11）全面检查管辖路段除雪融冰机械、物资、人员到位和达标情况，提前准备除雪、融冰相关应急物资。

（12）如需交通管制但未造成中断或堵塞，组织设立必要的安全警示标志，按规定发布相关信息。

（13）在连续上下坡、急弯处重点防范，加强监视，视情增加安全措施。

（14）做好日常巡查、经常检查、定期检查、特殊检查及日常维护保养工作，做到主体结构异常事件早发现、早预防、早处置，及时更换损毁设施，保证隧道洞口、衬砌、路面处于正常状态，不妨碍交通安全，保证桥梁伸缩缝、泄水管等附属设施和桥梁护栏、防眩板等交通安全设施的正常使用，及时更换损毁设施，保证供配电、照明、消防、通风、监控、通信等设施功能完备。

（15）做好日常维护保养、保洁工作，及时清扫桥面、隧道内路面抛洒物，保证桥面和隧道内外排水设施完好，隧道横通道内严禁存放任何非救援用物品，禁止在高速公路桥下及建筑控制区域倾倒、焚烧垃圾或堆放杂物等。

（16）加强日常电子巡查工作，若有车辆滞留，要及时了解情况，视情况通知交警前来处置，做好交通疏导和人员疏散的准备工作。

（17）如需交通管制但未造成中断或堵塞，组织设立必要安全警示标志、按规定发布相关信息。

（18）加强员工安全教育，强化突发事件风险意识和应急救援意识，做好技能的培训和演练工作。

（19）地质灾害发育、通视条件较差或高位崩塌落石、滑坡等灾害发育路段，应安排专人持续跟踪观察，根据灾害发育程度进行人工预警。

（20）大型滑坡、山体变形开裂路段，通过观察较难判断其灾害发展趋势时，及时开展地质灾害区域及受损结构物的巡查、监测。

（21）做好桥梁、隧道及配套设施等重点部位、薄弱环节等地质灾害点巡查，随时掌握并报告事态进展情况。

（22）对突发地质灾害可能造成的危害，封闭、隔离或者限制使用有关交通基础设施，中止可能导致损害扩大的行为和活动，及时划定警戒区，设置警示标志，配合交警交通管制、制定绕行路线。

（23）其他需采取的防御响应措施。

3.1.3.5　预防预警

各高速公路运营管理单位所属各部门、收费站、服务区、路政大队等通过日常安全检查、巡查等方式，并充分利用现有的监控系统、检测系统，加强风险源及隐患点的排查监测；对可能引发安全事故的风险源或隐患点，要组织力量限期处理或整治。主要根据属地政府有关部门发布的气象或自然灾害预警信息进行预警。

按照险情的紧急程度、发展态势和可能造成的危害程度，预警级别分为Ⅰ级、Ⅱ级、Ⅲ级和Ⅳ级，分别用红色、橙色、黄色和蓝色表示，也可称为红色预警、橙色预警、黄色预警和蓝色预警。

所属各部门及其他有关单位安全管理部门应接收气象或自然灾害预警信息，并按规定进行处理。分公司日常巡查或监控到的异常情况等有关因素可能导致发生安全事故的，应在内部发布突发事件预警信息，预警信息应抄送部门，并通报受影响的单位并对外公告或警示。

3.2　应急响应体系

3.2.1　应急响应体系概述

应急响应体系主要包括突发事件分级和应急响应分级两部分，本节分析了交通运输部、××省交通运输厅及××省高速公路联网管理中心等上级单位相关应急预案中突发事件分级和应急响应分级内容，并提出适用于集团总部运营高速公路和高速公路原有管理单位突发事件应急响应体系。

3.2.1.1 交通运输部应急响应体系

1. 突发事件分级

按照突发事件的特点、严重程度和影响范围等，分为四级：Ⅰ级（特别重大）、Ⅱ级（重大）、Ⅲ级（较大）和Ⅳ级（一般）4 个级别。

（1）Ⅰ级（特别重大）突发事件：指事态非常复杂，已经或可能造成特别重大人员伤亡、特别重大财产损失，需交通运输部组织协调系统内多方面力量和资源进行应急处置的紧急突发事件。

（2）Ⅱ级（重大）突发事件：指事态复杂，已经或可能造成重大人员伤亡、重大财产损失，需交通运输部指导应急处置的紧急突发事件。

（3）Ⅲ级（较大）突发事件：指事态较为复杂，已经或可能造成较大人员伤亡、较大财产损失，需交通运输部参与应急处置的突发事件。

（4）Ⅳ级（一般）突发事件：指事态比较简单，已经或可能造成人员伤亡和财产损失，需交通运输部了解应急处置有关情况的突发事件。

2. 应急响应分级

突发事件应急响应分为四级：Ⅰ级、Ⅱ级、Ⅲ级和Ⅳ级，分别对应Ⅰ级（特别重大）突发事件、Ⅱ级（重大）突发事件、Ⅲ级（较大）突发事件和Ⅳ级（一般）突发事件。

3.2.1.2 ××省交通运输厅应急响应体系

参考国家相关法规对突发事件的分级，按照突发事件的行政、严重程度、可控性和影响范围等因素，一般分为四级：Ⅰ级（特别重大）、Ⅱ级（重大）、Ⅲ级（较大）和Ⅳ级（一般）。

（1）Ⅰ级（特别重大）突发事件：指事态非常复杂，已经或可能造成特别重大人员伤亡、特别重大财产损失，按照交通运输或省政府要求，需交通运输厅参与和配合应急处置的紧急突发事件。

（2）Ⅱ级（重大）突发事件：指事态复杂，已经或可能造成重大人员伤亡、重大财产损失，需省交通运输厅组织协调系统内多方面力量和资源进行应急处置的紧急突发事件。

（3）Ⅲ级（较大）突发事件：指事态较为复杂，已经或可能造成较大人员伤亡、较大财产损失，需省交通运输厅指导、省辖市或直管县（市）交通运输主管部门进行应急处置的突发事件。

（4）Ⅳ级（一般）突发事件：指事态比较简单，已经或可能造成人员伤亡和财产损失，需省交通运输厅了解、县级交通运输主管部门进行应急处置的突发事件。

3.2.1.3 ××省高速公路联网管理中心应急响应体系

1. 突发事件分级

高速公路突发事件按照性质类型、严重程度、可控性和影响范围等因素，分为四个等级：Ⅰ级（特别重大）、Ⅱ级（重大）、Ⅲ级（较大）、Ⅳ级（一般）。

1）Ⅰ级突发事件

事态非常严重，已经或可能造成特别重大人员伤亡、特别重大财产损失，需上报省交通运输厅，提请省人民政府或交通运输部组织协调多方面力量和资源进行应急处置的紧急突发事件，主要包括：

（1）已经或可能造成 30 人以上死亡（含失踪，下同），或者 100 人以上重伤，或者 1 亿元以上直接经济损失的。

（2）造成高速公路交通中断，出现大量车辆积压，并影响周边省域高速公路正常运行，且抢修、处置时间预计在 48 小时以上的。

（3）造成高速公路特大桥梁、特长隧道垮塌，或者造成高速公路桥梁、隧道、边坡等构造物垮塌并导致 30 人以上死亡或者失踪的。

（4）因重要物资缺乏等原因需要紧急安排跨省域高速公路应急通行保障的。

（5）其他需要省人民政府或交通运输部提供应急保障的。

2）Ⅱ级突发事件

事态严重，已经或可能造成重大人员伤亡、重大财产损失，需上报省交通运输厅，请求省交通运输厅组织协调交通运输系统多方面力量和资源参与应急处置的紧急突发事件，主要包括：

（1）已经或可能造成 10 人以上 30 人以下死亡，或者 50 人以上 100 人以下重伤，或者 5 000 万元以上 1 亿元以下直接经济损失的。

（2）造成高速公路交通中断，出现大量车辆积压，且抢修、处置时间预计在 24 小时以上的。

（3）造成高速公路大桥、中长隧道垮塌，或者造成高速公路桥梁、隧道、边坡等构造物垮塌并导致 10 人以上 30 人以下死亡或者失踪的。

（4）因重要物资缺乏等原因需要紧急安排跨市域高速公路应急通行保障的。

（5）其他需省交通运输厅提供应急保障的。

3）Ⅲ级突发事件

事态较为严重，已经或可能造成较大人员伤亡、较大财产损失，需高管中心组织协调高速公路系统内力量和资源进行应急处置的紧急突发事件，相关事件信息需向省交通运输厅报告，主要包括：

（1）已经或可能造成 3 人以上 10 人以下死亡，或者 10 人以上 50 人以下重伤，或者 1 000 万元以上 5 000 万元以下直接经济损失的。

（2）造成高速公路交通中断，出现大量车辆积压，且抢修、处置时间预计在 6 小时以上的。

（3）造成高速公路中桥、短隧道垮塌，或者造成高速公路桥梁、隧道、边坡等构造物垮塌并导致 3 人以上 10 人以下死亡或者失踪的。

（4）因重要物资缺乏等原因需要紧急安排跨县域、跨路段高速公路应急通行保障的。

（5）其他需高管中心提供应急保障的。

4）Ⅳ级突发事件

事态比较简单，已经或可能造成人员伤亡、财产损失，需高管中心了解或指导，由高速公路运营管理单位组织协调内部力量和资源进行应急处置的紧急突发事件，主要包括：

（1）已经或可能造成 3 人以下死亡，或者 10 人以下重伤，或者 1 000 万元以下直接经济损失的。

（2）造成高速公路交通中断或阻塞，出现大量车辆积压，且抢修、处置时间预计在

6小时以下的。

（3）造成高速公路桥梁、隧道垮塌，或者造成高速公路桥梁、隧道、边坡等构造物垮塌并导致3人以下死亡或者失踪的。

（4）因重要物资缺乏等原因需要紧急安排高速公路运营管理单位所辖路段内应急通行保障的。

（5）其他需高速公路运营管理单位提供应急保障的。

本预案所称的“以上”包括本数，“以下”不包括本数。高速公路突发事件符合本条规定的多个分级情形的，按照最高级别认定。

2. 应急响应分级

突发事件应急响应分为四级：Ⅰ级、Ⅱ级、Ⅲ级和Ⅳ级，分别对应Ⅰ级（特别重大）突发事件、Ⅱ级（重大）突发事件、Ⅲ级（较大）突发事件和Ⅳ级（一般）突发事件。

3.2.2 集团总部应急响应体系

通过上述对交通运输部、××省交通运输厅及××省高速公路联网管理中心等上级单位应急响应体系的研究，从突发事件分级和应急响应分级两个方面提出适用于集团总部运营高速公路突发事件应急响应的体系。

3.2.2.1 突发事件分级

集团突发事件按照性质类型、严重程度、可控性和影响范围等因素，分为四个等级：Ⅰ级（特别重大）、Ⅱ级（重大）、Ⅲ级（较大）、Ⅳ级（一般）。

1. Ⅰ级突发事件

事态非常严重，已经或可能造成特别重大人员伤亡、特别重大财产损失，需上报省高速中心、省交通运输厅，提请省人民政府或交通运输部组织协调多方面力量和资源进行应急处置的紧急突发事件，需集团按上级有关单位要求配合应急处置，主要包括：

（1）已经或可能造成30人以上死亡（含失踪，下同），或者100人以上重伤，或者1亿元以上直接经济损失的。

（2）造成高速公路交通中断，出现大量车辆积压，并影响到周边省域高速公路正常运行，且抢修、处置时间预计在48小时以上的。

（3）造成高速公路特大桥梁、特长隧道垮塌，或者造成高速公路桥梁、隧道、边坡等构造物垮塌并导致30人以上死亡或者失踪的。

（4）因重要物资缺乏等原因需要紧急安排跨省域高速公路应急通行保障的。

（5）其他需要省人民政府或交通运输部提供应急保障的。

2. Ⅱ级突发事件

事态严重，已经或可能造成重大人员伤亡、重大财产损失，需上报省高速中心、省交通运输厅，请求省交通运输厅组织协调交通运输系统多方面力量和资源参与应急处置的紧急突发事件，需集团按上级有关单位要求配合应急处置，主要包括：

（1）已经或可能造成10人以上30人以下死亡，或者50人以上100人以下重伤，或者5 000万元以上1亿元以下直接经济损失的。

（2）造成高速公路交通中断，出现大量车辆积压，且抢修、处置时间预计在24小时以上的。

（3）造成高速公路大桥、中长隧道垮塌，或者造成高速公路桥梁、隧道、边坡等构造物垮塌并导致10人以上30人以下死亡或者失踪的。

（4）因重要物资缺乏等原因需要紧急安排跨市域高速公路应急通行保障的。

（5）其他需要省交通运输厅提供应急保障的。

3. Ⅲ级突发事件

事态较为严重，已经或可能造成较大人员伤亡、较大财产损失，需上报并配合省高速中心，组织协调集团内部力量和资源进行应急处置的紧急突发事件，相关事件信息需同时向省厅报告。主要包括：

（1）已经或可能造成3人以上10人以下死亡，或者10人以上50人以下重伤，或者1 000万元以上5 000万元以下直接经济损失的。

（2）造成高速公路交通中断，出现大量车辆积压，且抢修、处置时间预计在6小时以上的。

（3）造成高速公路中桥、短隧道垮塌，或者造成高速公路桥梁、隧道、边坡等构造物垮塌并导致3人以上10人以下死亡或者失踪的。

（4）因重要物资缺乏等原因需要紧急安排跨县域、跨路段高速公路应急通行保障的。

（5）其他需要省高速中心、集团总部提供应急保障的。

4. Ⅳ级突发事件

事态一般，已经或可能造成人员伤亡、财产损失，需集团总部了解或指导，由各分公司组织协调内部力量和资源进行应急处置的紧急突发事件，主要包括：

（1）已经或可能造成3人以下死亡，或者10人以下重伤，或者100万元以上1 000万元以下直接经济损失的。

（2）造成高速公路交通中断或堵塞，出现大量车辆积压，且抢修、处置时间预计在6小时以下的。

（3）造成高速公路桥梁、隧道垮塌，或者造成高速公路桥梁、隧道、边坡等构造物垮塌并导致3人以下死亡或者失踪的。

（4）因重要物资缺乏等原因需要紧急安排各分公司所辖路段内应急通行保障的。

（5）其他需要各分公司提供应急保障的。

本预案所称的“以上”包括本数，“以下”不包括本数。高速公路突发事件符合本条规定的多个分级情形的，按照最高级别认定。

3.2.2.2 应急响应分级

集团总部运营高速公路突发事件应急响应分为四级：Ⅰ级响应、Ⅱ级响应、Ⅲ级响应和Ⅳ级响应，分别对应Ⅰ级突发事件、Ⅱ级突发事件、Ⅲ级突发事件和Ⅳ级突发事件。

3.2.3 高速公路运营管理单位应急响应体系

通过上述对交通运输部、××省交通运输厅、××省高速公路联网管理中心及集团总部等上级单位应急体系的研究，从突发事件分级和应急响应分级两个方面提出适用于分公司运营高速公路突发事件应急响应的体系。

3.2.3.1 突发事件分级

分公司突发事件按照事件类型、严重程度、可控性、影响范围及应急处置能力等因素，分为五级：Ⅰ级、Ⅱ级、Ⅲ级、Ⅳ级、Ⅴ级。

1. Ⅰ级突发事件

事态非常严重，已经或可能造成特别重大人员伤亡、特别重大财产损失，需上报集团总部、省高速中心、省交通运输厅，提请省人民政府或交通运输部组织协调多方面力量和资源进行应急处置的紧急突发事件，需按上级有关单位要求配合应急处置，主要包括：

（1）已经或可能造成30人以上死亡（含失踪，下同），或者100人以上重伤，或者1亿元以上直接经济损失的。

（2）造成高速公路交通中断，出现大量车辆积压，并影响到周边省城高速公路正常运行，且抢修、处置时间预计在48小时以上的。

（3）造成高速公路特大桥梁、特长隧道垮塌，或者造成高速公路桥梁、隧道、边坡等构造物垮塌并导致30人以上死亡或者失踪的。

（4）因重要物资缺乏等原因需要紧急安排跨省域高速公路应急通行保障的。

（5）其他需要省人民政府或交通运输部提供应急保障的。

2. Ⅱ级突发事件

事态严重，已经或可能造成重大人员伤亡、重大财产损失，需上报集团总部、省高速中心、省交通运输厅，请求省交通运输厅组织协调交通运输系统多方面力量和资源参与应急处置的紧急突发事件，需按上级有关单位要求配合应急处置，主要包括：

（1）已经或可能造成10人以上30人以下死亡，或者50人以上100人以下重伤，或者5 000万元以上1亿元以下直接经济损失的。

（2）造成高速公路交通中断，出现大量车辆积压，且抢修、处置时间预计在24小时以上的。

（3）造成高速公路大桥、中长隧道垮塌，或者造成高速公路桥梁、隧道、边坡等构造物垮塌并导致10人以上30人以下死亡或者失踪的。

（4）因重要物资缺乏等原因需要紧急安排跨市域高速公路应急通行保障的。

（5）其他需要省交通运输厅提供应急保障的。

3. Ⅲ级突发事件

事态较为严重，已经或可能造成较大人员伤亡、较大财产损失，需上报省高速中心、集团总部，请求集团总部组织协调集团内力量和资源进行应急处置的紧急突发事件，需按上级有关单位要求配合应急处置。主要包括：

（1）已经或可能造成3人以上10人以下死亡，或者10人以上50人以下重伤，或者1 000万元以上5 000万元以下直接经济损失的。

（2）造成高速公路交通中断，出现大量车辆积压，且抢修、处置时间预计在6小时以上的。

（3）造成高速公路中桥、短隧道垮塌，或者造成高速公路桥梁、隧道、边坡等构造物垮塌并导致3人以上10人以下死亡或者失踪的。

（4）因重要物资缺乏等原因需要紧急安排跨县域、跨路段高速公路应急通行保障的。

（5）其他需要集团总部提供应急保障的。

4. Ⅳ级突发事件

事态一般，已经或可能造成人员伤亡、财产损失，需集团总部了解或指导，由分公司组织协调内部力量和资源进行应急处置的紧急突发事件，主要包括：

（1）已经或可能造成 3 人以下死亡，或者 10 人以下重伤，或者 100 万元以上 1 000 万元以下直接经济损失的。

（2）造成高速公路交通中断或堵塞，出现大量车辆积压，且抢修、处置时间预计在 3 小时以上 6 小时以下的。

（3）造成高速公路桥梁、隧道垮塌，或者造成高速公路桥梁、隧道、边坡等构造物垮塌并导致 3 人以下死亡或者失踪的。

（4）因重要物资缺乏等原因需要紧急安排各分公司所辖路段内应急通行保障的。

（5）其他需要分公司提供应急保障的。

5. Ⅴ级突发事件

已经或可能造成人员轻微伤害、财产损失，需分公司了解或者指导，由站队（区）进行应急处置的紧急突发事件，主要包括：

（1）已经造成 5 人以上人员轻微伤害且 5 万元以上 100 万元以下直接经济损失的。

（2）造成高速公路交通中断或堵塞，出现车辆积压，且抢修、处置时间预计在 3 小时以下的。

（3）分公司认为需站队（区）处置的其他事件。

本预案所称的"以上"包括本数，"以下"不包括本数。高速公路突发事件符合本条规定的多个分级情形的，按照最高级别认定。

3.2.3.2　应急响应分级

分公司运营高速公路突发事件应急响应分为五级：Ⅰ级响应、Ⅱ级响应、Ⅲ级响应、Ⅳ级响应和Ⅴ级响应，分别对应Ⅰ级突发事件、Ⅱ级突发事件、Ⅲ级突发事件、Ⅳ级突发事件和Ⅴ级突发事件。

3.3　应急处置体系

3.3.1　应急处置体系概述

应急处置体系主要包括应急响应启动、应急响应措施、信息报送及响应终止这四个方面，本节通过分析交通运输部、×× 省交通运输厅及 ×× 省高速公路联网管理中心等上级单位相关应急预案中突发事件应急处置体系内容开展研究，并提出适用于集团总部运营高速公路和高速公路原有管理单位突发事件应急处置体系。

3.3.1.1　交通运输部应急处置体系

1. 应急响应启动

当交通运输部接到突发事件信息报告后，交通运输部应急办会同相关业务主管司局及时核实有关情况，并进行分析，根据突发事件的性质、严重程度、可控性和影响范围等，研究提出应急响应级别。其中，拟启动Ⅰ级应急响应的，应经分管部领导同意，报请部长核准后启动；拟启动Ⅱ级应急响应的，应急分管部领导同意后启动。

交通运输部启动Ⅰ级应急响应时，报国务院应急办，领导小组开展应急工作。对险情进行快速评估，分析、判断险情可能产生的影响及后果；定时与国务院相关部门、省级交通运输主管部门或海上搜救机构联系，收集、更新险情信息，汇总参与应急处置单位的情况汇报和工作动态；做好与其他相关部委的联络，及时通报情况；密切跟踪突发事件进展情况，视情派出现场工作组或者专家组给予指导，应急处置需要的在装备物资、资金等方面给予支持；指导省级交通运输主管部门或海上搜救机构开展应急处置，评估行动方案，及时提出对方案的修改建议，保证快速、合力施救，防止险情扩大或次生、衍生事故的发生；根据需要，协调邻近省（区、市）的应急救援队伍、物资、装备等支援及紧急征用工作。

交通运输部启动Ⅱ级应急响应时，部内业务主管司局在分管部领导的指导下开展应急工作，密切跟踪突发事件进展情况，协助地方开展应急处置工作，视情派出现场工作组或专家组给予指导。根据需要，协调邻近省（区、市）的应急救援队伍、物资、装备等支援及紧急征用工作。

交通运输部启动Ⅲ级应急响应时，部内业务主管司局密切跟踪突发事件进展情况，协助地方开展应急处置工作，视情派出现场工作组或专家组给予指导。

交通运输部启动Ⅳ级应急响应时，部内业务主管司局密切跟踪突发事件进展情况，协助地方开展应急处置工作。

2. 应急响应措施

交通运输部应急处置体系中，对不同响应级别的响应措施进行了分类处置，当启动Ⅰ级应急响应后，分别对以下7种事件做出了详细的应急处置措施，以及详细说明了开展应急处置时牵头单位、协作单位等内容，详细内容可参阅《交通运输综合应急预案》中“4.2分类处置”章节相关内容。Ⅱ、Ⅲ、Ⅳ级应急响应，参照Ⅰ级应急响应处置模式，由相应部内单位在分管部领导的指导下，会同有关单位视情采取必要的应对措施。其中7种事件表述为：

（1）应对交通运输部部属院校发生集体食物中毒等公共卫生突发事件，或发生未经许可的学生集会、游行、罢课等群体性突发事件。

（2）应对大量交通运输行业从业人员集体到交通运输部上访的事件。

（3）应对地震、重大地质灾害等自然灾害时，需交通运输部提供交通运输综合应急保障的。

（4）应对涉外突发事件，如在国际上发生或面临自然灾害、战乱、骚乱等情况对我国驻外人员或机构产生威胁，需要紧急撤离的事件。

（5）应对车站、港口、船舶、经营性客货运车辆遭受恐怖袭击或极端暴力袭击的事件。

（6）应对核事故。

（7）应对需交通运输部提供跨省公路、水路等综合运输保障的事件。

3. 信息报送

交通运输部根据信息快速通报与联动响应机制，明确各个部门的应急管理机构名称和联络方式，确定不同类别预警与应急信息的通报部门，建立信息快速沟通渠道。发现或接到突发事件信息，经核实后，应依据职责分工，立即组织调集力量开展应急处置工作，全力控制事态发展，并向上级部门报告。

交通运输部综合应急指挥中心值班人员应按照领导小组统一安排，及时、准确报送突发事件信息。部应急办根据指挥中心报送的信息，起草《交通运输部值班信息》，经领导小组副组长或部内牵头单位负责人审定后，通过专网报中办信息综合室、国务院总值班室，抄送各有关部委。

信息报告内容包括事件的类型、发生时间、地点、影响范围和程度、已采取的应急处置措施和成效。

部应急办会同部内业务主管司局负责响应突发事件信息的分析工作，追踪事件进展，及时掌握最新动态。

4. 响应终止

《交通运输综合应急预案》中“4.4　响应终止”章节中明确了Ⅰ、Ⅱ、Ⅲ、Ⅳ响应终止时，交通运输部应采取的终止程序，需要时可以调阅查询，本书不再赘述。

3.3.1.2　××省交通运输厅应急处置体系

1. 应急响应启动

省人民政府或交通运输部启动Ⅰ级应急响应时，省交通运输厅成立领导小组参与开展相关应急处置工作。

领导小组启动Ⅱ级应急响应时，应上报省政府和交通运输部。及时召开会议，对险情进行快速评估，分析、判断险情可能造成的影响及后果；做好与省政府、交通运输部相关部门和省辖市、省直管辖（市）交通运输主管部门的联络，收集、分析、更新险情信息，汇总参与应急处置单位的工作情况和动态；密切跟踪突发事件进展情况，视情派出专家组给予指导；组织协调各方力量和资源，开展应急救援工作；根据需要协调邻近市（县、区）的应急救援队伍、物资、装备，开展跨区域应急救援。

启动Ⅲ级应急响应时，领导小组跟踪突发事件进展情况，指导省辖市、省直管县（市）交通运输主管部门开展应急处置工作，视情派出专家组给予指导。根据需要协调邻近市（县、区）的应急救援队伍、物资、装备，开展跨区域应急救援。

启动Ⅳ级应急响应时，领导小组跟踪突发事件进展情况，及时了解地方开展应急处置工作，视情派出专家组给予指导。

2. 应急响应措施

××省交通运输厅应急处置体系中，对不同响应级别的响应措施进行了分类处置，当启动Ⅱ级应急响应后，领导小组根据事件的不同类别，成立不同的应急处置专项组，分别对以下 8 类事件做出了详细的应急处置措施，以及详细说明了开展应急处置时牵头单位、协作单位等内容，详细内容可参阅《××省交通运输综合应急预案》中“4.3 应急分类及处置”章节相关内容。其中 8 类事件表述为：

（1）法定节假日、重大活动期间突发事件应急处置。应对法定节假日、重大活动期间交通运输厅行业可能出现的恶劣天气、道路断行、旅客滞留、安全生产事故等突发事件，成立应急处置专项组，开展应急处置工作。

（2）厅属院校突发事件应急处置。应对厅属院校发生集体食物中毒、疫情等公共卫生突发事件或未经许可的学生集会、游行、罢课等群体性突发事件，成立应急处置专项组，开展应急处置工作。

（3）公共卫生突发事件应急处置。应对在交通运输工具或交通运输服务场所发生的疫情、甲类传染病等公共卫生突发事件，需省交通运输厅紧急采取措施的，成立应急处置专项组，开展应急处置工作。

（4）从业人员上访、罢工罢运等群体性事件应急处置。应对交通运输行业从业人员上访或罢工罢运的群体事件，成立应急处置专项组，开展应急处置工作。

（5）恐怖袭击或极端暴力事件应急处置。应对交通工具、场站、港口、服务区和轨道交通等位置、场所遭受恐怖袭击或极端暴力袭击的事件，成立应急处置专项组，开展应急处置工作。

（6）城市公共汽电车、轨道交通突发事件应急处置。应对城市汽电车、轨道交通场站内或车辆上发生的严重危及人员生命安全，造成重大财产损失的突发事件，成立应急处置专项组，开展应急处置工作。

（7）火灾事故应急处置。应对火灾事故，成立应急处置专项组，开展应急处置工作。

（8）网络安全及信息安全事件应急处置。应对省交通运输厅机关各处室、厅属单位建设和运行维护的关键信息，基础设施以及行业网站和业务应用系统发生网络安全及信息安全事件，造成业务及应用系统数据泄漏、重要的内部敏感信息、反动信息、煽动性信息、谣言等大面积传播的事件，成立应急处置专项组，开展应急处置工作。

3. 信息报送

重特大突发事件发生后，力争在 20 分钟内向省交通运输厅值班室电话报告、40 分钟内书面报告。较大突发事件发生后，在 4 小时内向省交通运输厅值班室报告信息。坚持首报、续报分开原则，首报只需报告事件发生的事件地点、类型以及可能造成的伤亡和影响四要素。后根据事态的发展和处理情况，随时续报。

4. 响应终止

Ⅰ级应急响应终止时，省交通运输厅按照省政府和交通运输部有关要求做好善后处置工作。当降低为Ⅱ级应急响应，转入Ⅱ级应急响应工作程序。

Ⅱ级应急响应终止时，省交通运输厅采取如下终止程序：

（1）经领导小组会商或经相关专家评估，认为突发事件的威胁和危害得到控制，或省政府、交通运输部宣布自然灾害、事故灾难、公共卫生事件、社会安全事件等突发事件应急响应终止或降级时，由相关专项组提出终止Ⅱ级应急响应或降级应急响应等级建议。

（2）经领导小组研究同意后，由领导小组组长选择终止Ⅱ级应急响应，或降级为Ⅲ级应急响应，转入Ⅲ级应急响应工作程序。

3.3.1.3 ××省高速公路联网管理中心应急处置体系

1. 应急响应启动

突发事件发生后，高速公路运营管理单位应当立即启动相关应急响应，及时、有效地进行先期处置，控制事态发展，并在规定时限内向省路警联合指挥中心上报突发事件信息。

省路警联合指挥中心接收高速公路运营管理单位上报的突发事件信息时，应按照“信息报告”的内容核实相关情况，并告知高速公路运营管理单位根据实际情况，在确保自身人员安全的前提下，对事发现场进行安全管控，开展人员和车辆引导疏散、受灾遇险人员营救、安置等事故初期处置工作，防止突发事件危害扩大。

省路警联合指挥中心接收到突发事件信息后，应及时核实相关情况并汇总分析，向应急指挥领导小组办公室报告。应急指挥领导小组办公室会商相关处室，提出启动应急响应建议，并提请应急指挥领导小组研究决定。

Ⅰ级、Ⅱ级、Ⅲ级应急响应：由应急指挥领导小组组长予以确认启动并实施应急响应，第一时间将情况报告省交通运输厅值班室。

Ⅳ级应急响应：由应急指挥领导小组组长或其指定副组长予以确认启动并实施应急响应，及时将情况报告省交通运输厅值班室。

2. 应急响应措施

1）Ⅰ级、Ⅱ级应急响应措施

（1）应急指挥领导小组各成员坚守岗位，实行领导带班和 24 小时值班，同时启动与交通投资集团、省交通发展集团等单位联合值班，确保通信畅通，及时共享信息，做好应急准备。

（2）应急指挥领导小组通过电话、视频会议等形式，与省级公安、应急、气象等相关部门进行会商，快速分析研判险情可能产生的影响及后果。

（3）应急指挥领导小组组长带队赶赴事发地组织指导相关单位开展应急处置工作。

（4）应急协调组保持与高速公路运营管理单位的联络，及时收集、分析、更新险情信息，汇总参与应急处置单位的工作情况和动态，密切跟踪突发事件进展情况，组织协调高速公路应急资源力量赶赴事发地。

（5）综合保障组、运营保障组、应急抢通组、保通疏散组、服务保障组根据职责分工，指导高速公路运营管理单位各部门做好应急处置工作。

2）Ⅲ级应急响应措施

（1）应急指挥领导小组各成员坚守岗位，实行领导带班和 24 小时值班，认真履行职责，确保通信畅通，做好应急准备。

（2）由应急指挥领导小组组长或其指定副组长带队赶赴事发地指导相关单位开展应急处置工作。

（3）应急协调组保持与高速公路运营管理单位的联络，及时收集、分析、更新险情信息，汇总参与应急处置单位的工作情况和动态，密切跟踪突发事件进展情况，组织协调省内高速公路应急资源力量赶赴事发地。

（4）综合保障组、运营保障组、应急抢通组、保通疏散组、服务保障组根据职责分工，指导高速公路运营管理单位各部门做好应急处置工作。

3）Ⅳ级应急响应措施

（1）应急协调组保持与高速公路运营管理单位的联络，收集、分析、更新险情信息，汇总参与应急处置单位的工作情况和动态，密切跟踪突发事件进展情况，视情组织协调邻近路段高速公路应急资源力量赶赴事发地。

（2）应急指挥领导小组视情派出应急专项工作组赶赴事发地，了解、指导高速公路运营管理单位应急处置工作。

（3）综合保障组、运营保障组、应急抢通组、保通疏散组、服务保障组根据职责分工，指导高速公路运营管理单位各部门做好应急处置工作。

应急响应期间，应急指挥领导小组组长或副组长因故不能赶赴事发地参与现场应急处置的，应委托其他负责人代为履行职责。

涉及突发事件的高速公路运营管理单位，应在应急指挥领导小组的统一领导和应急专项工作组的具体指导下开展应急处置工作。

赶赴现场的应急专项工作组，应立即了解现场应急处置情况，并及时向应急指挥领导小组报告，配合当地人民政府相关部门指导协调高速公路运营管理单位开展应急抢险工作。当事态超出职责权限时，应立即向应急指挥领导小组报告，提请上级部门支援。

突发事件发生后，高速公路运营管理单位应立即启动响应，按照“先控制、后处理”的原则迅速采取有效的应急措施，实施先期处置，防止突发事件扩大。同时，加强与当地人民政府相关部门的沟通协调、协作联动，积极寻求社会支援力量参与应急处置。

3. 信息报送

突发事件发生后，高速公路运营管理单位应第一时间研判突发事件等级，已造成或可能造成Ⅰ级（特别重大）、Ⅱ级（重大）突发事件的，力争在 20 分钟内向省路警联合指挥中心电话报告，40 分钟内书面报告；已造成或可能造成Ⅲ级（较大）、Ⅳ级（一般）突发事件的，应在 1 小时内向省路警联合指挥中心报告信息。

省路警联合指挥中心接到突发事件信息后，应立即向应急指挥领导小组办公室报告。

信息报告坚持“先简要报告、后详情续报”的原则，高速公路运营管理单位按照报告时限要求，先通过电话报告，然后将信息以书面形式报告。遇特殊情况不能在规定时间以书面形式报告的，应以电话等形式报告，再边核边报。信息报出后必须进行电话确认。

报告信息的内容要简明准确、要素完整、重点突出，应包括以下要素：

（1）事件发生的时间、地点及信息来源。

（2）事件起因、性质、基本过程、已造成的后果，以及影响范围和事件发展趋势。

（3）已采取的措施、下一步的工作计划。

（4）信息报送单位、联系人和联系电话等。

4. 响应终止

按照“谁启动、谁终止”的原则，应急响应终止时，采取如下终止程序：

（1）经应急指挥领导小组会商，认为突发事件的威胁和危害得到控制或者消除，或上级部门宣布突发事件应急响应终止或降级时，由相关应急专项组提出终止应急响应或降低应急响应等级建议。

（2）经应急指挥领导小组研究同意后，宣布终止应急响应或降低应急响应等级。

3.3.2　集团总部应急处置体系

通过上述对交通运输部、××省交通运输厅及××省高速公路联网管理中心等上级单位应急处置体系的研究，从先期处置、应急响应启动、应急响应措施、信息报送、响应终止五个方面，提出适用于集团总部运营高速公路突发事件应急处置的体系。

3.3.2.1　先期处置

突发事件发生后，事发地分公司在报告突发事件信息的同时，应当立即启动相关应急响应，并成立现场指挥部，进行先期处置，在规定时限内上报突发事件信息。

事发地分公司应当根据实际情况，在确保本单位应急队伍人身安全的前提下进行现场警戒，开展人员和车辆引导疏散、受灾遇险人员救援、安置等初期处置工作，防止突发事件危害扩大。

3.3.2.2　应急响应启动Ⅰ级、Ⅱ级响应

由应急指挥领导小组组长启动并实施，在省交通运输厅或省高速中心等上级单位的领导下组织配合开展相关应急处置工作，具体措施可参照Ⅲ级响应内容。

Ⅲ级响应：由应急指挥领导小组组长启动并实施，配合省高速中心组织开展相关应急处置工作，及时了解现场指挥部先期处置情况和突发事件发展态势等信息。按照本预案、相关专项应急预案和现场处置方案组织开展应急处置。

Ⅳ级响应：由事发地分公司应急指挥领导小组启动并实施，及时上报集团应急指挥领导小组办公室，集团应急指挥领导小组视情指定人员赶赴事发地指导相关单位开展应急处置工作。事发地分公司应及时更新上报应急响应与处置等信息，集团应急指挥领导小组可根据事件发展态势，启动更高级别应急响应。

3.3.2.3　应急处置措施

（1）应急指挥领导小组各成员坚守岗位，实行领导带班和 24 小时值班，确保通信畅通，及时共享信息。

（2）应急指挥领导小组通过现场、电话、视频会议等形式组织会商，分析研判事件可能产生的影响及后果，部署应急抢险工作。

（3）应急指挥领导小组组长或指定人员视情带队赶赴事发地，接管现场处置指挥权，组织相关单位开展应急处置工作。

（4）应急指挥领导小组办公室保持与事发地分公司的联络，及时收集、分析、更新事件信息，汇总应急处置工作情况，跟踪突发事件进展情况。

（5）综合保障组、运营保障组、抢通保通组、服务保障组根据职责分工，组织事发地分公司做好应急处置工作。

（6）在发生生产安全事故后，集团应急指挥领导小组及各组服从属地政府应急管理部门的统一指挥调度，在其领导下开展应急处置工作。

事发地分公司做好突发事件现场应急处置工作，必要时请求属地政府和有关部门予以支援。

Ⅲ级及以上应急响应时，事发地分公司应在上级应急指挥领导小组的统一领导下开展应急处置工作。

在发生路网突发事件时，各工作组按照各自职责分工，开展工作；在发生生产安全事故时，各工作组在应急指挥领导小组的统一领导下，服从属地政府应急管理部门的统一指挥调度。

响应流程图见图 3-3~ 图 3-6。

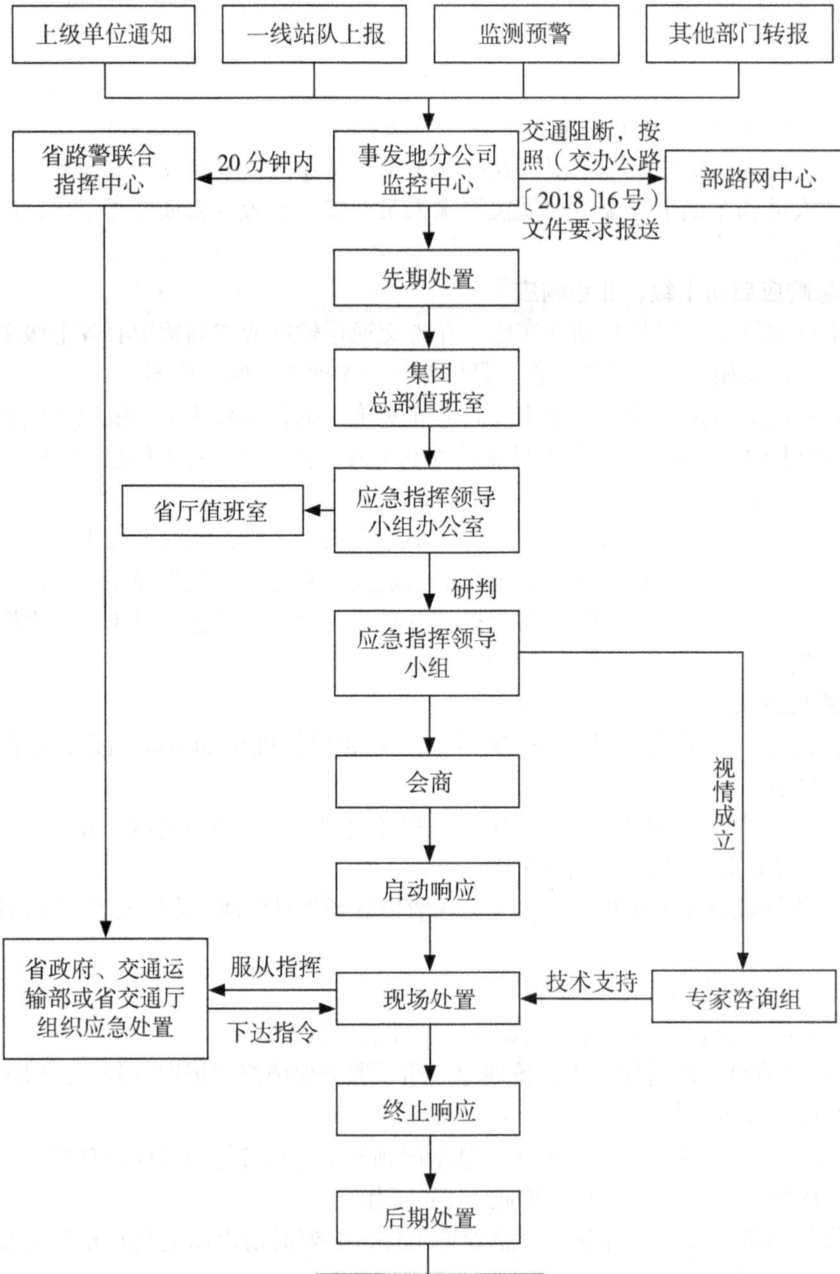

图 3-3　路网突发事件应急响应流程（Ⅰ级和Ⅱ级）

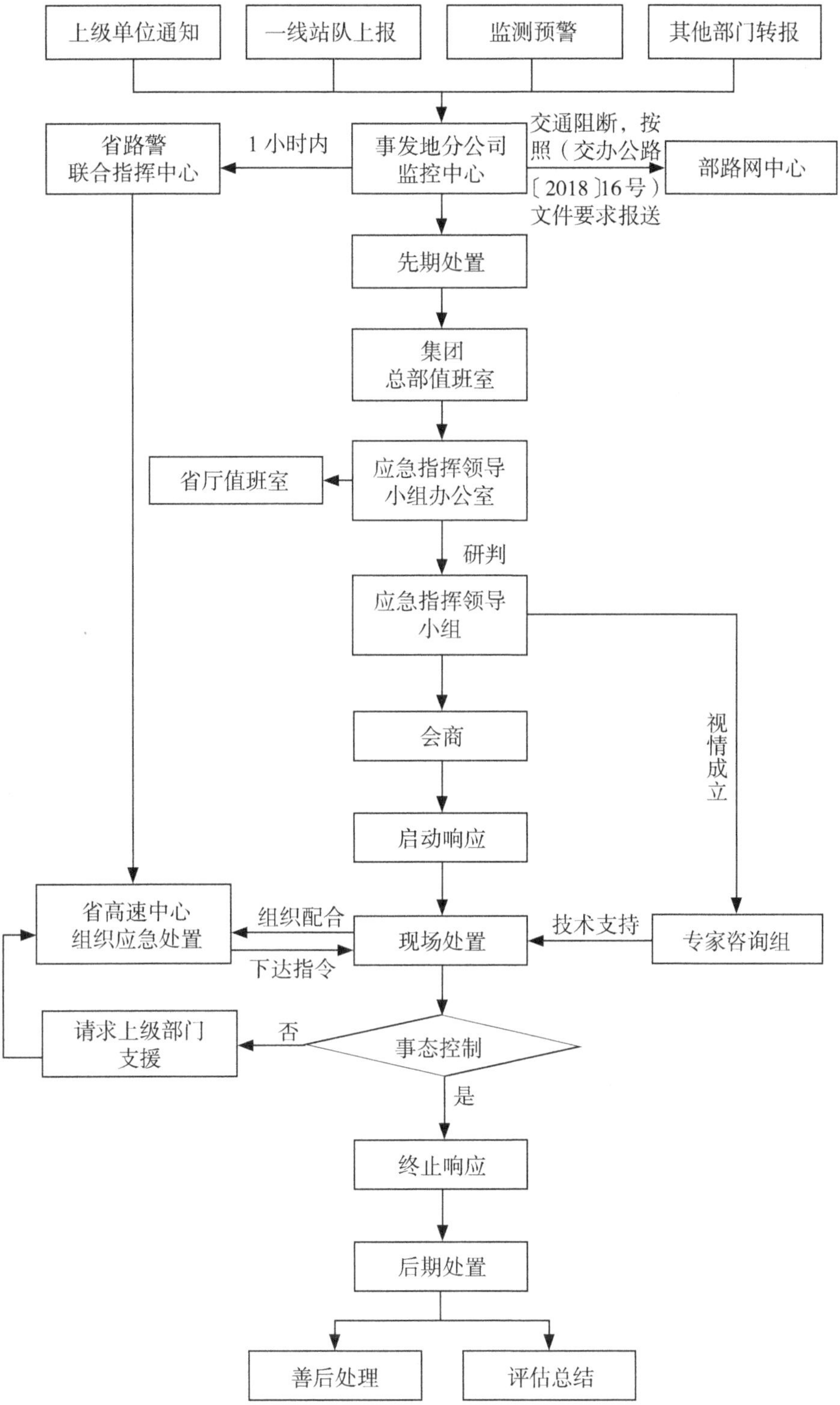

图3-4　路网突发事件应急响应流程（Ⅲ级）

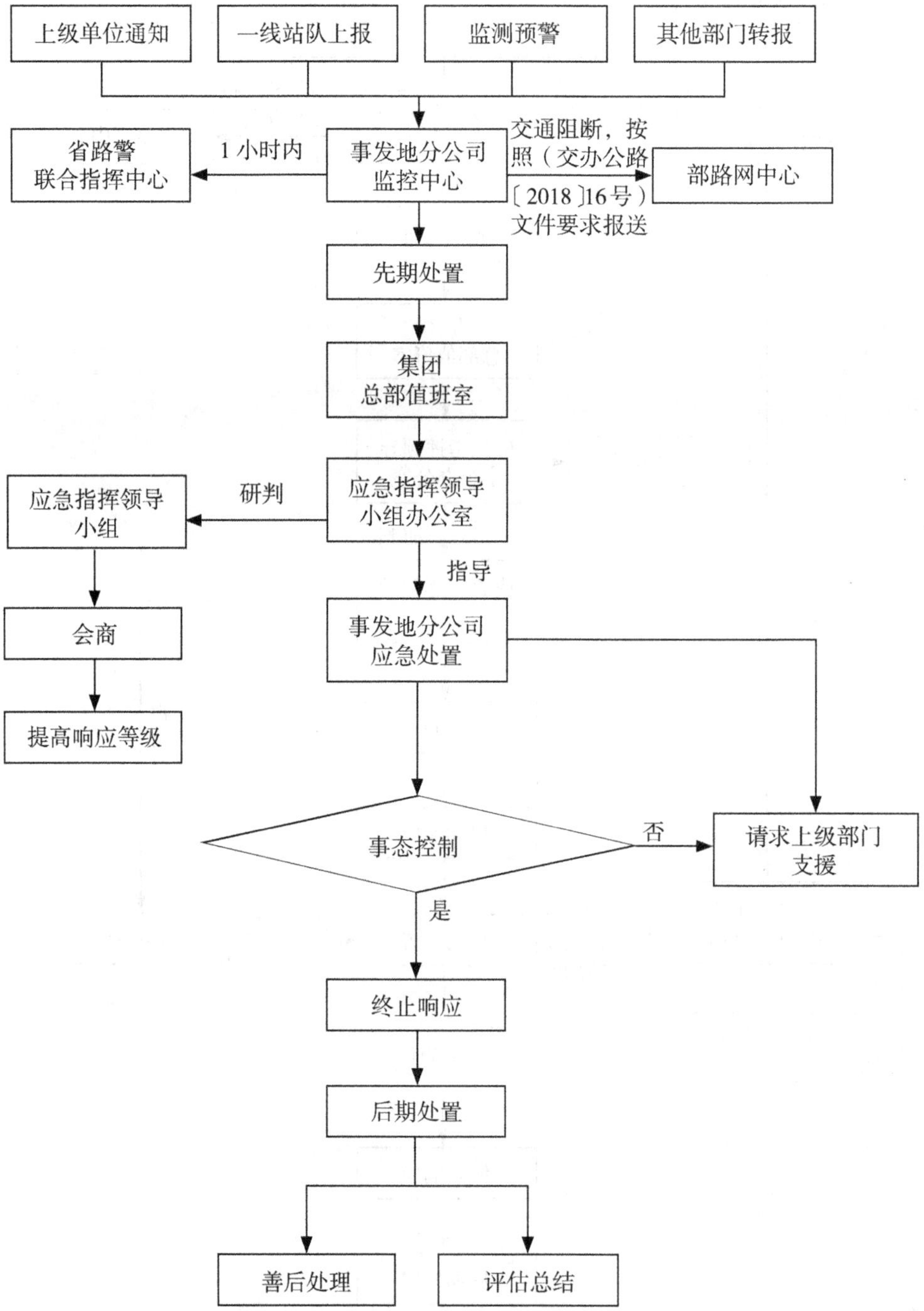

图 3-5　路网突发事件应急响应流程（Ⅳ级）

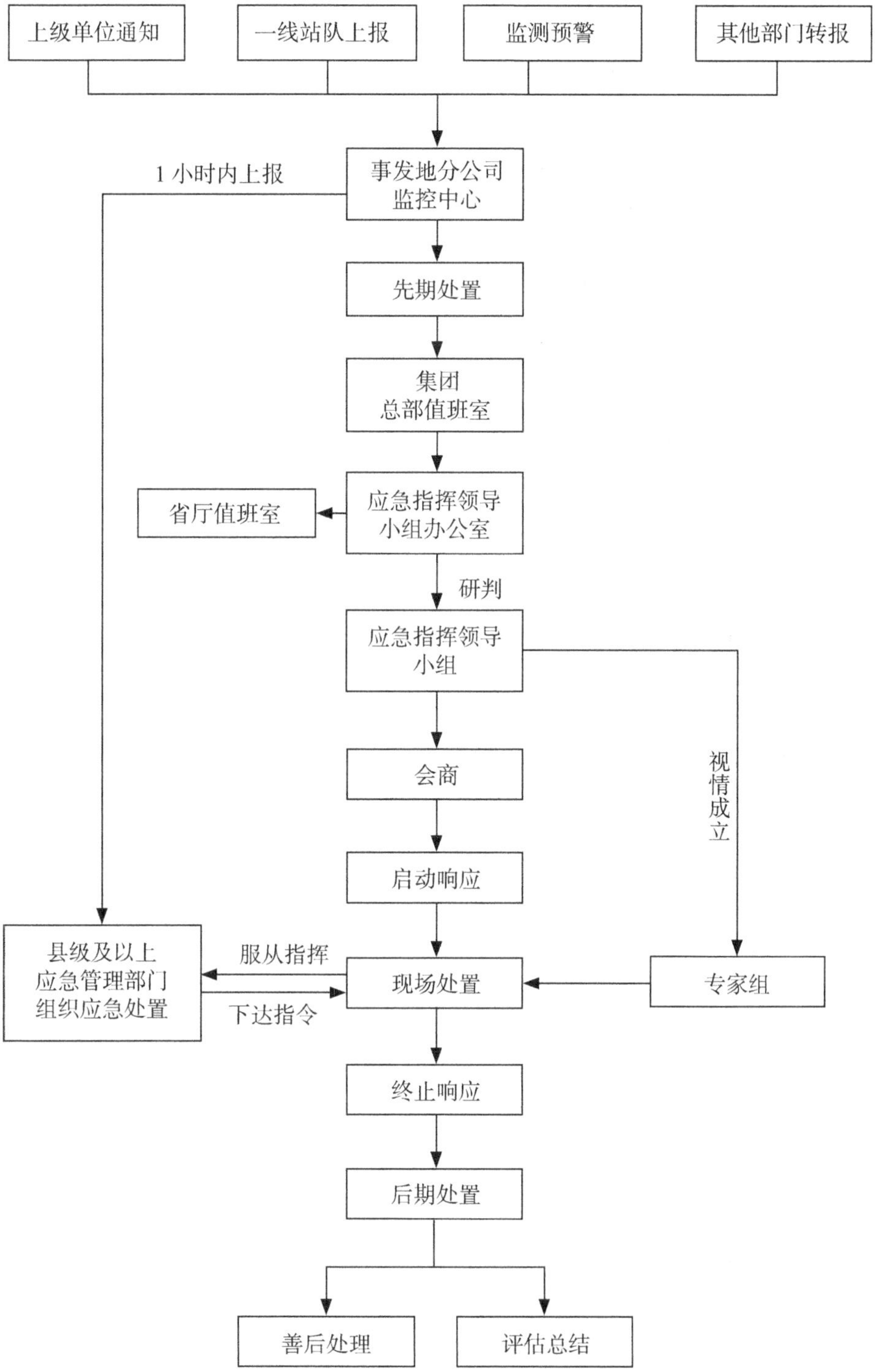

图3-6 生产安全事故应急响应流程

3.3.2.4 响应终止

1. 终止条件

符合下列全部条件的，终止应急响应：

（1）受危险威胁人员安全离开危险区并得到妥善安置。

（2）事件得到控制和消除。

（3）险情排除，道路恢复畅通。

（4）现场救援、处置活动已经结束。

2. 响应终止

按照“谁启动、谁终止”的原则，应急响应终止时，采取如下终止程序：

（1）经应急指挥领导小组会商，认为突发事件的威胁和危害得到消除或者控制，或相关部门宣布突发事件应急响应终止或降级时，由相关专项组提出终止应急响应或降低应急响应等级建议。

（2）经应急指挥领导小组研究同意后，宣布终止应急响应或降低应急响应等级。

3.3.3 高速公路运营管理单位应急处置体系

通过上述对交通运输部、××省交通运输厅及××省高速公路联网管理中心等上级单位应急处置体系的研究，从先期处置、应急响应启动、应急响应措施、信息报送、响应终止五个方面，提出适用于分公司运营高速公路突发事件应急处置的体系。

3.3.3.1 先期处置

突发事件发生后，在上报突发信息的同时，应急领导小组应当快速做出反应，组织事发地站队（区）成立现场指挥部，立即采取相应应急措施，进行先期处置，并在规定时限内上报突发事件信息。

根据现场实际情况，在确保人身安全的前提下进行现场警戒，做好组织引导车辆疏散及遇险人员的救援安置等初期处置工作。

3.3.3.2 应急响应启动

Ⅰ、Ⅱ、Ⅲ级响应：由应急领导小组组长启动并实施。在集团或上级单位（部门）应急力量未到达之前，各工作组在应急领导小组的统一指挥下，开展应急处置工作；当集团或上级单位（部门）应急力量到达后，应急领导小组移交现场指挥权，在集团或上级单位（部门）应急指挥领导小组的统一指挥下，开展应急处置工作。

其中，综合保障组并入集团综合保障组，路产、养护工作组并入集团抢通保通组，机电、收费工作组并入集团运营保障组，服务工作组并入集团服务保障组，在省交通运输厅或省高速中心或集团应急指挥领导小组等上级单位的领导下，配合组织开展相关应急处置工作，具体措施可参照Ⅳ级响应内容。

Ⅳ级响应：由应急领导小组组长启动并实施，并上报集团应急指挥领导小组办公室，及时了解现场指挥部先期处置情况和突发事件发展态势等信息。

Ⅴ级响应：由事发地站队（区）负责人启动并实施，及时汇总、整理现场指挥部先期处置情况和突发事件发展态势等信息，并上报应急办。

3.3.3.3 应急响应措施

Ⅳ级响应措施：

（1）应急领导小组各成员坚守岗位，实行领导带班和 24 小时值班，确保通信畅通，及时共享信息。

（2）应急领导小组组织会商，分析研判事件可能产生的影响及后果，安排部署应急抢险工作。

（3）应急领导小组组长或指定人员带队赶赴事发地，接管现场指挥权，组织相关基层单位开展应急处置工作。

（4）应急办整理、研判应急处置期间相关信息，上报应急领导小组并传达其指令，根据现场处置情况，视情拨打 119、120、110 等报警。

（5）监控中心及时收集、分析、更新事件信息，汇总应急处置工作情况和动态，密切监视突发事件进展情况。

（6）综合保障组、路产工作组、养护工作组、机电工作组、收费工作组、服务工作组根据职责分工，根据指令做好应急处置工作。

（7）属地政府启动应急响应后，应急领导小组及各工作组服从属地政府相关部门的统一指挥调度，在其领导下开展应急处置工作。

Ⅴ级响应措施：

（1）应急领导小组可根据突发事件应急响应与处置情况及发展态势，启动更高级别应急响应。

（2）应急办视情指导事发地站队（区）组织开展应急处置。

（3）监控中心密切监视事件进展情况，及时更新突发事件人员伤害、财产损失、应急响应与处置等信息，按照指令，根据有关规定发布交通管制、绕行路线及路况信息，并及时上报应急办。

（4）事发地站队（区）负责人做好分配站队（区）相关人员的现场处置工作任务，各成员坚守岗位，实行 24 小时值班，组织开展应急处置工作。

（5）组织相关人员做好现场管控、人员疏散等工作。

（6）配合交警做好交通管制、绕行路线方案制订，确保应急车道畅通，并将相关信息及时上报监控中心。

（7）如有人员受伤，根据受伤情况，在确保不对其造成二次伤害的前提下，及时进行现场临时救护，视情拨打 120，待专业力量介入。

（8）组织相关人员对事发区域开展风险排查。

（9）根据事件发展态势，当超出站队（区）自身处置能力时，及时上报应急办，扩大应急。

（10）应急处置结束后，组织相关人员，做好清洁、清障工作，尽快恢复通行。

应急办指导站队（区）做好Ⅴ级应急响应应急处置工作，应急领导小组组织开展Ⅳ级应急响应应急处置工作，Ⅲ级及以上应急响应时，在集团或上级单位（部门）应急指挥领导小组的统一指挥领导下，配合开展应急处置工作。

在发生路网突发事件时，各工作组按照各自职责分工，开展工作；在发生生产安全事故时，各工作组在应急领导小组的统一指挥领导下，服从属地政府应急管理部门的统一指挥调度。

路网突发事件应急响应流程见图 3-7~ 图 3-9。

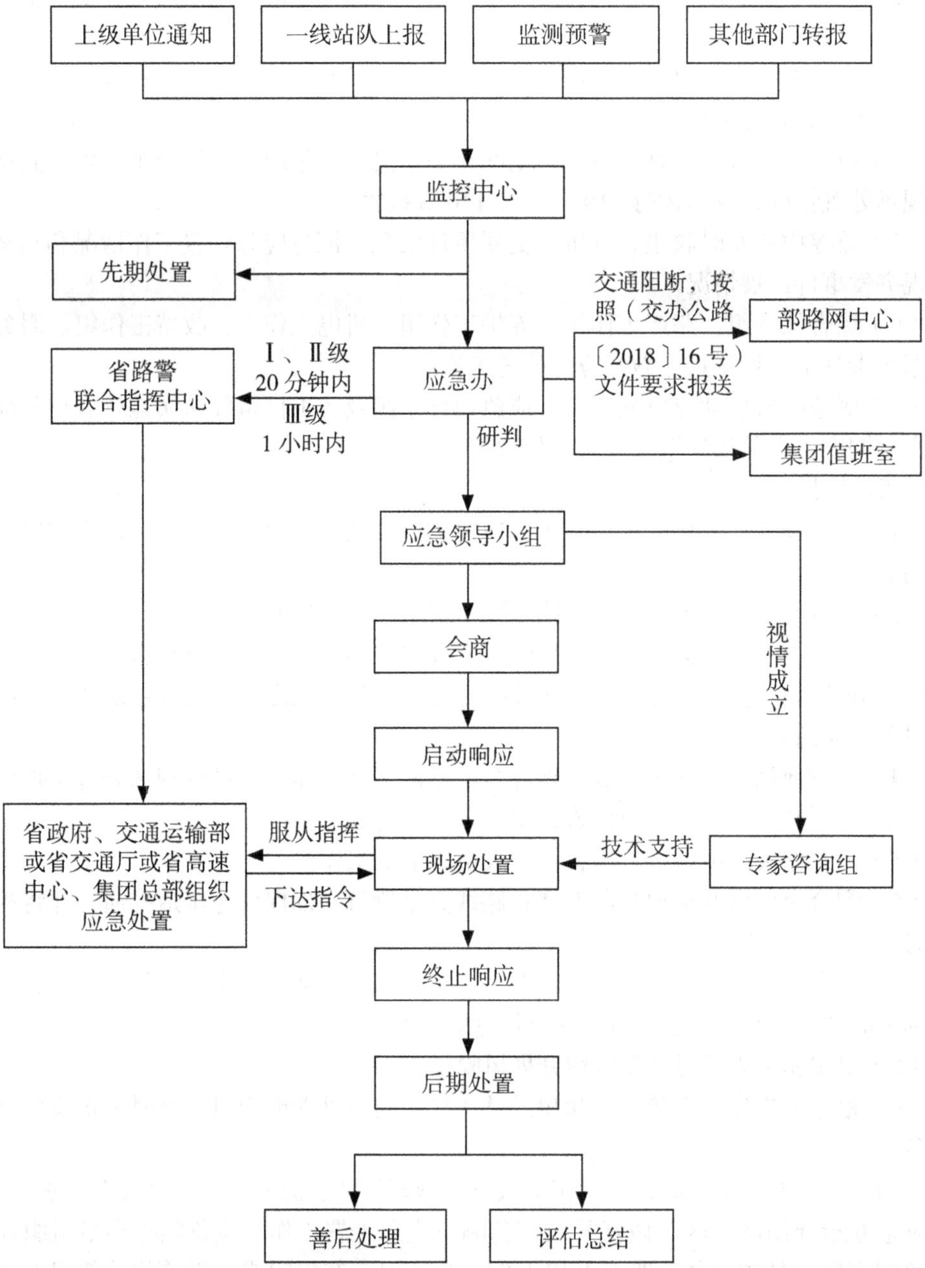

图 3-7　路网突发事件应急响应流程（Ⅰ、Ⅱ、Ⅲ级）

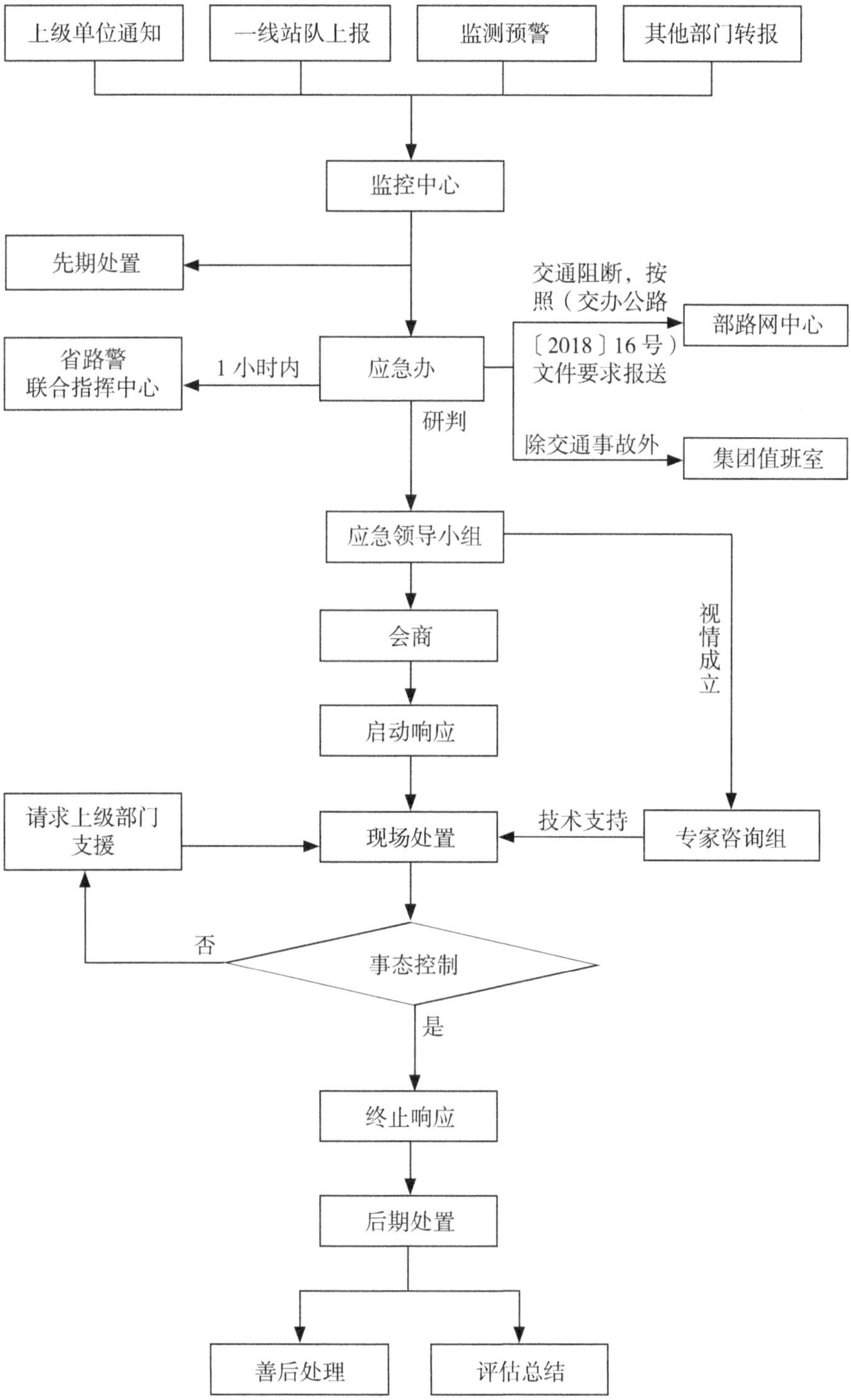

图 3-8　路网突发事件应急响应流程（Ⅳ级）

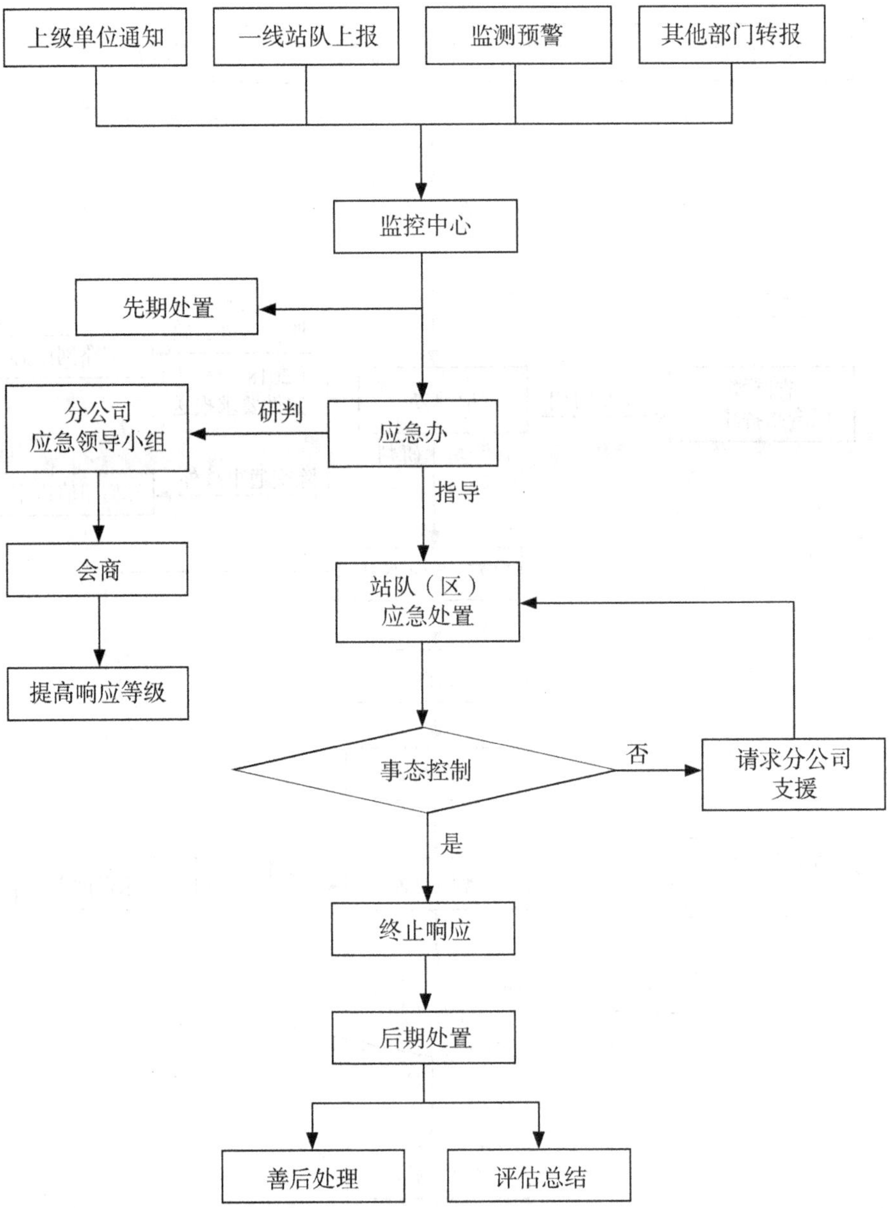

图3-9　路网突发事件应急响应流程（Ⅴ级）

3.3.3.4　响应终止

1. 终止条件

符合下列全部条件的，终止应急响应：

（1）受险人员安全离开危险区并得到妥善安置。

（2）事件得到控制和消除。

（3）险情排除，道路恢复畅通。

（4）现场处置活动已经结束。

2. 响应终止

按照“谁启动、谁终止”的原则，经应急领导小组会商，认为突发事件的威胁和危害得到消除或者控制，或相关部门宣布突发事件应急响应终止，宣布终止应急响应。

3.4　应急保障体系

3.4.1　应急保障体系概述

3.4.1.1　应急队伍保障

1. 组建原则

各级交通运输主管部门按照“平急结合、因地制宜，分类建设、分级负责，统一指挥、协调运转”的原则建立公路交通突发事件应急队伍。

2. 公路交通应急抢险保通队伍

（1）国家公路交通应急抢险保通队伍。武警交通部队纳入国家应急救援力量体系，作为国家公路交通应急抢险保通队伍，兵力调动使用按照有关规定执行。

（2）地方公路交通应急抢险保通队伍。省、市级公路交通应急管理机构负责应急抢险保通队伍的组建和日常管理。构建以高速公路及普通国省干线公路养护管理部门、路政管理部门、公路经营管理单位、公路养护工程企业为主体的公路交通应急抢通保障队伍。

按照路网规模、结构、地域分布特点，采取全社会范围内的公开招标投标的方式择优选择公路养护工程企业，并与之签订合作合同，明确技术管理要求、应急征用的条件和程序、征用补偿的标准和程序以及违约责任等，规范公路交通应急抢通保障行为，保障参与公路交通应急抢通保障企业的利益。

省、市公路交通应急管理机构统一调度本级应急救援物资储备点的各类应急物资、机械设备，由本级应急抢通保障队伍用于公路的应急抢险。在发生Ⅰ级公路突发事件时，由交通运输部应急领导小组下设的抢通保通小组统一调度各类储备物资和设备，组织实施跨省的应急抢险、救援工作。

3. 公路交通应急运输保障队伍

（1）应急运输保障队伍的建立。地方交通运输主管部门负责所辖区域内的应急运输保障队伍建设工作，按照“平急结合、分级储备、择优选择、统一指挥”的原则在本辖区内建立应急运力储备，选择达到一定标准的道路客货运输企业，通过协商签订突发事件运力调用协议，明确纳入应急运力储备的车辆及其吨（座）位数、类型、技术状况，以及对运输人员和车辆管理的要求、应急征用的条件和程序、征用补偿的标准和程序以及违约责任等，通过协议规范应急运输保障行为，并保障参与应急运输保障企业的利益。

各级交通运输主管部门可在本辖区内选择规模较大、信誉度高的道路客货运输企业，同其协商签订突发事件运力调用协议。在运力选择类型方面，要根据可能发生事件的性质，合理确定大中型客车、厢式货车和普通货车等车型。储备运力必须做到车辆技术状况良好，保证能正常投入运输活动。应急储备运力单位、运力数量、类型及人员数量要逐级报告备案。在发生公路交通突发事件时，由指挥部办公室负责协调运力，保障各类重点物资、抢险救灾物资的运输和人员的疏散。

各级交通运输主管部门按照相关标准确定从事应急运输的人员，包括现场管理人员、驾驶员、押运员和装卸员。应急运输人员年龄原则上控制在20~55岁，要身体健康、政治素质高、熟悉有关政策法规等。在发生特别重大公路突发事件（Ⅰ级）时，由交通部运输服务司任组长的运输保障小组负责协调运力调配，保障各类重点物资、抢险救灾物资的运输和人员的疏散。

（2）运输装备及技术状况。应急运输保障车辆的技术等级要求达到二级以上技术标准，车辆使用年限不超过5年，或行驶里程不超过15×10 km，建立应急运输车辆技术档案制度，及时了解和掌握车辆的技术状况。应急运输车辆所属单位负责保持应急运输储备车辆处于良好的技术状况，并强化应急运输车辆的日常养护与保养工作。

地方交通运输主管部门应结合所辖区域内突发事件的特征确定相应的应急运输装备，以满足不同种类的应急运输需求。

（3）应急运输人员。公路交通应急管理机构和执行应急运输保障单位按照相关标准确定从事应急运输的人员，包括现场管理人员、驾驶员、押运员和装卸员。应急运输人员年龄原则上控制在20~55岁，要求身体健康、政治素质高、熟悉有关政策法规。

应急运输人员在执行应急运输任务时，由公路交通应急管理机构统一配发证件和必要的用品。

（4）应急运力的备案管理。建立相应的应急运力储备档案，包括运力单位、车辆及其吨（座）位数、类型及人员数量等，并上报上级公路交通应急管理机构备案。每年针对储备运力的技术状况、单位及人员变动情况进行审查，对运力储备及时进行调救、补充，及时上报上级应急管理机构更新备案。

4. 社会力量动员与参与

社会应急队伍是应急处置的辅助力量。各地、各有关部门要制定相关政策措施，充分发挥红十字会和共青团的作用，鼓励企事业单位、社会组织及公民等有序参与应急处置工作。

各级应急管理机构应根据属地的实际情况和突发事件特点，制订社会动员方案，明确动员的范围、组织程序、决策程序。在公路交通自有应急力量不能满足应急处置需求时，向同级人民政府提出请求，请求动员社会力量，协调人民解放军、武警部队参与应急处置工作。

5. 应急人员安全防护

应急管理机构应协调有关部门提供不同类型公共突发事件应急人员的安全防护装备并发放使用说明，采取必要的安全防护措施。

应急管理机构应为应急处置过程中有安全风险的工作人员投保人身意外险。

3.4.1.2　物资设备保障

1. 应急物资设备种类

建立实物储备与商业储备相结合、生产能力储备与技术储备相结合、政府采购与政府补贴相结合的应急物资储备方式，强化应急物资储备能力。

应急物资包括公路抢通物资和救援物资两类。公路抢通物资主要包括沥青、碎石、砂石、水泥、钢桥、钢板、木材、编织袋、融雪剂、防滑料、吸油材料等；救援物资包括方便食品、饮水、防护衣物及装备、医药、照明、帐篷、燃料、安全标志、车辆防护器材及常用维修工具、应急救援车辆等。

地方交通运输主管部门应采取社会租赁和购置相结合的方式，储备一定数量的机械，如挖掘机、装载机、平地机、撒布机、汽车起重机、清雪车、平板拖车、运油车、发电机和大功率移动式水泵等。

2. 应急物资设备储备体系

（1）国家公路交通应急物资储备。根据全国高速公路的分布情况，确保应急物资调运的时效性和覆盖区域的合理性，以“因地制宜、规模适当、合理分布、有效利用”为原则，结合各地区的气候与地质条件，建立若干国家公路交通应急物资储备点。

（2）物资储备省市交通运输主管部门应根据辖区内公路交通突发事件发生的种类和特点，结合公路交通和应急运输保障队伍的分布，依托行业内养护施工企业和道路运输企业的各类设施资源，合理布局、统筹规划建设本地区公路交通应急物资储备点。

3. 应急物资管理制度

国家公路交通应急物资储备实行应急物资代储管理制度，由交通运输部负责监管，物资的调度和使用须经交通运输部同意。担负国家公路交通应急物资储备任务的省级交通运输主管部门为代储单位，负责具体建设与管理工作。

代储单位应对储备物资实行封闭式管理，专库存储，专人负责。要建立健全各项储备管理制度，包括物资台账和管理经费会计账等。储备物资入库、保管、出库等要有完备的凭证手续。代储单位应按照交通运输部要求，对新购置入库物资进行数量和质量验收，并在验收工作完成后 5 个工作日内将验收入库的情况上报路网中心。

地方公路交通运输主管部门应建立完善的各项应急物资管理规章制度，制定采购、储存、更新、调拨、回收各个工作环节的程序和规范，加强物资储备过程中的监管，防止储备物资设备被盗用、挪用、流失和失效，对各类物资及时予以补充和更新。

3.4.1.3　通信与信息保障

× × 省交通厅制定《 × × 省交通运输应急通信保障预案》，适用于 × × 省交通运输厅参与处置的自然灾害、公路水路交通运输生产事故、公共卫生事件、社会安全事件等； × × 省委省政府、交通运输部交办的其他紧急通信保障任务；制定了在 × × 省交通运输厅应急指挥中心的领导下，交通运输应急通信保障工作坚持统一指挥、分级负责、各司其职、密切协同、快速反应、保障有力的工作原则；明确了应急组织体系及职责，包括交通运输应急通信保障领导小组及办公室和应急通信资源日常管理机构的职责，能够在应急处置过程中，通信保障方面，分工合理、职责明确；确定了预警监测和预警分级，制定了分级响应措施，建立省市两级交通运输应急通信保障队伍，省级队伍以联网公司组建的应急通信车保障小组和厅通信中心组建的海事卫星通信系统保障小组为基础，制定了实行分级负担，纳入同级财政预算的资金保障制度等内容，以保障应急处置过程中，通行保障方面迅速、有效响应。

3.4.1.4 技术支撑保障

1. 科技支撑

各级公路应急保通工作领导小组应依托科研机构，加强应对公路交通突发事件的技术支撑体系研究，建立突发事件管理技术的开发体系和储备机制；制订研发计划，借鉴国际先进经验，重点加强智能化的应急指挥通信技术装备、辅助决策技术装备、特种应急抢险技术装备的研制工作；开展预警分析、评估模型研究，提高防范和处置重大公路交通突发事件的决策水平。

加大监测、预防预警和应急处置技术的研发投入，建立给予计算机网络等高新技术的预警、分析评估和应急决策系统，不断改进技术装备。

充分利用高等院校、科研院所、企事业单位和社会组织的预测、预警技术以及应急处置等科学技术的研究成果，建立合作机制。

2. 应急数据库

建立包括专家咨询、知识储备、应急预案、应急资源等内容的数据库。

公路交通应急保障所需的各项经费，应按照现行事权、财权划分原则，分级负担，并按规定程序列入各级交通运输主管部门年度财政预算中。

国家和地方公路交通专业应急队伍建设以及应急物资储备点的物资采购、运输、储存的相关费用，纳入各级财政预算。

路网中心要根据每年开展宣传教育、培训、演练等日常工作所需经费编列年度预算，报应急领导小组审批，并统一负责该项工作经费的管理与使用。

对受突发事件影响较大和财政困难的地区，应省级交通运输主管部门的请求，交通运输部根据实际情况给予适当支持。

鼓励自然人、法人或者其他组织按照有关法律法规的规定进行捐赠或援助。

各级交通运输主管部门应建立有效的监管和评估体系，对公路交通突发事件应急保障资金的使用和效果进行监管和评估。

3.4.2 集团总部应急保障体系

集团应急保障体系包括应急队伍保障、物资设备保障、应急经费保障和其他保障。

3.4.2.1 应急队伍保障

集团总部指导各分公司完善应急救援队伍建设，各分公司依托养护、路产、运维等基层单位建设高速公路突发事件应急队伍。

保持应急指挥领导小组及所属应急工作组、应急专家咨询组队伍稳定。在应急组织和应急救援力量发生变化时，及时将有关情况通报各相关方。

应急指挥领导小组办公室应做好应急管理体系的日常维护工作，定期组织开展应急培训、演练工作，保持与相关方的日常联系，确保应急组织处于正常状态，满足应急救援的需要。

监督、指导集团总部所辖高速公路运营管理单位内部救援力量完善各级专（兼）职应急救援队伍。

3.4.2.2　物资设备保障

集团按照《××省高速公路应急物资储备指导意见》相关要求，指导所辖高速公路运营管理单位结合自身实际情况，储备应急物资及设备，并进行日常管理和保养。应急指挥领导小组办公室负责指导所辖高速公路运营管理单位做好防汛抢险、雨雪冰冻、桥梁和隧道突发事件应急物资和生活必需品的储备管理工作，确保应急物资和生活必需品储备充足和供应。

指导各所辖高速公路运营管理单位结合路段实际，自备或委托养护单位做好挖掘机、铲车、自卸车、吊车、抽水泵、沙袋、抽水机、融雪剂、推雪机、撒布车、运输车、自卸车、消防车等应急抢险物资、机械和设备的储备工作。在高速公路突发事件应急处置中，如事态超出自身控制范围或本单位应急物资不能够满足抢险需求，应及时向集团总部、省高速中心汇报，申请上级统筹指挥和物资调配。必要时，可请求当地人民政府支援，由政府调度相关应急资源。

高速公路突发事件处置工作中应急资源的调配使用，遵循以下原则：

（1）就近原则。

（2）系统内部应急资源互助共享、综合利用原则。

（3）优先调度使用职权范围内应急资源原则。

（4）外部救援补偿原则。当不能满足救援需求时，及时向上一级应急指挥机构申请统筹指挥和物资调配，并如实、如数统计应急资源种类、数量。突发事件责任单位应主动与应急物资提供单位核算应急物资补偿费用，并及时支付补偿费用。

3.4.2.3　应急经费保障

应急保障所需的各项经费，按照集团预算管理办法按规定程序列入各分公司年度预算。特殊情况一事一议，列支专项经费。

应急经费按照事权、财权划分原则，由集团总部安全生产经费及养护经费中列支，主要用于应急抢险、救援器材的购置、维护和更新更换；应急救援、专家咨询和后勤保障费用；应急培训、演练费用；应急体系维护等。

3.4.2.4　其他保障

根据突发事件应急需要，做好其他保障工作。

3.4.3　高速公路运营管理单位应急保障体系

3.4.3.1　应急队伍保障

根据集团总部的指导，参照《××省应急救援队伍建设管理办法（试行）》中相关内容，组建、完善应急队伍建设，依托养护、路产、运维等站队（区）建设高速公路突发事件应急队伍。

当发生Ⅳ级突发事件时，高速公路运营管理单位应急队伍由本单位应急领导小组统一指挥调度；当发生Ⅲ级及以上突发事件时，高速公路运营管理单位应急队伍在本单位应急领导小组的统一指挥调度下服从集团等上级单位（部门）或属地政府的统一指挥调度。

应急救援队伍到达救援现场后，应当向统一指挥的应急指挥机构报到，按照既定的现场救援方案和任务分工开展工作，一切行动服从命令、听从指挥。参加抢险救援的队伍实行指挥员负责制，指挥员在确保应急救援人员自身安全前提下开展工作，不得违规擅自发布信息，不得盲目冒险作业。

现场应急救援任务完成，应急指挥机构下达救援结束和撤离指令，应急救援队伍按照指令收整队伍、清点装备并撤离现场。应急救援队伍应当及时对应急救援工作进行总结评估。

应急救援队伍根据救援命令、指令或者请求参加灾害事故应急救援的，所耗费用按照规定获得补偿，包括人工劳务费、食宿费、装备材料费、交通补助、通信补助、保险费等，补偿费用由灾害事故责任单位承担；责任单位无力承担或者无明确责任单位的，根据财政事权与支出责任相适应原则，由事发地政府协调解决，省级启动应急响应的重大以上灾害事故应急救援所需补偿费用由省级与相关地方共同协调解决。

3.4.3.2　物资设备保障

结合分公司实际情况，按照相关要求储备应急物资及设备，并进行日常管理和保养。应急物资设备储备按照《××省高速公路应急物资储备指导意见》实施。

应急保障所需的各项经费，应当按照事权、财权划分原则，分级负担，并按规定程序列入各分公司年度预算。

分公司应当建立有效的监管和评估体系，对高速公路交通突发事件应急保障资金的使用及效果进行监管和评估。

3.4.3.3　通信与信息保障

根据上级单位的指导及要求，做好网络、视频、通信等保障工作，保障通信设备链路畅通；做好应急通信技术衔接，保证应急处置信息传递畅通。

3.4.3.4　其他保障

根据突发事件应急需要，做好其他保障工作。

3.5　监督体系

3.5.1　预案监督体系概述

应急预案监督体系的建立是为了规范突发事件应急预案的管理，完善应急预案体系，增强应急预案的科学性、针对性、时效性，有效应对突发事件带来的影响，需要制定包括培训与演练、预案管理与修订等内容在内的监督体系。

3.5.1.1　交通运输部应急预案监督体系

1. 应急演练

交通运输部会同有关单位制定部省联合应急演练计划，并组织开展实地演练与模拟演练相结合的多形式应急演练活动。

地方交通运输主管部门要结合所辖区域实际，有计划、有重点地组织应急演练。地方公路交通突发事件应急演练至少每年进行一次，突发事件易发地应当经常组织开展应急演练。应急演练结束后，演练组织单位应当及时组织演练评估。鼓励委托第三方进行演练评估。

2. 应急培训

各级交通运输主管部门应当将应急教育培训纳入日常管理工作，应急保障相关人员至少每 2 年接受一次培训，并依据培训记录，对应急人员实行动态管理。

3. 责任与奖惩

对公路交通突发事件应对工作中做出突出贡献的先进集体和个人，要及时地给予宣传、表彰和奖励。

对迟报、谎报、瞒报和漏报重要信息或者应急管理工作有其他失职、渎职行为的，按照有关规定处理。

4. 预案管理与更新

出现下列情形之一时，交通运输部将组织修改完善预案，更新后报国务院：

（1）预案依据的有关法律、行政法规、规章、标准、上位预案中的有关规定发生变化的。

（2）公路交通突发事件应急机构及其职责发生重大变化或调整的。

（3）预案中的其他重要信息发生变化的。

（4）在突发事件实际应对和应急演练中发现问题需要进行重大调整的。

（5）预案制定单位认为应当修订的其他情况。

地方公路交通突发事件应急预案于印发后 20 个工作日内报本级人民政府和上级交通运输主管部门备案。公路交通企事业单位突发事件应急预案于印发后 20 个工作日内报所属地交通运输主管部门备案。

5. 预案监督与检查

上级交通运输主管部门应根据职责，定期组织对下级交通运输主管部门、公路交通企事业单位应急预案编制与执行情况进行监督检查，并予以通报。

监督检查内容主要包括应急预案编制、组织机构及队伍建设、装备物资储备、信息报送与发布、应急培训与演练、应急资金落实、应急评估等情况。

6. 预案制定与解释

本预案由交通运输部负责制定、组织实施和解释。

3.5.1.2　× × 省公路交通运输突发事件应急预案监督体系

1. 培训与宣传

各级交通运输主管部门应将应急预案培训工作纳入日常管理工作，定期开展应急培训工作。原则上，应急管理等相关人员每年应至少接受一次相关知识的培训，提高全省交通运输行业应急管理人员的素质和专业技能。

及时向公众公布交通运输部门应对突发事件应急预案信息、接报电话和部门、做好相关应急法律法规以及预防、避险、避灾、自救、互救等常识的宣传。

2. 预案演练

为检验本预案的科学性、合理性和可操作性，视情定期组织专业性和综合性的应急演练，普及应急管理知识和技能，切实提高应急处置能力。通过应急演练，锻炼应急队伍，落实岗位责任，掌握相关技能，了解应急机制和管理体制，熟悉应急处置程序，检验应急处置能力，并总结经验救训。

3. 预案管理与更新

省交通运输厅负责本预案管理，当有关法律、行政法规、上位预案中相关重大信息、职责发生变动时，根据实际需要及时组织修订、完善。各级交通运输管理部门根据上级主管部门和政府工作要求，制订本行政区域内交通运输行业突发事件应急预案，结合日常管理工作对预案的实施进行监督检查，发现问题，及时修订完善。

3.5.1.3 ××省高速公路联网管理中心应急预案监督体系

1. 宣传与培训

1）应急培训

高速公路运营管理单位应将应急教育培训纳入日常管理工作，原则上，应急管理等相关人员每年至少接受一次培训，了解掌握应急预案内容，熟悉应急职责、应急处置程序和措施，提高高速公路应急管理相关人员的素质和专业技能。

2）宣传教育

高速公路运营管理单位应通过多种渠道，广泛宣传应急法律法规和预防、避险、自救、互救、减灾等知识，增强从业人员和社会公众忧患意识、社会责任意识、公共安全和风险防范意识，提高避险能力和自救互救能力。

2. 预案演练

为检验本预案的科学性、合理性和可操作性，高管中心视情定期组织专业性和综合性应急演练。各高速公路运营管理单位应当结合实际，有组织、有计划、有重点地开展应急预案演练，每年组织演练不少于 1 次，突发事件易发地相关单位应经常组织开展应急预案演练。通过应急预案演练，锻炼应急队伍，落实岗位责任，掌握相关技能，了解应急机制和管理体制，熟悉应急处置程序，检验应急处置能力。应急预案演练结束后，演练组织单位应当及时组织演练评估。必要时可委托第三方进行演练评估。

3. 预案管理与更新

本预案由高管中心负责制定、组织实施和解释，在实施过程中将根据有关规定和实际情况及时组织评估、修订、完善。各高速公路运营管理单位应根据本预案，结合自身实际，制定、修订、完善、评估相关应急预案。

3.5.2 集团总部监督体系

3.5.2.1 预案培训与演练

1. 预案培训

集团总部将应急预案培训工作纳入生产安全培训工作计划，指导各分公司开展应急预案培训工作。

各分公司应组织开展本单位应急预案的学习培训。同时，应急培训的时间、地点、内容、师资、参加人员和考核结果等情况应如实记入本单位的生产安全教育和培训档案。

2. 宣传教育

各分公司应结合“安全生产月”“119 消防日”等重要活动，通过多种渠道，宣传应急法律法规和预防、避险、自救、互救、减灾等知识，增强从业人员和社会公众忧患意识、社会责任意识、公共安全和风险防范意识，提高避险能力和自救互救能力。

3. 预案演练

各分公司应制订本单位的应急预案演练计划，根据本单位的事故风险特点，每年至少组织一次综合应急预案演练或者专项应急预案演练，每半年至少组织一次现场处置方案演练。其中，长大桥隧路段，应当每年组织针对火灾、交通事故、自然灾害等突发事件的专项应急演练。

应急预案演练结束后，组织单位应当对应急预案演练效果进行评估，撰写评估报告，分析存在的问题，并对应急预案提出修订意见。

3.5.2.2　预案管理与更新

本预案由集团负责制定解释，下属各分公司应根据本预案，结合自身实际，制定、修订、完善相关应急预案。有下列情形之一的，应急预案应当及时修订并归档：

（1）依据的法律、法规、规章、标准及上位预案中的有关规定发生重大变化的。

（2）应急指挥机构及其职责发生调整的。

（3）面临的事故风险发生重大变化的。

（4）重要应急资源发生重大变化的。

（5）预案中的其他重要信息发生变化的。

（6）应急演练和事故应急救援中发现问题需要修订的。

（7）编制单位认为应当修订的其他情况。

3.5.2.3　责任与奖惩

对应急响应与处置、救援过程中做出贡献的单位和个人的表彰和奖励纳入年度考核和绩效评选。发生重大突发事件，应急行动结束后，应对做出突出贡献的单位和个人进行即时表彰和奖励，并作为年度考核和绩效评选的重要依据。

有下列行为之一的，集团总部应急指挥部将追究相关人员责任，构成犯罪的，由司法机关追究刑事责任：

（1）不按有关规定和要求上报突发事件信息的（包括迟报、谎报、隐瞒不报）。

（2）接到应急救援指令后不及时赶赴现场或不认真履行职责的。

（3）在应急抢险过程中，故意拖延或拒不执行上级应急指令的。

（4）在应急抢险过程中，有失职、渎职行为且导致突发事件损失或危害扩大的（含次生事故）。

（5）盗窃、挪用、贪污应急物资或者资金的。

（6）阻碍应急抢险人员执行任务或者进行破坏活动的。

（7）有其他危害应急抢险行为的。

3.5.3　高速公路运营管理单位监督体系

3.5.3.1　预案培训与演练

1. 预案培训

应急办应将应急预案培训工作纳入公司生产安全培训内容，结合集团总部要求，开展应急预案培训工作；做好指导各站队（区）开展现场处置方案培训工作。同时，应急培训的时间、地点、内容、师资、参加人员和考核结果等情况应当如实记入生产安全教育和培训档案。

2. 宣传教育

结合“安全生产月”“119消防宣传日”等重要活动，通过多种渠道，宣传应急法律法规和预防、避险、自救、互救、减灾等知识，增强从业人员和社会公众忧患意识、社会责任意识、公共安全和风险防范意识，提高避险能力和自救互救能力。

3. 预案演练

制订公司应急预案演练计划，根据公司的事故风险特点，每年至少组织一次综合应急预案演练或者专项应急预案演练，其中，长大桥隧路段，每年组织针对火灾、交通事故、自然灾害等突发事件的专项应急演练；指导各站队（区）制订现场处置方案演练计划，每半年至少组织一次现场处置方案演练。

演练结束后，公司及组织演练的各站队（区）应当对演练效果进行评估，撰写评估报告，分析存在的问题，并对应急预案及现场处置方案提出修订意见。

3.5.3.2 预案管理与更新

本预案由分公司负责制定解释，结合自身实际，制定、修订、完善相关现场处置方案。有下列情形之一的，应急预案应当及时修订并归档：

（1）依据的法律、法规、规章、标准及上位预案中的有关规定发生重大变化的。

（2）应急指挥机构及其职责发生调整的。

（3）面临的事故风险发生重大变化的。

（4）重要应急资源发生重大变化的。

（5）预案中的其他重要信息发生变化的。

（6）应急演练和事故应急救援中发现问题需要修订的。

（7）编制单位认为应当修订的其他情况。

3.5.3.3 责任与奖惩

突发事件应急处置工作实行领导负责制和责任追究制。对应急管理工作中做出突出贡献的先进集体和个人要及时地给予宣传、表彰和奖励。对迟报、谎报、瞒报和漏报重要信息或者应急管理工作有其他失职、渎职行为的，依法对有关责任人给予处分。构成犯罪的，依法追究刑事责任。

3.6 信息发布体系

信息发布是应急预案体系中的重要组成部分，完善的突发事件信息发布体系包括信息报送与处理、信息发布等内容，针对突发事件的信息发布必须做到准确及时、客观公正、有助于突发事件平息以及导向正确等。

3.6.1 信息发布体系概述

3.6.1.1 交通运输部信息发布体系

1. 信息报送与处理

交通运输部根据信息快速通报与联动响应机制，明确各部门的应急管理机构名称和联络方式，确定不同类别预警与应急信息的通报部门，建立信息快速沟通渠道。发现或接到突发事件信息，经核实后，应依据职责分工，立即组织调集力量开展应急处置工作，全力控制事态发展，并向上级部门报告。

交通运输部综合应急指挥中心值班人员应按照领导小组统一安排，及时、准确报送突发事件信息。部应急办根据指挥中心报送的信息，起草《交通运输部值班信息》，经领导小组副组长或部内牵头单位负责人审定后，通过专网报中办信息综合室、国务院总值班室，抄送各有关部委。

信息报告内容包括：事件的类型、发生时间、地点、影响范围和程度、已采取的应急处置措施和成效。部应急办会同部内业务主管司局负责相应突发事件信息的分析工作，追踪事件进展，及时掌握最新动态。

2. 信息共享

（1）由路网中心负责建立信息共享机制与渠道，负责全国公路交通突发事件信息的汇总和处理。

（2）国务院相关部门按照国家应急管理要求和部门职责及时提供相关突发事件信息；地方交通运输主管部门和单位及时提供各类事件的信息报告和必要的基础数据。

（3）路网中心将信息及时通报应急工作组，应急工作组经复核确认后上报应急领导小组。

3. 信息发布

（1）特别重大公路交通突发事件信息发布由路网中心负责。其他公路交通突发事件发布由各级公路交通应急管理机构负责。

（2）发布渠道包括内部业务系统、交通运输部网站和路网中心管理的服务网站以及经交通运输部授权的各媒体。

（3）公路交通突发事件相关信息发布应当加强同新闻宣传小组的协调和沟通，及时提供各类相关信息。

4. 新闻发布与宣传

（1）Ⅰ级公路交通突发事件的新闻发布与宣传工作由新闻宣传小组负责，承担新闻发布的具体工作。其他级别事件分别由地方公路交通应急管理机构负责组织发布，并按要求及时上报上级公路交通应急管理机构备案。

（2）新闻宣传小组负责组织发布公路交通突发事件新闻通稿、预案启动公告、预警启动与应急响应启动公告、预警终止与应急响应终止公告，传递事态进展的最新信息、解释说明与突发事件有关的问题、澄清和回应与突发事件有关的错误报道，宣传公路交通应急管理工作动态，组织召开突发事件相关各单位、部门参加的联席新闻发布会。

（3）新闻发布主要媒体形式包括电视、报纸、广播、网站等，新闻发布主要方式包括新闻发布会、新闻通气会、记者招待会、接受多家媒体的共同采访或独家媒体专访、发布新闻通稿。

（4）新闻发布材料包括新闻发布词、新闻通稿、答问参考和其他发布材料，由其他应急工作小组及时提供相关材料，新闻宣传小组汇总审核，其中Ⅰ级公路交通突发事件相关新闻发布材料须经应急领导小组审定。

（5）涉外突发事件由交通运输部商外交部，统一组织宣传和报道。

（6）同相关部门建立多部门重大信息联合发布机制，并以会议纪要或者其他规范性文件的形式予以规定。

3.6.1.2 ××省交通运输突发事件应急预案信息发布体系

1. 信息报送与处理

重特大突发事件发生后，力争在20分钟内向省交通运输厅值班室电话报告，40分钟内书面报告。较大突发事件发生后，在4小时内向省交通运输厅值班室报告信息。坚持首报、续报分开原则，首报只需报告事件发生的时间、地点、类型以及可能造成的伤亡和影响四要素。后根据事态的发展和处理情况，随时续报。

2. 信息发布

由省指挥部或者省指挥部指定的单位按照以人为本、及时准确、客观全面的原则统一发布公路交通突发事件信息，其他单位和个人无权发布信息。省委宣传部根据省指挥部或者省指挥部指定单位发布的信息安排宣传报道，正确引导舆论。信息发布的要素包括：事件的类型、发生时间、地点、损失程度和影响范围，事故原因或者调查进度情况，控制事态的处置措施，公众注意事项等。

3.6.1.3 ××省高速公路联网管理中心应急预案信息发布体系

1. 预警信息发布

省路警联合指挥中心接收到预警信息后，应当及时汇总分析并向应急指挥领导小组办公室报告。应急指挥领导小组办公室视情组织对预警信息中突发事件发生的可能性及其对高速公路交通可能造成的影响进行研判，经应急指挥领导小组同意后，发布相应预警信息。

应急指挥领导小组办公室根据预警信息研判结果，提示高速公路运营管理单位做好相应防范和准备工作，并及时向省交通运输厅及上级部门报送路网运行信息。视情向可能受到影响地区的高速公路主管部门发布预警信息、部署防御措施；通过广播、电视、信息网络和高速公路信息板、收费站告知等方式向社会发布相关预警信息。

2. 信息发布

由高管中心综合管理处负责人任组长的综合保障组负责突发事件新闻发布、舆情监测和舆论引导工作。

3.6.2 集团总部信息发布体系

3.6.2.1 信息报送与处置

1. 报告时限和程序

突发事件发生后，事发地分公司应第一时间研判突发事件等级，已造成或可能造成Ⅰ级（特别重大）、Ⅱ级（重大）突发事件的，应在20分钟内向省路警联合指挥中心及集团总部值班室电话报告、40分钟内书面报告；已造成或可能造成Ⅲ级（较大）、Ⅳ级（一般）突发事件的，应在1小时内向省路警联合指挥中心报告信息，Ⅲ级（较大）突发事件、Ⅳ级（一般）突发事件（除交通事故之外）同时向集团总部值班室报告信息。此外，发生生产安全事故的，事发地分公司还应按照相关规定向属地政府应急管理部门进行信息报送。

集团总部值班室接到Ⅲ级及以上突发事件、Ⅳ级（一般）突发事件（除交通事故之外）报告信息后报告带班领导、分管领导，根据报告的信息再次确认突发事件等级后向集团应急指挥领导小组办公室报送，根据相关规定报省厅值班室。

此外，因突发事件的发生造成公路交通阻断的，事发地分公司监控指挥中心按照《公路交通阻断信息报送制度》（交办公路〔2018〕16 号）文件要求报送。

生产安全事故信息报送流程如图 3-10 所示，路网突发事件信息报送流程如图 3-11 所示。

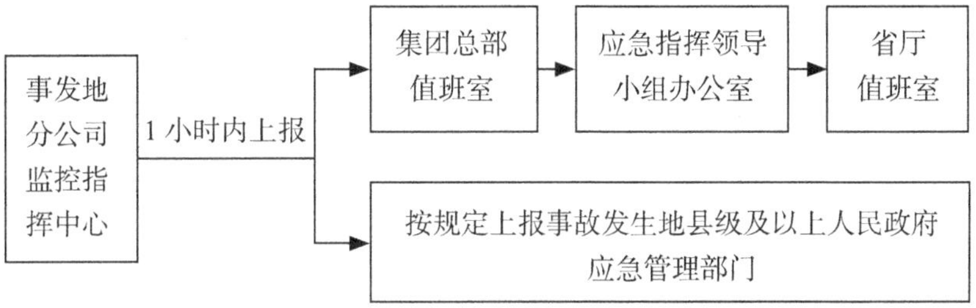

图 3-10 生产安全事故信息报送流程

说明：生产安全事故是指集团员工或承包人在所辖区域内进行生产经营活动过程中，突然发生的各类生产安全与环境污染事故或事件，造成集团或承包人人员伤亡、财产损失及所辖区域环境等意外情况。

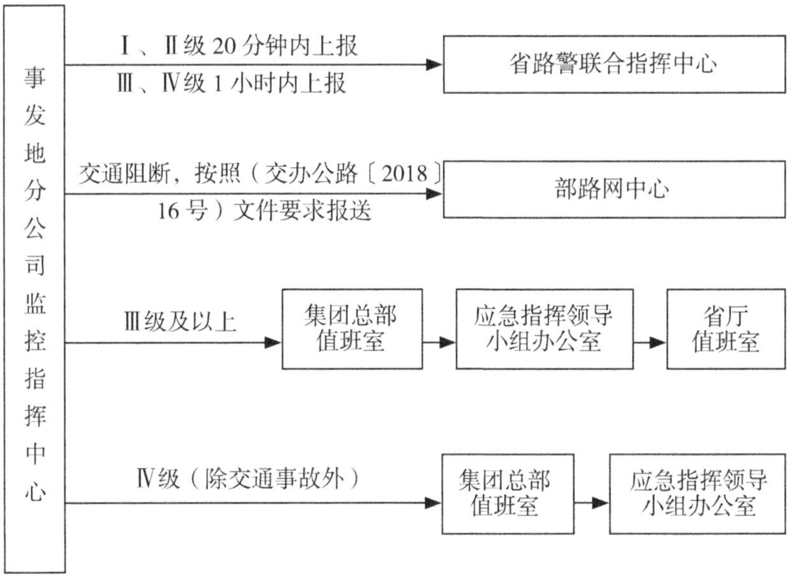

图 3-11 路网突发事件信息报送流程

2. 报告内容

报告信息的内容要简明准确、要素完整、重点突出，应包括以下要素：

（1）事件发生的时间、地点、事件类型及信息来源。

（2）事件起因、基本过程、已造成的后果以及影响范围和事件发展趋势。

（3）已采取的措施、下一步的工作计划。

（4）信息报送单位、联系人和联系电话等。

3. 报告方式

信息报告坚持“先简要报告、后详情续报”的原则，事发地分公司按照报告时限要求，先通过电话报告，然后将信息以书面形式报告。遇特殊情况不能在规定时间以书面形式报告的，应以电话等形式报告，核实后续报。信息报出后必须进行电话确认。

1）信息发布内容

（1）突发事件及应急救援相关信息。

（2）地方政府等上级领导的指示。

（3）应急响应、处置、救援等工作进展情况。

（4）可能受影响的范围、路线等。

（5）下一步的工作计划。

（6）需要说明的有关问题。

2）信息稿件的撰写

由综合部负责人任组长的综合保障组突发事件的信息发布、舆情监测和舆论引导工作，负责组织起草综合类文件及新闻发布材料。

3）信息发布原则

（1）遵守国家法律、法规。

（2）实事求是，客观公正。

（3）发布及时，内容翔实。

4）发布材料认可

原则上，新闻发布材料经综合保障组审核，应急指挥领导小组组长审定后，并经政府主管部门同意，方可对外发布。

3.6.3 高速公路运营管理单位信息发布体系

启动Ⅰ级、Ⅱ级、Ⅲ级应急响应后，高速公路运营管理单位新闻发言人负责与政府部门及新闻媒体沟通，经相关部门许可后做好事故有关信息的发布工作。Ⅳ级、Ⅴ级应急响应的信息发布工作由所属部门、基层单位负责。

高速公路运营管理单位综合办公室负责提供资料，党群办公室负责媒体接待和宣传管理，信息一般采取网站公开的形式发布。

3.6.3.1 高速公路路况信息发布

（1）可变电子情报板在应急指挥中心统一控制下向道路使用者提供路况信息；现场收费工作人员提示语由应急指挥中心根据路况信息对收费站下达发布指令，收费站根据指令负责对外发布路况信息。

（2）可变电子情报板信息发布，分优先级发布，以重要、可用性较高的信息为主。

（3）路况信息需经管理处领导及省路警指挥中心同意后方可对外发布，各相关业务部门不得擅自对外发布路况信息。

（4）关于重大事件需对外公示的情况，需经管理处领导审批。

3.6.3.2　高速公路路况信息采集、报送、发布流程

高速公路路况信息采集、报送、发布具体流程如下：

（1）信息采集：一线各业务部门将采集到的高速公路路况信息在第一时间通知应急指挥中心。养护施工信息，需在施工前四日和完工当日分别报送应急指挥中心。

（2）信息核实汇总：应急指挥中心将各部门采集到的路况信息进行确认后，登记并汇总。

（3）分类分级上报：应急指挥中心将汇总的路况信息以短信方式上报管理处相关部门领导，重大事件以电话方式上报管理处值班领导，请示处理意见；电话上报省路警联合指挥中心待其指示做出相应措施。

（4）路况信息发布：应急指挥中心在完成信息报送工作后，需在 10 分钟内，在辖区使用可变电子情报板发布路况信息，完成路况信息的发布工作。根据实际情况通过相应路况信息发布渠道公告路况。

（5）路况信息续报、终报：路况信息采集部门应及时将最新路况信息报送至应急指挥中心，做好跟进续报、终报工作。

（6）路况信息解除：应急指挥中心在事件结束后取消路况信息发布内容并上报。

3.6.3.3　其他

各部门应高度重视和加强对路况信息采集、报送和发布工作，应确保路况信息的准确性和及时性，不得少报、漏报、延报、瞒报。对不履行信息采集、报送、发布职责的部门和个人进行责任追究。

3.7　善后处置体系

3.7.1　善后处置体系概述

3.7.1.1　善后处置

1. 抚恤和补助

事发地各级公路交通运输主管部门配合属地人民政府，对参加应急处置的有关人员按照有关规定，给予补助；对因参与应急处理工作致病、致残、死亡的人员，按照国家有关规定，给予相应的补助和抚恤，并提供相关心理和司法援助。

2. 救援救助

事发地各级公路交通运输主管部门配合民政部门及时组织救灾物资、生活必需品和社会捐赠物品的运送，保障群众基本生活。

3. 奖励

应急响应终止后，各级公路交通运输主管部门应对参加突发事件应急处置过程中做出贡献的先进集体和个人进行表彰和奖励。

3.7.1.2 调查与评估

总结评估小组具体负责Ⅰ级响应的调查与评估工作。

省级公路交通应急管理机构应按照国家公路交通应急管理机构的要求上报总结评估资料，包括突发事件情况、采取的应急处置措施取得的成效、存在的主要问题、建议等。

3.7.1.3 补偿

1. 国家公路交通应急物资储备的补偿

在由交通运输部负责处置的Ⅰ级突发事件中使用国家公路交通应急物资储备，采取“无偿使用”原则，对可回收重复使用的应急储备物资由使用地交通运输主管部门负责回收、清洗、消毒和整理，由代储单位清点后入库。损耗、损毁的物资由交通运输部负责补充。其他等级突发事件中经交通运输部同意使用国家公路交通应急物资储备的，按照“谁使用，谁补偿”的原则，根据有关规定进行补偿。

2. 征用补偿

各级交通运输主管部门负责相应级别的公路交通应急保障资源的征用补偿工作，并上报上级交通运输主管部门。

公路交通应急保障行动结束后，由被征用单位（人）向交通运输主管部门递交应急征用补偿申请书。交通运输主管部门接到补偿申请后，按规定发出行政补偿受理通知书，并结合有关征用记录和事后调查评估的情况，对补偿申请予以审核，审核通过后，发出应急征用补偿通知单，并按有关规定予以补偿。

3.7.1.4 恢复重建

恢复重建小组负责组织Ⅰ级响应的恢复重建工作，省级公路交通运输主管部门负责具体实施。

其他等级事件需要交通运输部援助的，由省级公路交通运输主管部门向交通运输部提出请求，路网中心根据调查评估报告提出建议和意见，报经应急领导小组批准后组织援助，必要时组织专家组进行现场指导。

3.7.1.5 ××省突发事件善后处置措施

1. 善后处置

事发地政府要根据本地遭受损失情况，制定救助、补偿、抚慰、抚恤、安置等善后工作方案，对突发事件中的伤亡人员、应急处置工作人员，以及紧急调集、征用有关单位及个人的物资，按照规定给予抚恤、补助或补偿，并提供心理咨询及司法援助，妥善解决因应对突发事件引发的矛盾和纠纷。有关部门要做好疫病防治和环境污染消除工作。事发地保险监管机构要组织、督促有关保险机构及时开展查勘和理赔工作。

2. 社会救助

各级政府要建立健全突发事件社会救济救助制度，鼓励和利用社会资源进行救济救助，逐步加大社会救助的比重。事发地市、县级政府要组织有关部门做好灾情核实、统计及上报和管理、拨发救灾款物等工作，必要时积极组织开展救灾捐助。

3. 调查评估

履行统一领导职责的政府要及时查明突发事件的发生经过和原因，评估突发事件造成的损失，将调查与评估情况向上一级政府报告；组织参与处置的部门（单位）对应急处置工作进行复盘分析，总结经验教训，制定改进措施。特别重大突发事件的调查评估按照国家有关规定执行。重大突发事件由省有关部门进行调查评估，并向省政府报告。法律、法规对事故调查等另有规定的，从其规定。

4. 恢复重建

按照省级统筹指导、各级广泛参与的灾后恢复重建机制，强化各级政府重建主体责任，引导开展自力更生、生产自救活动。

（1）恢复重建工作由事发地政府负责。突发事件应急处置工作结束后，事发地政府要立即组织制订恢复重建计划，并向上一级政府报告。受突发事件影响地区的政府要及时组织有关部门恢复社会秩序，尽快修复被损坏的交通、水利、通信、供水、排水、供电、供气、供热等公共设施。

（2）上级政府要根据实际情况对需要支持的下级政府提供资金、物资支持和技术指导，组织其他地区提供资金、物资和人力支援。省政府可根据突发事件影响地区遭受损失情况，制定扶持该地区经济社会和有关行业发展的优惠政策。需要国家援助的，由省政府提出请求，向国家有关部门汇报调查评估情况和受灾地区恢复重建计划。

3.7.2 集团总部善后处置体系

突发事件应急响应终止后，后期处置主要包括以下工作。

3.7.2.1 善后处置

应急响应终止后，应急指挥领导小组或指定各应急组指导、协助事发地分公司开展善后处置工作，尽快恢复高速公路正常秩序，对突发事件现场及周边可能存在的损毁建（构）筑物的不安全状态，组织进行全面检查并彻底清理，防止发生其他次生事故。

做好公路设施损毁抢修，主要包括突发事件中被毁坏的主体结构及附属设施、设备设施（器材）的更新更换及现场恢复等工作，并配合相关部门开展突发事件调查。

做好突发事件及救援过程中受伤害人员、受损主体结构及附属设施、受损车辆、环境污染、保险索赔及造成第三方损失的善后处理工作。

3.7.2.2 评估总结

突发事件应急处置工作结束后，事发地分公司应做出客观、公正、全面的评估总结报告，说明基本情况，分析事件原因，总结应急经验，评估应急预案，提出改进建议。

Ⅲ级及以上应急响应终止后，应急指挥领导小组办公室应组织参与应急处置的各应急组开展总结评估。

3.7.2.3 总结表彰

对在突发事件应急响应、处置、救援过程中表现突出或立功的人员进行表彰和奖励。

3.7.3 高速公路运营管理单位善后处理体系

3.7.3.1 善后处置

应急响应终止后，应急领导小组或指定工作组指导、协助事发地站队（区）开展善后处置工作，尽快恢复高速公路正常秩序，配合相关部门开展突发事件调查。

主要包括下列内容：

（1）伤员后续治疗及人员安置、善后赔偿。

（2）配合有关部门做好交通秩序恢复，做好污染物的收集、清理与处理。

（3）保险索赔。

（4）消除事故影响，消除事故隐患，恢复正常生产经营秩序。

3.7.3.2 评估总结

应急处置工作结束后，应尽快做出客观、公正、全面的评估总结报告，说明基本情况，分析事件原因，总结应急经验，修订应急预案，提出改进建议。

应急救援总结包括以下主要内容：

（1）事故概况。

（2）应急预案的启动和执行情况。

（3）成立应急机构和调用应急资源情况，应急救援过程。

（4）事故原因分析，事故调查或配合调查情况。

（5）善后处理情况。

（6）应急救援能力评估及应急预案修订（若有）计划。

（7）经验教训总结及改进建议。

Ⅳ级及以上应急响应终止后，应急办应及时组织参与应急处置的各工作组开展总结评估；Ⅴ级应急响应终止后，事发地站队（区）应及时组织开展总结评估，并上报应急办。

3.7.3.3 事故的调查处理

（1）全体人员要依法做好事故内部调查或积极协助事故调查组的工作，认真答复与事件有关的询问，真实地提供各种记录或文件资料等。

（2）按“四不放过”原则（事故原因未查清不放过，事故责任人未受到处理不放过，事故责任人和周围群众没有受到教育不放过，事故制订切实可行的整改措施没有落实不放过）做好事故责任追究。

第 4 章　高速公路运营企业应急预案衔接内容与措施

任何事故预案都是事先对突发事故所做的控制和救援方案的编制，但由于不同层次的预案通常由不同的人员编制，不同层次的预案在同时响应过程中可能因不衔接而“打架”，或因不衔接而延误应急救援的进程。因此，研究应急预案的衔接问题对于发挥不同层次预案的功能有着重要意义。

4.1　应急预案衔接的有关问题

对于应急预案衔接的研究，首先应分析应急预案衔接的有关问题。

4.1.1　应急预案的层次分析

高速公路事故可能会涉及现场处置方案、高速公路专项应急预案、高速公路综合应急预案、地方政府专项应急预案、地方政府综合应急预案、上一级政府预案、国家专项应急预案，如图 4-1 所示。

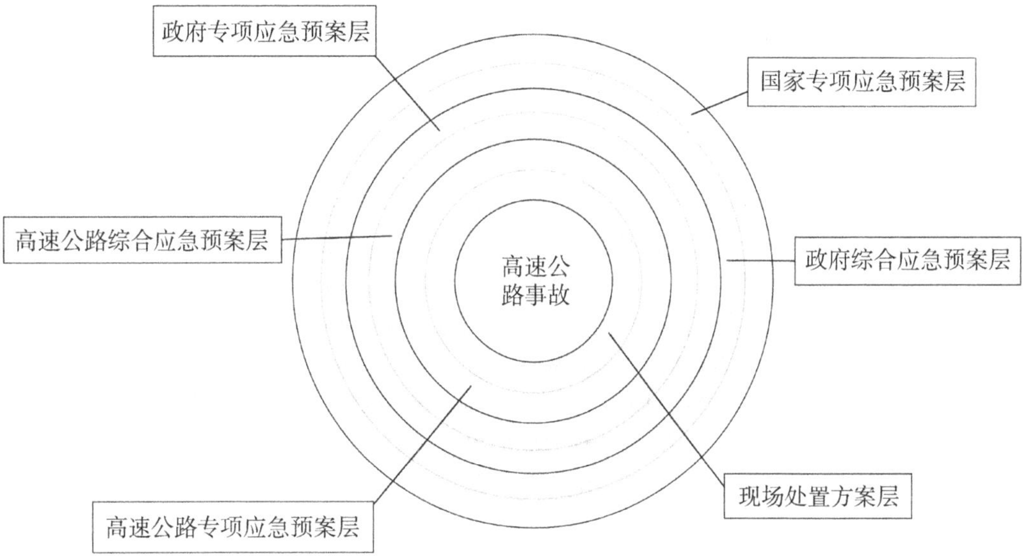

图 4-1　同一事故可能面临的不同层次的应急预案

由图 4-1 可知，对于同一事故应急救援，可能会启动不同层次的应急预案。如果事故较小，启动现场处置方案进行现场处置就可控制事故。但如果事故超出了现场处置方案处置的能力，就要启动高速公路专项应急预案，如果高速公路专项应急预案还不能控制事故，就要启动综合应急预案。根据事故的严重程度不同，可能需要依次启动政府专项应急预案、政府综合应急预案，直达国家专项应急预案。在依次启动不同层次预案的过程中，实际所面对的事故是同一个事故。

4.1.2 不同层次预案的衔接问题

由上述可知，不同层次的预案面临着衔接方面的问题：

（1）不同层次预案在应对事故的程序方面是否衔接。

（2）不同层次预案在应对事故的处置方案方面是否衔接。

（3）启动不同层次的预案也就意味着有更多的指挥者参与应急过程的指挥，多重指挥是否协调一致。

（4）不同层次预案的启动也就意味着更多的资源参与事故应对过程中，投入资源的配置是否衔接。

一般情况下，启动预案的层次越高，应对事故的能力越强，就越有利于有效、快速地控制事故。但如果上述衔接问题没有得到很好的解决，应急能力不仅得不到充分发挥，甚至有可能延误事故的应急救援工作。

4.2 应急预案衔接的主要内容

综上所述，不同层次应急预案衔接的主要内容包括应急程序的衔接、应急指挥协调的衔接、应急处置方案的衔接、应急资源配置的衔接等。

4.2.1 多层次应急响应的衔接机制

多层次预案逐级响应的衔接机制是：高速公路上一旦发生事故，路段立即实施应急程序，同时报告当地政府事故应急主管部门，这时政府事故应急预案应进入预警状态。如需上级援助，政府应根据预测的事故影响程度和范围，启动政府事故应急预案，按需投入应急人力、物力和财力。在任何情况下都要对高速公路意外事故情况的发展进行连续不断的监测，并将信息传送到地方政府事故应急指挥中心。地方政府事故应急指挥中心根据事故严重程度，将核实后的信息逐级报送上级应急机构。路段或地方政府事故应急指挥中心应不断向上级应急机构报告事故控制的进展情况，以及所做出的决定与采取的行动。上级应急机构应不断进行审查、批准或提出替代对策。依据事故的规模、当地政府能提供的应急资源以及事故发生的地点，决定是否将事故应急处理移交上一级应急指挥中心，移交决定由地方应急指挥中心和上级政府机构共同做出。逐级启动事故应急预案过程应根据事故状况的评价结果，以及移交标准程序来进行。

4.2.2 应急程序的衔接

应急预案的结构是：

应急预案 = 基本应急预案 + 应急程序 + 附件

基本应急预案是对应急预案的总体描述。基本应急预案包括应急救援工作总体思路、基本情况、事故危险评估、应急资源评估、应急组织及职责、预案培训、演练的制度和计划，以及预案管理等。

应急程序是针对某一个具体事故或事件制定的应急救援行动计划，包括人员分工、职责和工作步骤，信息报告的程序，应急响应的程序等。制定应急程序时，应对该事故做充分、周密的调查研究，对事故应急救援行动中的每一个可能影响安全的环节都应有针对性的措施。

附件是指基本应急预案和应急程序中的各类图表及相关文件。为使应急预案简洁明了，应急程序清晰实用，便于应急人员掌握，应把基本应急预案和应急程序的篇幅限制在一定范围内，其他资料可以放在附件中，这样也便于附件中各类文件图表的修改和更新。附件内容包括应急组织机构文件、应急组织通信录、应急行动图表、应急制度、应急装备清单等。

要保证各层次预案应急程序的衔接，就需要解决应急程序的衔接问题（见图 4-2），如各级预案执行过程中信息流通是否畅通？各级预案是否因信息传递途径设置不同而影响预案执行的整体效果？各级预案执行过程是否因应急程序步骤衔接脱节而造成应急混乱或延误应急？各级预案启动是否因时间衔接脱节而造成应急混乱或延误？各级预案是否因响应程序设置不同而造成衔接脱节？各级预案是否因响应机制设置不同而造成衔接脱节？这些问题都是各层次预案衔接时必须考虑的，即编制应急预案时要做到统一性和协调性。

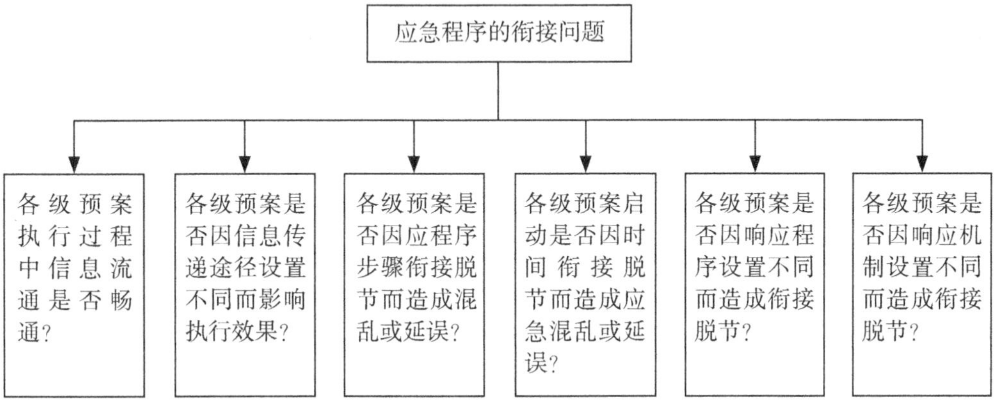

图 4-2　应急程序的衔接问题

4.2.3　应急指挥协调的衔接

应急指挥协调衔接时，应考虑的具体问题（见图 4-3）有：指挥指令传达程序是否畅通？各层次预案设置的指挥信号标志是否统一？各层次预案设置的组织机构是否衔接？各层次预案组织机构的办公室是否经常沟通？各层次预案设置的指挥机构之间的指挥职责及重点是否很好地衔接？

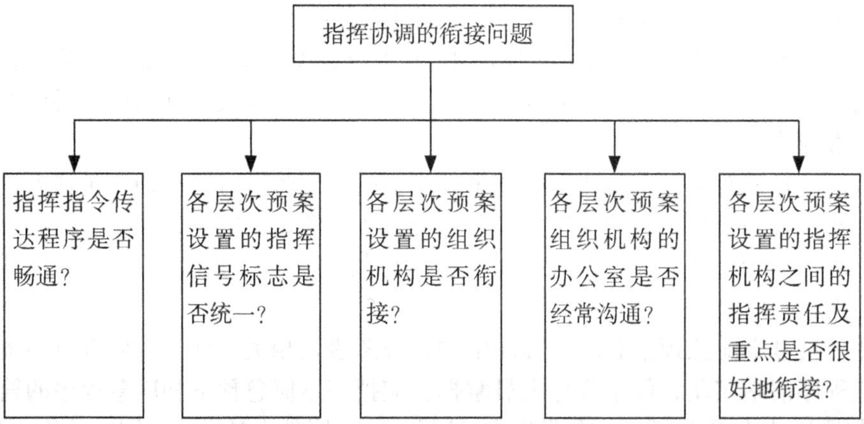

图 4-3　指挥协调的衔接问题

从上述问题中，各层次预案指挥机构设置的衔接及指挥职责界定的衔接是应急指挥协调衔接的核心问题。有些应急预案在编制时，只注意到自身体系构成的完整性，而忽视了指挥机构设置之间的衔接，也没有很好地理解各层次预案的功能定位，未能按“统一指挥，分级负责”和“分工协作，发挥各级应急优势”的原则来界定指挥机构的职责。

4.2.4　应急处置方案的衔接

应急处置方案实际上就是应急处置技术路线与处置措施的总和。

对于一个具体的事故来说，第一响应的预案是现场处置方案。现场处置方案是针对具体的装置、场所或设施、岗位所制定的应急处置措施。一个事故可能会涉及多个岗位、设施、装置，因此应对这个事故就需启动多个相应的现场处置方案。

高速公路的专项应急预案比现场处置方案更宏观、更概括些。专项应急预案是综合应急预案的组成部分，并作为综合应急预案的附件。形象地说，现场处置方案是专项应急预案的一个或多个插件，而专项应急预案是综合应急预案的一个或多个插件。

政府预案分为综合应急预案、专项应急预案和部门预案。综合应急预案是政府所辖区域应急预案体系的总纲，是政府应对特别重大、重大和较大突发公共事件的规范性文件，由政府制定并公布实施。专项应急预案主要是政府及其有关部门为应对某一类型或事故而制定的应急预案，由政府有关部门牵头制定，报政府批准后实施。部门应急预案是政府有关部门根据综合应急预案、专项应急预案和部门职责，为应对比较专一、涉及一个部门或少数几个部门的突发公共事件而制定的预案，由政府有关部门制定印发，报政府备案。

各层次预案应对事故的处置规定的侧重点是不一样的。越往上，处置技术路线与处置措施越泛化；相反，越往下，处置技术路线与处置措施越具体化。在编制现场处置方案时，应根据预案的层次来考虑处置技术路线和措施，使上下层次衔接。

4.2.5　应急资源配置的衔接

应急资源包括应急人员、应急设施、装备和物资等。应急资源配置就是根据应急救援需要，调用、组合应急人力资源、设施、装备和物资，使其发挥最佳效能的过程。由于应急预案是分层次编制的，在各层次预案编制过程中常受所在层次的限制，对应急资源的评估与配置很难做到全面、准确，甚至各层次所作的资源配置出现脱节现象，影响实际应急救援的效果。

一般的资源配置模式分为自然配置、行政配置、市场配置三种。资源的自然配置模式是指在一般意义上不需要“外部”力量实现资源配置和改变资源配置。资源的行政配置模式是指在一定规划下，通过行政部门的安排，进行有组织的调配、分流和重组实现的配置。它是由管理者对其所管辖的资源直接进行的配置，市场配置是按市场经济的供求关系，通过供求双方的自由选择而完成。

显然，应急资源配置必须采用行政配置模式，即通过行政部门安排、组织调配而完成。

在进行应急资源配置管理过程中，一般需要开展三个方面的工作，即资源需求识别、资源约束分析、资源配置计划制订。应急资源需求识别不仅要分析可能需要的应急资源种类和数量，而且应包括需要资源的时间分析，即在应急过程中每个时点或时段上的应急资源种类和数量的需要，这需要根据事故扩展规律来确定。应急资源约束分析是规划应急资源配置的基础。应急资源约束分析内容主要包括所拥有应急资源的种类与数量情况、应急资源在区域内的空间分布情况、应急资源随时间动态变化情况等。对应急资源需求的准确识别以及对应急资源及应急力量约束的准确掌握是制订应急资源配置计划的基础，它需要在满足应急救援要求的前提下，找出应急资源需求与应急资源约束的最佳平衡点，实现应急资源的优化配置。

在规划应急资源配置方案时，为使各层次应急预案配置衔接，应考虑应急资源余量问题、动态问题、空间分配问题等。

4.2.6　与法律法规的衔接

应急预案应当符合相关的法律、法规、规章和标准的要求，所规定和明确的组织、程序、资源、措施等应当具有针对性、科学性和可操作性，满足高速公路事故应急救援的需要。

4.3　应急预案衔接的主要措施

为保证应急预案体系中各应急预案之间的衔接，应采取相应的措施，包括加强编制过程的指导、优化应急功能设计、开展预案联合演练、加强信息沟通等。

4.3.1　加强编制过程的指导

首先，要制订计划和目标，按地区、分行业，一级抓一级，层层抓落实，认真组织各有关单位开展应急预案编制工作；其次，要事先制订编制提要，分类解析不同形式的应急预案，通过抓典型、以点带面、提供范本等形式，及时解决应急预案编制过程中遇到的问题；再次，规范和加强应急预案编制、备案、演练、修订等工作，切实提高应急预案质量，解决相关应急预案的衔接等问题；最后，要通过专业培训、技术交流等多种形式，广泛宣传应急管理知识和应急预案编写方法。

加强对应急预案编制工作的指导，及时交流应急预案编制工作经验，加强应急预案的教育培训工作，分行业分类解析地方、部门及高速公路的应急预案，制定不同类型的应急预案范本，以指导应急预案编制工作，是不断提高应急预案编制工作水平、保证应急预案衔接的重要保障。

4.3.2 优化应急功能设计

优化应急功能设计，就是在全面调查研究的基础上，通过危险性分析和论证，制定和完善应急预案；明确应急组织机构和职能，做到快速反应、应对有序；制定符合相关法规和标准要求、简洁易懂、功能齐全的应急处置程序和方案；简化现场处置方案，做到分工明确、应对有效；保证应急预案相互衔接。

4.3.3 做好应急预案的备案、互审、公开

应急预案编制完成后应向上一级报送备案。上一级在对应急预案进行备案审查过程中，若发现有不衔接之处，应及时提出，并协调修改。

应急预案互审就是政府部门之间，或单位内部各部门之间，就各自编制的专项应急预案或部门应急预案组织开展相互评审。通过相互评审可发现应急预案之间存在的不衔接问题，以便修改完善。

通过公开应急预案，让相关职能部门及其人员、社会公众了解预案内容、应急响应程序、应急处置措施，对于提高大家的危机意识和责任意识，熟悉应急工作程序，具备基本的应急技能，掌握事故防范措施和应急处置程序，以及提高应急处置和协调能力，提高群众自救、互救能力，以及提高应急水平有着重要意义。

4.3.4 开展应急预案联合演练

通过加强应急预案演练，可及时完善应急预案，提高应急预案的实用性。通过开展应急预案联合演练，可发现各层次预案中的不完善和不衔接之处，以便及时协调，重新修订和完善应急预案。联合演练可以促进各单位协同配合及职责的落实，加强培训，锻炼队伍。更重要的是从演练中不断总结经验、发现问题，及时修订和完善应急预案。只有开展经常性的演练，应急预案才更有针对性、有效性和操作性，各单位才能更好地掌握应急预案，落实好职责，做好协同配合。

4.3.5 建立公共平台，加强信息沟通

无论是应急响应过程、应急资源的调配过程，还是具体应急救援过程，都离不开应急信息的有效收集、加工处理和传递。通过建立统一的应急信息平台，可实现相关信息的共享，加强信息沟通，实现上下沟通、横向沟通，加强公众应急信息交流，增强应急预案的协调、衔接性，提高应急处置效果。

为了不断提高政府的应急管理水平，国家应着手建立一个统一的应急信息平台，实现相关的信息和资源共享，使政府各部门和高速公路都得到及时预警，及时应对各种突发公共事件，提高快速反应的能力。

应急信息平台建设，应充分利用政府系统现有办公业务资源和专业系统资源，构建省、市、县三级政府综合应急平台体系，实现省、市、县级政府与国务院及与同级主要部门之间互通互联，满足值守应急、信息汇总、指挥协调、专家研判和视频会商等基本功能；应推进紧急信息接报平台整合，以现有公安机关“110”接警平台为基础，整合“110”（公安报警电话）、“119”（火警电话）、“122”（交通事故报警服务电话）、“12122”（高速公路报警救援电话）四台合一；还可整合医疗急救、市政抢修等紧急信息接报平台，建设统一的“110”综合接报平台，实现统一接报、分类分级处置的应急联动工作机制。

第5章　高速公路运营企业应急预案体系建设及运行

高速公路的应急预案体系一般由综合应急预案、专项应急预案和现场处置方案构成。相关单位应针对各级各类可能发生的事故和所有危险源编制专项应急预案和现场应急处置方案，并明确事前、事发、事中、事后的各个过程中相关部门和有关人员的职责，确保各级各类应急预案的平稳运行。

5.1　应急预案体系建设总体架构

高速公路运营企业应急预案体系分为集团应急预案体系和分公司、子公司应急预案体系。集团应急预案体系，从类型上分为综合、专项应急预案和现场处置方案；从管理对象上分为运营高速公路突发事件应急预案和建设项目突发事件应急预案；从管理层次上分为集团总部预案和所属各分公司、子公司预案。应急预案体系架构如图5-1所示。

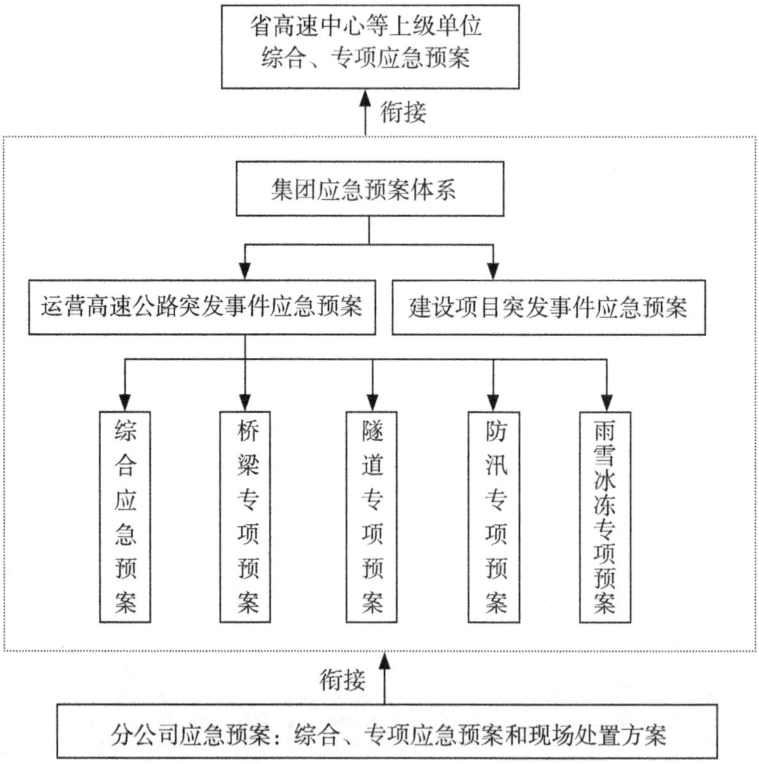

图5-1　高速公路运营企业应急预案体系架构

5.1.1　集团总部组织机构和职责

为进一步加强安全生产管理，落实安全生产责任，根据《中华人民共和国安全生产法》《×× 省安全生产条例》等有关法律法规规定，结合集团实际，编制《×× 省交通运输发展集团有限公司安全生产责任制（试行）》，安全生产委员会组织架构如图 5-2 所示。

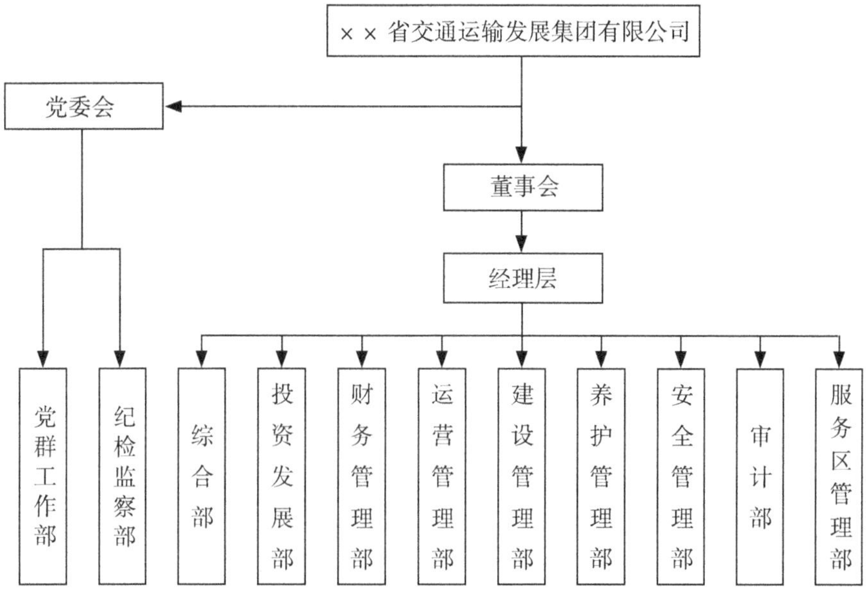

图 5-2　集团总部安全生产委员会组织架构

《集团总部安全生产责任制（试行）》各机构安全职责如下。

5.1.1.1　集团领导安全生产职责

董事长履行下列职责：

（1）认真贯彻执行党和国家关于安全生产的方针、政策、法律、法规及省委、省政府、省厅对安全生产的安排部署。

（2）建立、健全并组织落实集团安全生产责任制。

（3）组织制定集团安全生产规章制度和操作规程。

（4）组织开展集团安全生产标准化建设。

（5）组织制定并实施集团年度安全生产教育和培训计划。

（6）落实集团安全生产条件所必需的资金投入和安全生产费用的提取使用。

（7）督促检查集团安全生产工作，组织开展安全生产风险管控和事故隐患排查治理。

（8）及时、如实报告生产安全事故，配合生产安全事故调查。

（9）组织制定并实施集团生产安全事故应急救援预案。

（10）负责将重大隐患治理情况向负有安全生产监督管理职责的部门和企业职工代表大会报告。

（11）法律、法规规定的其他安全生产责任。

总经理履行下列职责：

（1）认真贯彻执行党和国家关于安全生产的方针、政策、法律、法规及省委、省政府、省厅和集团对安全生产的安排部署。

（2）协助董事长建立健全和落实集团安全生产责任制、安全生产规章制度和操作规程。

（3）协助董事长依法建立适应安全生产工作需要的安全生产管理机构，配备安全生产管理人员。

（4）协助董事长按规定足额提取和使用安全生产费用，保证安全生产投入的有效实施。

（5）协助董事长组织制定并实施集团年度安全生产教育和培训计划。

（6）协助董事长组织开展集团安全生产标准化建设。

（7）协助董事长督促检查集团安全生产工作，及时消除生产安全事故隐患。

（8）协助董事长组织制定并审核集团安全生产事故应急救援预案，建立应急救援组织，完善应急救援条件，开展应急救援演练。

（9）根据国家安全生产相关规定，及时、如实报告生产安全事故，落实生产安全事故处理的有关工作。

（10）法律、法规规定的其他安全生产责任。

分管安全副总经理履行下列职责：

（1）认真贯彻执行党和国家关于安全生产的方针、政策、法律、法规及省委、省政府、省厅和集团对安全生产的安排部署。

（2）负责集团各项安全生产工作的具体领导与贯彻落实，定期向集团安全生产委员会汇报安全生产工作情况。

（3）负责组织集团各项安全生产规章制度的制定、修订与实施。

（4）负责组织集团生产安全事故应急预案的编制、评估、演练与修订。

（5）负责组织编制集团安全生产中长期计划与年度安全工作计划，并负责组织贯彻实施。

（6）组织集团安全生产检查，听取集团所属单位安全生产汇报，全面掌握集团安全生产情况。

（7）根据国家安全生产相关规定，及时、如实报告生产安全事故，参与事故调查、分析与处理。

（8）协助组织集团有关业务部门做好安全教育培训工作。

（9）指导、监督集团范围内重大风险和重大隐患的安全管理。

（10）法律、法规规定的其他安全生产责任。

安全总监履行下列职责：

（1）贯彻落实安全生产和应急管理方面政策、法规和规定，指导、参与集团安全生产和应急管理等方面规章制度的制订并监督实施。

（2）组织开展集团安全生产、应急管理、防灾减灾、安全预警等研究分析工作。

（3）参与研究、指导处理集团重大安全和应急问题，审核集团重要安全应急文件。

（4）完成领导交办的其他事项。

（5）法律、法规规定的其他安全生产责任。

集团其他领导履行下列职责：

（1）认真贯彻执行党和国家关于安全生产的方针、政策、法律、法规及省委、省政府、省厅和集团对安全生产的安排部署。

（2）参加集团安全生产相关会议，研究解决安全生产中存在的问题，督促指导分管业务范围内的风险管控、隐患整改工作。

（3）检查指导分管业务范围内的安全生产工作，掌握安全生产情况，参与集团安全生产检查。

（4）根据国家安全生产相关规定，及时、如实报告生产安全事故，参与事故调查、分析与处理。

（5）法律、法规规定的其他安全生产责任。

5.1.1.2　集团总部各部门安全生产职责

集团总部各部门履行下列共同职责：

（1）负责制定本部门各岗位的安全生产职责，定期对落实和执行情况进行监督检查。

（2）将安全生产工作与本部门业务工作同步安排、同步组织、同步检查，统计分析本业务领域的安全生产情况，定期研判形势，研究解决安全生产问题。

（3）配合制定本部门年度安全生产工作目标，并督促贯彻实施。

（4）拟订本业务领域内的安全生产相关制度、操作规程和突发事件应急预案，并监督实施。

（5）定期总结本部门安全工作，并向集团安全生产委员会办公室报告。

（6）负责本部门安全生产教育培训工作，加强安全生产方针政策和法律法规的宣传教育培训，普及安全生产知识。

（7）负责本业务领域生产安全事故统计分析，配合或参与生产安全事故应急救援和调查处理，督促指导相关责任单位落实事故调查处理意见和安全防范措施。

（8）完成集团安全生产委员会办公室交办的其他事项。

综合部职责：

（1）负责集团总部行政后勤、固定资产、公务用车等的安全生产管理工作。

（2）负责集团安全生产和应急方面有关文电和领导批示的批转和督办。

（3）协助收集、整理、反馈有关安全工作的信息、资料。

（4）协助组织安全生产会议。

（5）负责集团安全生产和应急新闻发布、重大宣传活动的组织协调，及时报道安全生产的重要工作动态。

（6）督促指导各分公司办公院区消防设施的运营维护等工作。

党群工作部（人力资源部）职责：

（1）负责组织集团总部党委会议研究决策安全生产重大问题，将党中央、国务院、省委、省政府及省厅关于安全生产的方针政策和重要精神纳入党委中心组学习。

（2）对安全生产领域先进集体和先进个人以及在事故救援工作中做出突出贡献的单

位和个人进行表彰奖励。

（3）负责开展集团总部工伤保险工作，协助进行工伤认定，指导各分公司、子公司开展工伤保险工作。

（4）会同安全管理部制定并实施注册安全工程师管理工作。

纪检监察部职责：

（1）督促监察对象依法履行安全生产职责。

（2）参加生产安全事故调查处理，查处生产安全事故涉及的违法、违纪、违规行为，督促落实对事故责任人的责任追究。

投资发展部(董事会办公室、招标办公室)职责：

（1）会同安全管理部研究涉及安全生产的集团发展重大问题和重大政策，把安全生产工作纳入集团发展战略、中长期规划、集团化管控、现代企业制度体系的研究、编制。

（2）负责建设项目安全设施与主体工程同时设计，会同建设管理部、安全管理部督促指导建设项目安全设施同时施工、同时投入生产和使用。

（3）将安全生产工作纳入集团目标责任考核体系进行考核。

（4）协助开展安全生产相关法律事务。

财务管理部职责：

（1）将安全生产费用纳入集团预算进行专项核算，落实集团安全生产工作所需资金。

（2）配合安全管理部对安全生产费用的使用情况进行监督检查。

运营管理部职责：

（1）负责集团收费、机电业务安全生产监督管理工作，组织开展相关安全生产专项治理工作。

（2）督促指导各分公司及时检测机电设施技术状况，消除事故隐患。

（3）督促指导收费站、隧道机电等设施的应急抢修工作。

（4）督促指导收费站、隧道消防设施的运营维护等工作。

（5）负责集团网络安全工作。

（6）承担集团安全生产和应急调度指挥信息化系统建设工作。

建设管理部职责：

（1）负责集团建设工程项目安全生产监督管理工作，指导施工安全和质量安全管理工作，组织开展相关安全生产专项治理工作。

（2）督促指导建设工程项目安全设施与主体工程同时施工、同时投入生产和使用。

（3）督促指导建设工程项目事故隐患整改工作。

（4）督促指导建设工程项目的消防设计、消防验收等工作。

养护管理部职责：

（1）负责集团养护、路产业务安全生产监督管理工作，组织开展相关安全生产专项治理工作。

（2）督促指导各分公司及时检测道路技术状况，消除事故隐患。

（3）督促指导各分公司做好应急抢修养护工程；

（4）按规定对集团养护工程、涉路施工工程安全设施和保通方案进行审查，并监督实施。

（5）负责指导各分公司做好应急保通工作。

安全管理部职责：

（1）负责集团安全生产综合监督管理工作，指导协调、监督检查集团总部有关部门和各分公司、子公司安全生产工作。

（2）贯彻执行安全生产法律、法规和有关国家标准、行业标准，为集团安全生产决策提出意见和建议。

（3）组织拟定集团年度安全生产工作计划。

（4）组织拟订集团安全生产规章制度、操作规程和生产安全事故应急救援预案。

（5）组织检查集团安全生产状况，督促指导各分公司、子公司开展安全生产风险管控，及时排查生产安全事故隐患，提出改进安全生产管理的建议，督促落实整改措施和重大危险源的安全管理措施。

（6）组织实施集团安全生产标准化建设。

（7）组织集团安全生产教育和培训，如实记录安全生产教育和培训情况。

（8）组织集团应急救援预案演练。

（9）协助调查和处理生产安全事故，组织对事故进行统计、分析，落实防范措施。

（10）具体负责安全生产考核，提出奖惩意见。

（11）督促指导各分公司、子公司制止和纠正违章指挥、强令冒险作业、违反操作规程的行为。

审计部职责：

负责集团安全生产预算执行审计监督。

服务区管理部职责：

（1）负责集团服务区业务安全生产监督管理工作，组织开展相关安全生产专项治理工作。

（2）督促指导各分公司做好服务区防恐反恐工作。

（3）负责或督促指导各分公司与承包、承租单位签订安全生产管理协议，明确各方的安全生产责任，并对承包、承租单位的安全生产工作进行统一协调和管理。

（4）督促指导服务区消防设施的运营维护等工作。

工会职责：

（1）对安全生产工作进行监督，反映职工诉求，指导各分公司、子公司工会组织职工参加本单位安全生产工作的民主管理和民主监督，维护职工在安全生产方面的合法权益。

（2）调查研究安全生产工作中涉及职工合法权益的问题，参与涉及职工切身利益的有关安全生产规章制度的拟订工作。

（3）参与生产安全事故的调查处理，代表职工监督事故发生单位防范和整改措施的落实。

（4）对新建、扩建和技术改造工程中的劳动条件和安全卫生设施与主体工程同时设计、同时施工、同时投产使用进行监督。

5.1.1.3 集团各分公司、子公司安全生产职责

各高速公路运营分公司职责：

（1）遵守公路安全相关法律法规，执行集团有关安排，加强安全生产管理，建立健全安全生产责任制和安全生产规章制度及应急预案。

（2）落实企业安全生产主体责任，负责所属高速公路的安全管理工作。

（3）定期开展路况检测，做好预防性、周期性养护工作，保证高速公路处于良好的技术状态。

（4）按规定开展检查、巡查和隐患排查治理，及时采取措施消除安全隐患。

各建设项目子公司职责：

（1）遵守建设工程安全生产相关的法律法规，执行集团有关安排，加强安全生产管理，建立健全安全生产责任制和安全生产规章制度及应急预案，提高安全生产水平，确保建设项目安全生产。

（2）负责本单位建设工程质量安全和施工安全管理工作，督促参建单位落实安全主体责任。

（3）确保安全设施与主体工程同时设计、同时施工、同时投入生产和使用。

（4）按规定组织风险评估，开展安全生产检查和隐患排查治理，督促整改到位。

（5）与参建单位明确工程质量和安全目标及责任、施工标准和“平安工地”创建要求及相关费用，并组织实施到位。

5.1.2 集团总部应急组织机构和职责

按照《突发事件应急预案管理办法》规定，成立集团突发事件应急指挥领导小组（简称应急指挥领导小组），应急指挥领导小组是集团处置运营高速公路突发事件的指挥机构，下设应急指挥领导小组办公室及综合保障组、运营保障组、抢通保通组、服务保障组，视情成立专家咨询组，集团应急组织架构如图 5-3 所示。

应急组织职责如下。

5.1.2.1 应急指挥领导小组

集团党委书记、董事长任组长；集团分管业务领导任副组长，副组长可受组长委托代其履行相关职责；集团总部综合部、财务部、党群工作部、运营管理部、养护管理部、安全管理部、服务区管理部等负责人任成员。

主要职责是：贯彻落实上级单位关于处置高速公路突发事件应急工作的指示和要求；根据突发事件等级，启动、终止突发事件应急响应；指挥调度集团内部应急资源；组织配合上级单位指挥集团Ⅲ级及以上突发事件应急处置工作，指导各分公司应对Ⅳ级突发事件应急处置工作；研究、解决和处置应急响应过程中的重大问题，向上级单位报告应急响应与处置情况；必要时负责向外部请求应急资源支持；其他与突发事件相关的重大事项；发生生产安全事故时，服从属地政府统一指挥领导，开展应急处置工作。

5.1.2.2 应急指挥领导小组办公室

应急指挥领导小组下设办公室，设在集团安全管理部，办公室主任由安全总监兼任，办公室副主任由安全管理部负责人担任，集团总部综合部、财务部、党群工作部、运营

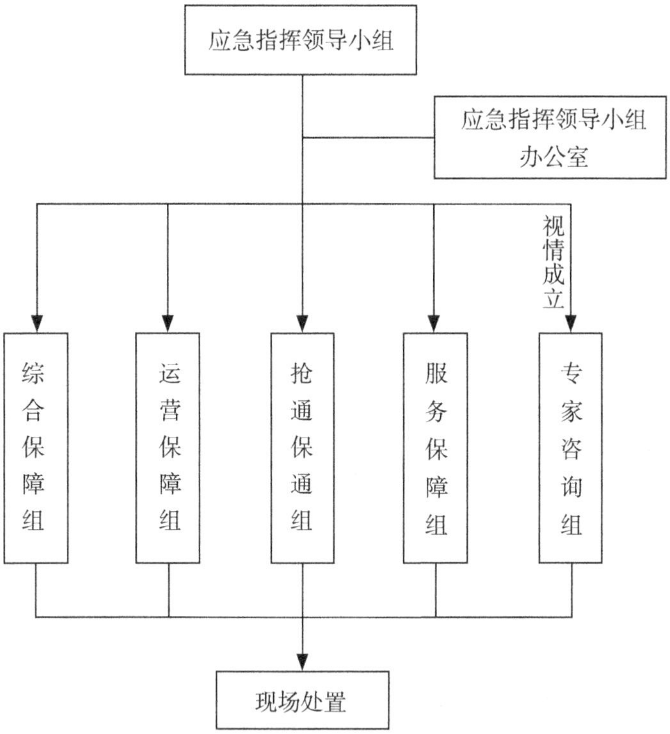

图 5-3 集团总部应急预案体系架构

管理部、养护管理部、安全管理部、服务区管理部相关工作人员任成员。

主要职责是：承担应急指挥领导小组的日常事务，负责与有关单位协调联络工作；组织集团总部应急预案的制（修）订、审核、发布和备案工作，指导各分公司编制和修订相关应急预案；负责组织对各分公司应急准备工作进行督导检查；负责接收、传达各方面指示、要求、报告，落实应急指挥领导小组各项决策部署；掌握突发事件应急处置工作进展情况，起草有关工作报告、总结材料；负责协调、衔接各有关单位和部门，按照应急指挥领导小组要求完成集团应急资源力量调配协调工作和应急物资信息沟通工作；完成应急指挥领导小组交办的其他工作任务。

5.1.2.3 综合保障组

综合部负责人任组长，视情由安全管理部、财务管理部、党群工作部等相关部门人员任成员。

主要职责是：实时收集突发事件应急处置信息，做好信息上传下达工作；负责突发事件的信息发布、舆情监测和舆论引导工作；负责组织起草综合类文件及新闻发布材料；负责应急响应期间后勤保障工作；组织相关部门做好伤亡人员的善后处理工作（包括保险理赔）；落实应急指挥领导小组的其他要求。

5.1.2.4 运营保障组

运营管理部负责人任组长，由相关业务人员任成员。

主要职责是：负责指导做好事发地收费、监控、通信、供配电等系统的保障工作；

负责指导高速公路收费站通行管理和紧急车辆通行保障工作；负责指导损毁机电设施抢修等工作。

5.1.2.5 抢通保通组

养护管理部负责人任组长，由相关业务人员任成员。

主要职责是：负责组织开展防汛抢险、除雪融冰，以及因突发事件造成设施损毁的抢修、道路抢通、恢复重建工作；负责配合相关部门组织突发事件现场安全管控、道路保通、人员疏散工作；负责组织对受损设施进行安全评估、开展次生灾害隐患排查工作；配合相关部门开展路面清障、绕行路线方案制定、人员施救工作。

5.1.2.6 服务保障组

服务区管理部负责人任组长，由相关业务人员任成员。

主要职责是：负责紧急情况下为滞留高速公路的人员、车辆提供临时避险场所，以及食品、饮用水、燃油等必要紧急物资等服务保障工作。

5.1.2.7 专家咨询组

领导小组可委托专业机构或邀请工程、应急、管理、法律等方面的专家组成专家咨询组。主要职责是对应急准备、应急行动和后期分析评估提供专业咨询和建议。

5.1.3 高速公路运营管理单位组织机构和职责

为规范安全生产工作，防范和遏制安全生产事故，分公司成立了安全生产委员会，并为进一步明确管理处、各基层单位及全体员工的安全生产责任，有效预防安全生产事故的发生，全面提升管理处安全生产工作水平，确保管理处各项生产、运营工作持续安全开展。

《××分公司安全生产责任制（试行）》各机构安全职责如下：

5.1.3.1 安全生产委员会安全职责

（1）组织落实安全生产法律、法规和国家、省有关安全生产各项方针、政策。

（2）组织开展各项安全生产专项活动，督促相关单位和人员落实安全隐患整改工作。

（3）审议通过管理处年度安全生产管理目标、年度工作和经费计划、年度工作总结及其他安全生产学习、教育、培训等专项活动计划。

（4）审议管理处从业人员伤亡事故调查处理报告和安全生产有关奖励与惩罚事项。

（5）建立健全管理处安全生产责任制，做好各分管领导和各科室之间在安全生产工作上的协调，支持安全管理部门履行职责。

（6）确定管理处安全生产总体目标，决定或审批有关安全生产的重大事项。

（7）批准管理处安全生产规章制度，审定并实施管理处安全生产事故应急预案，及时、如实报告管理处安全生产事故。

（8）保证安全生产宣传、教育、培训、隐患整改和安全技术劳动保护措施所需经费的使用，保证安全奖励所需经费的使用。

（9）组织贯彻落实上级有关安全生产的重要文件，主持召开管理处安全生产会议，分析安全生产形势和存在问题，督促、检查管理处的安全生产工作。

（10）在计划、布置、检查、总结、评比生产工作时，须含有安全生产工作，在向上级汇报工作及工作报告时把安全生产工作作为主要内容之一。

5.1.3.2　安全生产委员会办公室安全职责

（1）全面负责管理处安全生产日常管理工作，具体指导、协调、监督、检查纳入管理处安全生产管理责任范围内的安全生产工作。

（2）按照安全生产委员会的决定和要求，完善管理处安全生产管理制度，向安全生产委员会提出管理制度修改意见与建议。

（3）做好安全生产文件材料管理、信息报告等基础工作。

（4）组织开展对各科室和直属各单位的年度安全生产责任制考核，提出表彰奖励或惩罚意见与建议。

（5）组织开展安全生产检查，消除安全隐患。

（6）组织开展法律、法规及管理处安全生产委员会决定落实的其他事项。

5.1.3.3　综合办公室安全职责

（1）贯彻执行国家和省有关安全生产的法律法规和管理处安全生产管理制度。

（2）负责管理处机关院区办公楼、宿舍楼公共区域防火、防盗、安全用电、用水、防食物中毒工作，做好定期排查工作。

（3）做好机关车辆的安全管理，组织驾驶员开展培训学习工作。

（4）组织机关院区开展消防应急演练。

（5）参与管理处组织的风险源辨识，落实管辖范围内的风险防范措施。

（6）完成上级交办的其他安全生产工作。

5.1.3.4　党群办公室安全职责

（1）贯彻执行国家和省有关安全生产的法律法规和管理处安全生产管理制度。

（2）负责动员和组织党员、团员积极参加安全生产活动，将安全文化建设纳入管理处文化建设体系，营造安全文化宣传氛围。

（3）负责职工安全健康教育、劳动保护制度执行，参与安全生产事故调查处理，协助做好事故伤亡人员的抚恤等相关工作，维护职工在安全生产方面的合法权益。

（4）参与管理处组织的风险源辨识，落实管辖范围内的风险防范措施。

（5）完成上级交办的其他安全生产工作。

5.1.3.5　人事科安全职责

（1）贯彻执行国家和省有关安全生产的法律法规和管理处安全生产管理制度。

（2）协助做好职工工伤资料、工亡待遇的申报工作。

（3）贯彻落实安全生产责任制，发现重大安全隐患及时上报。

（4）参与管理处组织的风险源辨识，落实管辖范围内的风险防范措施。

（5）完成上级交办的其他安全生产工作。

5.1.3.6　财务科安全职责

（1）贯彻执行国家和省有关安全生产的法律法规和管理处安全生产管理制度。

（2）负责管理处财务资料的安全完整，做好定期归档工作。

（3）开展本部门安全检查、排查等工作。

（4）贯彻落实安全生产责任制，发现重大安全隐患及时上报。

（5）参与管理处组织的风险源辨识，落实管辖范围内的风险防范措施。

（6）完成上级交办的其他安全生产工作。

5.1.3.7 监察审计科安全职责

（1）贯彻执行国家和省有关安全生产的法律法规和管理处安全生产管理制度。

（2）负责经费使用情况的监督管理和审计工作。

（3）开展本部门安全检查、排查等工作。

（4）贯彻落实安全生产责任制，发现重大安全隐患及时上报。

（5）参与管理处组织的风险源辨识，落实管辖范围内的风险防范措施。

（6）完成上级交办的其他安全生产工作。

5.1.3.8 收费管理科安全职责

（1）贯彻执行国家和省有关安全生产的法律法规和管理处安全生产管理制度。

（2）负责管理处涉及收费、票证、稽查方面的安全生产管理工作，对本科室职责范围内的安全生产负监督管理责任。同时做好与各收费站年度安全生产目标责任书的签订工作。

（3）把安全生产和防范重大安全事故工作列入本科室的重要议事日程，认真做好收费人员的安全教育工作。

（4）负责制定收费系统的安全管理规定或安全检查规范，组织或参加收费站区运行状况的安全检查，督促落实隐患整改工作，保证收费站区的安全。

（5）研究和及时采取措施消除涉及收费、票证、稽查方面的安全隐患，超出其职责范围的，应当立即报告。督导各收费站定期安全隐患排查。

（6）负责加强对收费站区的安全管理，指导制定收费站区各类突发事件的应急预案。贯彻落实安全生产责任制，发现重大安全隐患及时上报。

（7）参与管理处组织的风险源辨识，落实管辖范围内的风险防范措施。

（8）完成上级交办的其他安全生产工作。

5.1.3.9 机电运维科安全职责

（1）贯彻执行国家和省有关安全生产的法律法规和管理处安全生产管理制度。

（2）负责管理处涉及运维、监控、稽查方面的安全生产管理工作，对本科室职责范围内的安全生产负监督管理责任。做好与各运维大队的年度安全责任目标的签订工作。

（3）把安全生产和防范重大安全事故工作列入本科室的重要议事日程，认真做好机电生产作业人员的安全教育工作。

（4）负责制定机电设施设备的安全管理制度或安全检查规范，组织或参加机电设施设备运行状况的安全检查，督促落实隐患整改工作，保证机电系统的安全。督导各运维大队定期开展四大系统的安全排查。

（5）研究和及时采取措施消除涉及运维、监控、供配电、稽查方面的安全隐患，超出其职责范围的，应当立即报告。督导各运维大队定期安全隐患排查。

（6）完善本级安全生产应急管理规章制度及完善各类应急预案，适时开展应急演练。

（7）负责安全应急、抢险救灾、交通管制等路况信息的发布工作。

（8）完成上级交办的其他安全生产工作。

5.1.3.10　养护工程科安全职责

（1）贯彻执行国家和省有关安全生产的法律法规和管理处安全生产管理制度。

（2）负责对养护管理所的安全生产管理制度的制定、落实情况和养护巡查档案、养护作业人员安全教育情况进行监督检查，制定养护单位安全生产管理奖惩措施，并作为对其考核的重要内容。

（3）负责组织养护管理所及科室人员根据相关要求开展高速公路沿线路基、路面、边坡、桥涵、隧道的日常检查，并对排查结果登记建档，定期更新。依据路政下达的维修通知单及时修复交通安全设施。

（4）负责督促各所加强对养护单位的作业情况进行监督检查，确保养护单位按照相关的安全作业规程规范作业。

（5）负责对管辖高速公路大、中修工程及专项工程施工合同中安全文明施工及奖惩条款的审查，负责施工现场的安全监管。

（6）负责恶劣天气等条件下，道路养护物资储备充足。及时开展恶劣天气保通工作，负责开展本部门的安全生产应急预案的演练工作。

（7）负责组织月度由各所、监理及施工单位参加的安全会议，并组织开展各项养护专项安全检查工作。

（8）负责组织或参加养护施工发生的生产安全事故的调查处理工作。

（9）负责养护施工涉及安全生产和应急管理相关资料的收集和信息的统计分析。

（10）负责危及路基、路面、桥梁、隧道等结构安全的隐患排查及整改工作。

（11）贯彻落实安全生产责任制，发现重大安全隐患及时上报。

（12）参与管理处组织的风险源辨识，落实业务范围内的风险防范措施。

（13）完成上级交办的其他安全生产工作。

5.1.3.11　路产安全科安全职责

（1）贯彻执行国家和省有关安全生产的法律法规和管理处安全生产管理制度。

（2）把安全生产和防范重大安全事故工作列入本科室的重要议事日程，认真做好路政人员的安全教育工作。

（3）负责组织应对道路交通突发事件的演练，提高路政人员应对突发事件的能力和水平。

（4）负责定期组织召开安全例会，上传下达。定期组织对管辖各路政大队进行安全检查，对检查发现的安全隐患及时部署整改及上报。

（5）负责了解和掌握路政队伍的安全工作动态，搜集和整理安全资料，建立和健全安全生产档案。

（6）督导路政大队协助高速交警快速处理交通事故，协助实行交通管制，指挥疏导车辆，避免次生灾害的发生，尽快恢复交通秩序，确保道路畅通。

（7）参与管理处组织的风险源辨识，落实业务范围内的风险防范措施。

（8）完成上级交办的其他安全生产工作。

5.1.3.12　经营科安全职责

（1）贯彻执行国家和省有关安全生产的法律法规和管理处安全生产管理制度。

（2）认真落实对加油站监管的相关规章措施，督促指导各服务区对经营场所的危险源实施有效识别、检测、监控、管理，及时发现、治理和消除安全事故隐患。

（3）加强对服务区经营场所消防、加油、电气等设施设备的监督管理，确保其符合安全管理的有关要求。

（4）落实应急值班值守工作，负责本级安全、应急信息统计汇总、分析上报工作，对加强改进安全生产和应急管理工作提出建议。

（5）组织从业人员参加安全生产教育和培训，预防和减少作业场所职业危害。

（6）配合上级部门，组织开展安全生产大检查和季节性专项督查。

（7）贯彻落实安全生产责任制，发现重大安全隐患及时上报。

（8）参与管理处组织的风险源辨识，落实业务范围内的风险防范措施。

（9）完成上级交办的其他安全生产工作。

5.1.4 高速公路运营管理单位应急组织机构和职责

分公司应急组织机构和职责：按照《突发事件应急预案管理办法》规定，成立分公司突发事件应急指挥领导小组（简称应急领导小组）。应急领导小组是分公司处置突发事件的指挥机构，下设应急领导小组办公室（简称应急办）及监控中心、综合保障组路产工作组、养护工作组、机电工作组、收费工作组、服务工作组，视情成立专家咨询组。应急组织架构如图 5-4 所示。

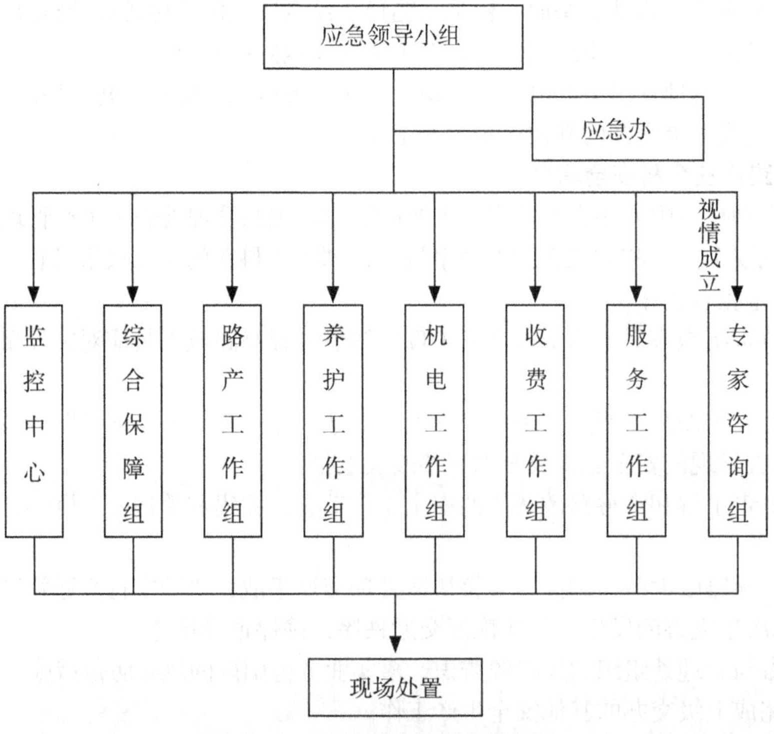

图 5-4 分公司应急组织机构架构

应急组织职责如下。

5.1.4.1　应急领导小组

分公司处长任组长，分公司其他领导成员任副组长，副组长可受组长委托代其履行相关职责；各部门负责人、各站队（区）负责人任成员。以上人员因工作变动，由继任人担任。

主要职责是：落实上级单位关于处置高速公路突发事件应急工作的指示和要求，指挥调度分公司内部应急资源，服从上级单位领导处置Ⅲ级及以上突发事件，组织处置Ⅳ级突发事件，指导各站队（区）处置Ⅴ级突发事件；审定、批准分公司突发事件应急预案及其相关制度、计划；根据突发事件等级，启动、终止突发事件应急响应；向上级单位报告应急响应与处置情况，必要时负责向外部请求应急资源支持；负责与上级或外部应急力量、相关政府部门的沟通协作；按上级指令，调动应急队伍实施外部应急救援；发生生产安全事故时，服从属地政府统一指挥领导，开展应急处置工作；负责突发事件内部责任追究；其他与突发事件相关的重大事项。

5.1.4.2　应急办

应急办设在路产管理部，分管安全生产工作的领导班子成员任主任，综合部、收费管理部、养护管理部、路产管理部、机电运维科、党群工作部、纪检监察部、人力资源部、财务管理部、服务区管理部分管副科长任副主任，各部门、站队（区）有关人员任成员。以上人员因工作变动，由继任人或班组负责人担任。

主要职责是：负责生产安全应急日常事务管理；组织起草、修订、评审突发事件应急预案，并做好应急预案的管理工作；负责接收、传达各方面指示、要求、报告，落实应急领导小组各项决策部署；报告、协调、联络本单位各级突发事件应急机构和部门组织开展应急处置工作，按照应急领导小组要求开展分公司应急资源力量调配协调和应急物资信息沟通工作；负责应急处置期间的消防保障工作；负责监督检查开展应急工作期间各部门履职尽责工作；完成应急领导小组交办的其他工作任务。

5.1.4.3　监控中心

监控中心负责人任组长，监控中心有关人员任成员。

主要职责是：常态下 24 小时值班值守，监视公司管辖内高速公路路网运行情况；负责接收、汇总公司管辖内高速公路突发事件信息，及时上报应急办；实时收集突发事件应急处置现场信息并及时上报应急办；接收应急领导小组指令并及时准确传达；做好与上级有关单位（部门）的工作衔接，接收其指令，按要求做好相关信息的报送工作；配合交警部门，按照有关规定发布交通管制、绕行路线及路况信息；对应急响应及处置过程中交流的有关信息，做好记录工作。

5.1.4.4　综合保障组

综合部主任任组长，综合部、党群工作部、人力资源部、财务管理部有关人员任成员。

主要职责是：负责突发事件发生后对外宣传管理和接待媒体，准备事故信息和应急处理信息供新闻发布；负责应急响应期间的后勤保障工作；负责统筹保障应急处置经费及相关伤亡人员的善后处理工作（包括保险理赔）等；落实应急领导小组的其他要求。

5.1.4.5　路产工作组

路产管理部科长任组长，路产管理部相关人员任成员。

主要职责是：配合相关部门组织高速公路突发事件现场安全管控、人员疏散及救护等工作；配合交警开展交通管制、指挥疏导车辆、绕行路线方案制订等道路保通工作；配合交警开展现场清障工作；落实应急领导小组的其他要求。

5.1.4.6 养护工作组

养护管理部科长任组长，养护管理部相关人员任成员。

主要职责是：负责组织制定道路、桥梁、隧道、涵洞及交通安全设施的应急抢修方案，开展应急抢修工作；负责损毁设施的抢修，损毁道路的抢通、恢复重建工作；负责高速公路突发事件次生、衍生灾害风险排查工作；做好受损道路、桥梁、隧道、涵洞及交通安全设施的统计、排查及安全评估工作；落实应急领导小组的其他要求。

5.1.4.7 机电工作组

机电管理部科长任组长，机电管理部相关人员任成员。

主要职责是：负责做好事发地供配电、照明、消防、通风、监控、通信、收费等系统的保障工作；负责受损机电设施抢修等工作；落实应急领导小组的其他要求。

5.1.4.8 收费工作组

收费管理部科长任组长，收费管理部相关人员任成员。

主要职责是：负责高速公路收费站通行管理和紧急车辆通行保障工作；负责为滞留收费站广场的车辆提供保障性服务工作；落实应急领导小组的其他要求。

5.1.4.9 服务工作组

服务区管理部科长任组长，服务区管理部相关人员任成员。

主要职责是：负责紧急情况下为滞留高速公路服务区的人员、车辆提供临时避险场所，以及食品、饮用水、燃油等必要紧急物资等服务保障工作；落实应急领导小组的其他要求。

5.1.4.10 专家咨询组

应急领导小组可委托专业机构或邀请工程、应急、管理、法律等方面的专家组成专家咨询组。主要职责是对应急准备、应急行动和后期分析评估提供专业咨询和建议。

5.1.5 高速公路站队（区）应急组织机构和职责

为有效应对突发事件，分公司各基层站队（区）分别成立了应急组织领导小组，组长、副组长及成员由站队（区）负责人统筹任命，其对应的职责如下。

5.1.5.1 领导小组组长

主要职责是：负责本站队（区）现场处置方案的制订、修订；组建应急救援队伍，并组织实施和演练；检查、督促做好突发事件应急处置中各项工作；负责应急处置期间，收费站内应急力量调配、相关信息上报、请求支援等工作。

5.1.5.2 小组组员

主要职责是：按照领导小组组长指令，开展具体现场应急处置工作，携带应急装备迅速赶赴现场；负责现场安全管控、人员疏散、伤员救护等保障工作；负责配合交警做好交通管制、指挥疏导车辆、绕行路线方案制订、保障应急车道畅通等道路保通工作；负责受损道路抢通、设施设备抢修及统计、风险排查等工作；应急处置结束后，负责现场清洁、消杀、清障以及应急处置相关资料整理、总结及配合事故调查等工作。

5.2　应急预案运行机制与流程

应急机制主要是为在面对某项突发事件时可以及时快速做出反应，并在短时间内恢复秩序。其针对高速公路突发事件在预测预警、信息报告、应急响应、应急处置、恢复重建以及调查评估等一系列工作都制定了非常详细的规定，健全了事前、事发、事中以及事后等全方位环节的工作运行机制。高速公路应急预案运行机制包含监测预警机制、应急信息传递机制、应急组织领导机制、应急响应机制、信息发布机制、应急保障机制、恢复与重建机制等。

5.2.1　省政府高速公路应急预案运行机制

随着 ×× 省高速公路建设里程的增加和交通流量的增大，突发事件也随之增多，虽然我们无法准确预测或阻止高速公路突发事件的发生，但是有效的应急预案运行机制将会提高我们应对突发事件的处理能力，从而减小突发事件带来的负面效应，保障高速公路的平安畅通。

×× 省人民政府高速公路应急预案运行机制主要构成如下。

5.2.1.1　监测预警机制

各级交通运输主管部门在日常工作中开展公路交通突发事件相关信息的收集、接收、整理和风险分析工作，完善预测预警机制，建立预测预警系统，针对各种可能发生的公路交通突发事件，按照相关程序发布预警和提示信息，做到早发现、早报告、早处置。预警信息来源包括：

（1）各级交通运输主管部门及相关管理机构有关公路交通损毁、中断、堵塞的监测和预警信息。

（2）公安、国土资源、水利、气象、地震等有关部门的监测和灾害预报预警信息以及省重点或者紧急物资运输通行保障需求信息。

5.2.1.2　信息传递机制

高速交警指挥中心、各交警大队值班室和各大、中队值班领导和值班民警实行 24 小时值班，随时监测和收集各级职能部门或监测部门提供的可能引起高速公路突发事件的信息。主要包括：交通安全、刑事和社会安全情报信息，气象灾害预报的信息，国家重点或紧急物资应急运输需求信息，公共卫生突发事件信息，公众举报和反映可能引发高速公路突发事件的信息。各种信息经过程序汇集到高速交警支队指挥中心，指挥中心对各种信息进行核实和初步分析评价，并及时向应急各大、中队发出指令，根据高速公路突发事件的危害程度、紧急程度和发展趋势确定预警级别，及时发布预警信息（一般预警信息由交警指挥中心确认后，由各高速公路交警大队实施）。各级应急参与人员和机构接收预警信息，有针对性地做好应急准备。遇有突发事件，即时向交警指挥中心报告突发事件的控制和处置情况，重要信息立即报告。

5.2.1.3　组织领导机制

在省、市人民政府的统一领导下，按照“统一领导、分级负责、属地管理、联动协调”

的原则，实行省政府应急指挥机构统一指挥下的各高速公路管理部门相互配合、联动的应急工作责任制。根据高速公路突发事件的影响范围和应急响应级别，参与部门主要负责人，分别是应急指挥工作、牵头工作、参与工作的第一责任人。省交通运输厅作为省指挥部成员单位，主要负责组织、部署公路交通突发事件应急处置工作；及时协调各有关部门开展应急救援；调集人员、物资、设备、工具抢修公路相关设施，及时恢复交通运行，保障公路畅通；组织协调各种应急运力，配合公安、消防、武警、卫生计生、民政等部门及时疏散、转移受困人员，保障应急救援人员、物资、必需生活资料的运输。

同时，省卫生健康委员会主要负责指挥、组织、协调事发地卫生健康部门开展公路交通突发事件伤（病）员的医疗救治、疾病控制、卫生监督等紧急医疗救援工作；并根据需求，协调省及周边省辖市、县（市、区）医疗卫生资源给予支援。

5.2.1.4 快速响应机制

快速响应机制就是经过完善及时、民主、科学的决策程序，健全及时、完整、高效的值班报告系统，临时成立高速公路各级突发事件应急指挥部，建立快速应急响应机制，迅速控制和处置高速公路突发事件，按分级响应的原则，尽快恢复正常的交通秩序。××省现行的高速公路快速反应机制分为四级响应：

（1）一般突发事件发生后，事发地交警中队立即启动预案，进行应急处置。事发地交警大队进入预备状态，做好应急准备，需相邻中队支援的，由大队统一调度。交警支队指挥中心接报后，应关注事态发展。

（2）较大突发事件发生后，事发地交警大队立即启动预案，设立应急指挥部，协调有关职能部门积极开展应急处置。交警指挥中心和交警支队相关科室密切关注事态发展，做好应急准备。需相邻交警大队支援的，由交警支队统一调度。

（3）重大突发事件发生后，事发地交警大队立即启动预案，设立现场应急指挥部，并根据事态发展及时向支队及当地应急主管部门报告，通过应急主管部门实现各职能部门的响应，联合开展应急处置。高速交警支队派人员赴现场指导应急处置工作，必要时，支队启动应急预案，设立交通安全应急指挥部，组织警力、调用装备设施增援，并报省应急办组织有关方面给予援助。

（4）特别重大突发事件发生后，高速公路交警支队应立即启动预案，及时向省委省政府汇报具体情况并在省应急办的统一指挥下开展应急救援工作。

5.2.1.5 信息发布机制

由省指挥部或者省指挥部指定的单位按照“以人为本、及时准确、客观全面”的原则统一发布公路交通突发事件信息，其他单位和个人无权发布信息。省委宣传部根据省指挥部或者省指挥部指定单位发布的信息安排宣传报道，正确引导舆论。信息发布的要素包括：事件的类型、发生时间、地点、损失程度和影响范围，事故原因或者调查进度情况，控制事态的处置措施，公众注意事项等。

5.2.1.6 应急保障机制

应急保障机制是指当高速公路发生突发事件时，在指挥部组织领导下对参与救援以及受灾的人、物提供相应的保障措施。它主要包含通信与信息保障、物质装备保障、专业应急队伍保障、经费保障。

5.2.1.7 恢复与重建机制

各级指挥部根据公路交通突发事件的危害程度及造成的损失，提出后期处置意见，报同级政府。事发地县级以上政府组织协调后期处置工作，尽快恢复正常秩序，确保社会稳定。主要包含以下方面：

（1）各级政府或者相关部门依据法律、法规对因处置突发事件而被紧急征用物资装备的单位给予补偿。被征用物资装备单位要及时提交应急征用物资装备的使用情况报告，经指挥部指定的专业机构评估确认，并出具应急征用物资装备使用情况评估报告。

（2）对因突发事件造成生活困难需要社会救助的人员，由事发地政府按国家有关规定给予救助。

（3）公路交通突发事件应急处置工作结束后，宣布启动应急响应的指挥部要尽快形成客观、公正、全面的调查评估报告。参加应急救援行动的有关部门要积极协助调查工作，认真答复与事件有关的询问，真实地提供各种记录。

5.2.2 集团总部高速公路应急预案运行机制

面对高速公路突发事件，集团主要职责是贯彻落实省交通运输厅有关应急防治工作的决策、部署和措施；解决所辖高速公路建设和运营阶段事件处置过程中出现的问题，制定应急方案；配合省厅、省高速中心组织做好Ⅲ级及以上突发事件应急处置工作，指导分公司组织协调分公司内部人员、物资等资源开展Ⅳ级突发事件应急处置工作。集团总部高速公路应急预案运行机制主要包含以下内容。

5.2.2.1 预防及预警机制

应急指挥领导小组办公室负责突发事件监测信息的整理、汇总及转发，加强与省路警联合指挥中心的联动协调；集团所辖分公司做好所辖路段的预警信息收集、整理及风险分析工作，深入贯彻早发现、早报告、早处置的原则，加强与属地公安、交警、气象、自然资源、应急等有关部门的联动协调，收集、整理、分析可能引起突发事件的预警信息，及时向集团总部值班室及属地政府报告。

应急指挥领导小组办公室接收到预警信息后，视情组织对预警信息中突发事件发生的可能性及其对高速公路可能造成的影响进行研判，经应急指挥领导小组同意后，发布相应预警信息。

5.2.2.2 信息传递机制

集团所辖分公司各自设立应急指挥机构，公布接警电话，建立领导带班和 24 小时值班制度，及时收集上报突发性事件监测、预警信息。

事发地分公司在发现和接到突发事件报告后，应第一时间研判突发事件等级，已造成或可能造成Ⅰ级、Ⅱ级突发事件的，应在 20 分钟内向省路警联合指挥中心及集团总部值班室电话报告、40 分钟内书面报告；已造成或可能造成Ⅲ级、Ⅳ级突发事件的，应在 1 小时内向省路警联合指挥中心报告，Ⅲ级突发事件和除交通事故之外的Ⅳ级突发事件同时向集团总部值班室报告。此外，发生生产安全事故的，事发地分公司还应按照相关规定向属地政府应急管理部门报告。

集团总部值班室接到Ⅲ级及以上突发事件和除交通事故之外的Ⅳ级突发事件报告信

息后报告带班领导、分管领导，根据报告的信息再次确认突发事件等级后向集团应急指挥领导小组办公室报送，根据相关规定报省厅值班室。

此外，针对路网突发事件，事发地分公司指挥中心要按照《交通运输部办公厅关于印发 < 公路交通阻断信息报送制度 > 的通知》（交办公路〔2018〕16 号）文件要求报送信息。

生产安全事故信息报送流程如图 5-5 所示，路网突发事件信息报送流程如图 5-6 所示。

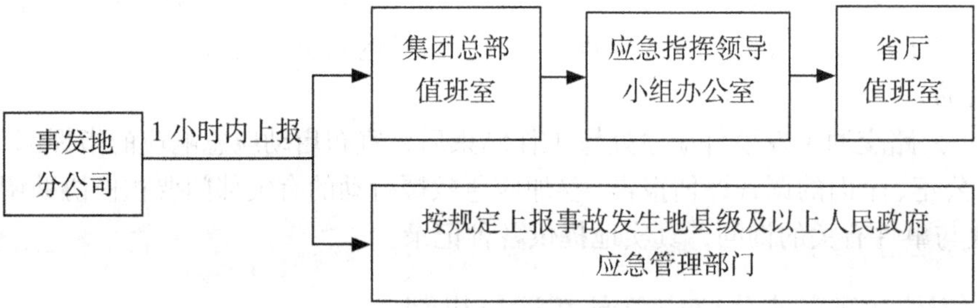

图 5-5　生产安全事故信息报送流程

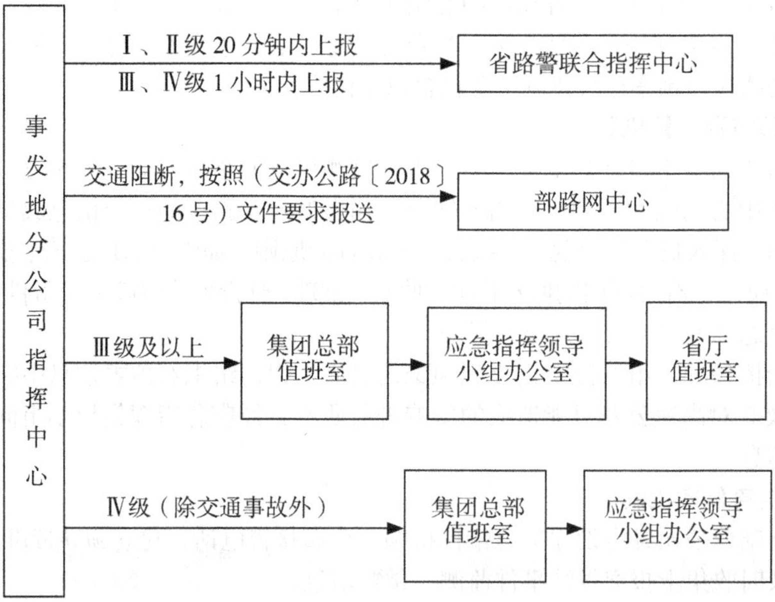

图 5-6　路网突发事件信息报送流程

报告信息的内容要简明准确、要素完整、重点突出，应包括以下要素：

（1）事件发生的时间、地点、事件类型及信息来源。

（2）事件起因、基本过程、已造成的后果及影响范围和事件发展趋势。

（3）已采取的措施、下一步的工作计划。

（4）信息报送单位、联系人和联系电话等。

信息报告坚持“先简要报告、后详情续报”的原则，事发地分公司按照报告时限要求，先通过电话报告，然后将信息以书面形式报告。遇特殊情况不能在规定时间以书面形式报告的，应以电话等形式报告，核实后续报。信息报出后必须进行电话确认。

5.2.2.3 组织领导机制

集团按照“统一领导、分级负责”的原则，成立高速公路突发事件应急指挥领导小组，应急指挥领导小组下设应急指挥领导办公室及综合保障组、运营保障组、抢通保通组、服务保障组等应急工作组和视情成立专家咨询组，在应急指挥领导小组统一领导下开展应急处置工作。集团配合上级单位或组织协调集团内部力量和资源进行应急处置的Ⅲ级及以上的紧急突发事件、指导分公司组织协调各分公司内部力量和资源进行应急处置的Ⅳ级突发事件的先期处置及应急响应工作。

5.2.2.4 快速响应机制

根据《××省公路交通突发事件应急预案》灾情响应级别，结合集团实际情况，按照事件性质类型、严重程度、可控性和影响范围分为Ⅰ级（特别重大）、Ⅱ级（重大）、Ⅲ级（较大）、Ⅳ级（一般）4个响应等级。当发生Ⅰ级突发事件时，由交通运输部或省人民政府启动Ⅰ级应急响应；当发生Ⅱ级突发事件时，由省交通运输厅启动Ⅱ级应急响应；当发生Ⅲ级突发事件时，上报并配合高速中心，由集团应急指挥领导小组启动Ⅲ级应急响应；当发生Ⅳ级突发事件时，集团总部需了解或指导，由各分公司应急指挥领导小组启动Ⅳ级响应。

5.2.2.5 信息发布机制

事发地在集团所辖区域内的Ⅰ级高速公路路网突发事件的新闻发布与宣传工作，在国家级应急工作领导机构、厅指挥部办公室指导下组织实施；Ⅱ级高速公路路网突发事件的新闻发布与宣传工作，由省交通运输厅组织实施；Ⅲ级高速公路路网突发事件的新闻发布与宣传工作，由交发集团应急领导小组办公室按照相关法律法规要求组织实施，并按要求及时上报备案。信息发布材料包括新闻通稿、预案、预警与应急响应启动（终止）公告、应急管理工作动态、事态进展情况、需澄清和回应的有关问题等。

5.2.2.6 应急保障机制

集团建立了完善的应急保障机制，主要包括应急队伍保障、物资设备保障、应急经费保障和其他保障；集团总部指导各分公司完善应急救援队伍建设，各分公司依托养护、路产、机电等基层单位建设高速公路突发事件应急队伍；各分公司结合管养路段实际，按照相关要求储备应急物资设备并合理布设，负责日常管理和保养，使之处于良好状态；应急保障所需的各项经费，按照集团预算管理办法规定程序列入各分公司年度预算。特殊情况一事一议，列支专项经费。

5.2.2.7 恢复与重建机制

根据相关规定，集团建立了恢复与重建机制，主要内容包括：应急响应终止后，应急指挥领导小组或指定应急工作组指导、协助事发地分公司开展善后处置工作，尽快恢复高速公路的正常秩序，配合相关部门进行突发事件调查；对应急处置中伤亡人员，做好保险理赔等善后处理工作。

5.2.3 高速公路运营管理单位应急预案运行机制

面对高速公路突发事件，分公司主要职责是负责辖区内高速公路的运营管理工作，贯彻落实集团有关应急防治工作的决策、部署和措施；配合集团应急指挥领导小组做好Ⅲ级及以上突发事件应急处置工作，组织协调分公司辖区人员、物资处置Ⅳ、Ⅴ级突发事件应急处置工作。分公司运营高速公路原有应急预案运行机制主要包含以下内容。

5.2.3.1 预防及预警机制

分公司做好所辖路段的预警信息收集、整理及风险分析工作，深入贯彻早发现、早报告、早处置的原则，加强与属地公安、交警、气象、自然资源、应急等有关部门的联动协调，收集整理分析可能引起突发事件的预警信息，及时向应急办及集团总部值班室等上级单位（部门）及属地政府报告。应急办接收到预警信息后视情组织对预警信息中突发事件发生的可能性及其对高速公路可能造成的影响进行研判，经应急指挥领导小组同意后，发布相应预警信息。

5.2.3.2 信息传递机制

现场人员立即向监控中心报告，监控中心上报应急办，应急办研判突发事件等级，已造成或可能造成Ⅰ级、Ⅱ级突发事件的，应在20分钟内向省路警联合指挥中心及集团总部值班室电话报告、40分钟内书面报告；已造成或可能造成Ⅲ级、Ⅳ级突发事件的，应在1小时内向省路警联合指挥中心报告信息，Ⅲ级突发事件和除交通事故之外的Ⅳ级突发事件同时向集团总部值班室报告。发生生产安全事故的，监控中心向分公司负责人报告，由分公司负责人向集团总部及属地政府应急管理部门报告。

此外，针对路网突发事件，监控中心按照《公路交通阻断信息报送制度》（交办公路〔2018〕16号）文件要求报送。

生产安全事故信息报送流程如图5-7所示，路网突发事件信息报送流程如图5-8所示。

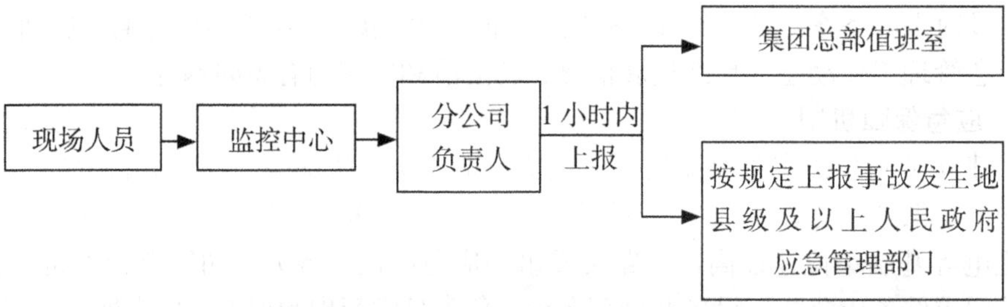

图5-7 生产安全事故信息报送流程

报告信息的内容要简明准确、要素完整、重点突出，应包括以下要素：

（1）事件发生的时间、地点、事件类型及信息来源。

（2）事件起因、基本过程、已造成的后果以及影响范围和事件发展趋势。

（3）已采取的措施、下一步的工作计划。

（4）信息报送单位、联系人和联系电话等。

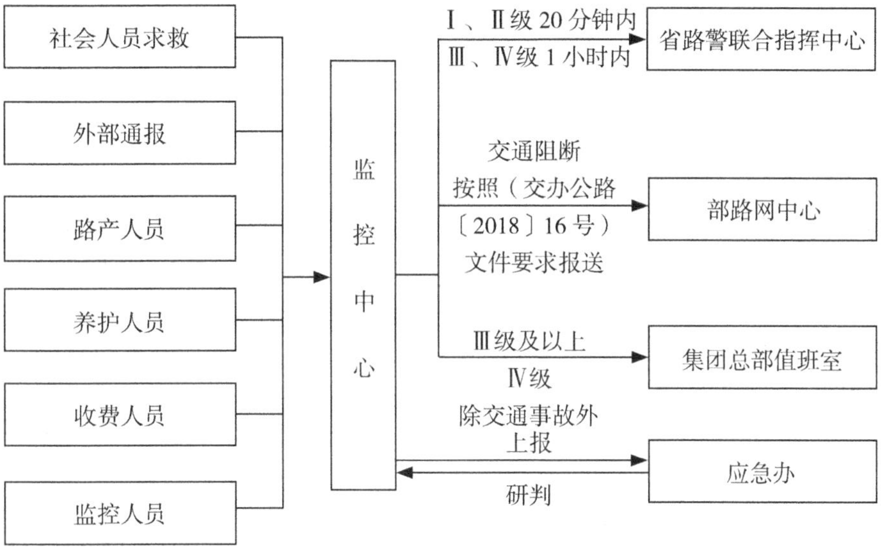

图 5-8　路网突发事件信息报送流程

信息报告坚持“先简要报告、后详情续报”的原则，事发地分公司按照报告时限要求，先通过电话报告，然后将信息以书面形式报告。遇特殊情况不能在规定时间以书面形式报告的，应以电话等形式报告，核实后续报。信息报出后必须进行电话确认。

5.2.3.3　组织领导机制

分公司按照“统一领导、分级负责”的原则及《突发事件应急预案管理办法》规定，成立分公司突发事件应急指挥领导小组（简称“应急领导小组”）。应急领导小组是分公司处置突发事件的指挥机构，下设应急领导小组办公室（简称“应急办”）及监控中心、路产工作组、养护工作组、机电工作组、收费工作组、服务工作组，视情成立专家咨询组，在应急领导小组统一领导下开展应急处置工作。分公司配合上级单位开展Ⅲ级及以上的突发事件的应急处置工作，组织协调分公司内部力量和资源进行应急处置的Ⅳ级突发事件的应急处置工作，指导站队（区）开展Ⅴ级突发事件的应急处置工作。

5.2.3.4　快速响应机制

分公司突发事件按照事件类型、严重程度、可控性、影响范围及应急处置能力等因素，分为五级：Ⅰ级、Ⅱ级、Ⅲ级、Ⅳ级、Ⅴ级。当发生Ⅰ级突发事件时，由交通运输部或省人民政府启动Ⅰ级应急响应；当发生Ⅱ级突发事件时，由省交通运输厅启动Ⅱ级应急响应；当发生Ⅲ级突发事件时，由集团应急指挥领导小组启动Ⅲ级应急响应；当发生Ⅳ级突发事件时，需上报集团总部，由分公司应急领导小组启动Ⅳ级应急响应；当发生Ⅴ级突发事件时，需分公司了解或指导，由站队（区）负责人启动Ⅴ级应急响应。

启动防御响应后，分公司应急领导小组立即进入应急状态，开展应急监测，随时掌握突发事件动态，并向集团应急指挥领导小组及属地政府报告；针对突发事件可能造成的危害，按照省厅、省高速中心及交发集团应急指挥领导小组等上级单位的部署，及时封闭、隔离或限制使用有关交通基础设施，中止可能导致损害扩大的行为和活动；启动应急响应后，及时划定可能受影响的范围，设置危险警示标志，配合交警组织封闭道路，制定绕行路线；根据事态发展，及时调集应急所需人员和物资、设备，开展应急处置工作。

5.2.3.5　信息发布机制

事发地在分公司所辖区域内的Ⅰ级高速公路路网突发事件的新闻发布与宣传工作，在国家级应急工作领导机构、厅指挥部办公室指导下组织实施；Ⅱ级高速公路路网突发事件的新闻发布与宣传工作，由省交通运输厅组织实施；Ⅲ级高速公路路网突发事件的新闻发布与宣传工作，由交发集团应急领导小组办公室按照相关法律法规要求组织实施，并按要求及时上报备案；Ⅳ级高速公路路网突发事件的新闻发布与宣传工作，由分公司应急办按照相关法律法规要求组织实施，并按要求及时上报备案信息发布材料，包括新闻通稿、预案、预警与应急响应启动（中止）公告、应急管理工作动态、事态进展情况、需澄清和回应的有关问题等。

5.2.3.6　应急保障机制

根据集团总部的指导及要求，分公司建立了完善的应急保障机制，主要包括应急队伍保障、物资设备保障、应急经费保障和其他保障；组建、完善应急队伍建设，依托养护、路产、运维等站队（区）建设高速公路突发事件应急队伍；各站队（区）结合公司管养路段实际，按照相关要求储备应急物资及设备，并进行日常管理和保养；应急保障所需的各项经费，应当按照事权、财权划分原则，分级负担，并按规定程序列入各分公司年度预算，建立有效的监管和评估体系，对高速公路交通突发事件应急保障资金的使用及效果进行监管和评估。

5.2.3.7　恢复与重建机制

根据相关规定，分公司建立了恢复与重建机制，主要内容包括：应急响应终止后，应急领导小组或指定应急工作组指导、协助事发地站队（区）开展善后处置工作，尽快恢复高速公路正常秩序，配合相关部门进行突发事件调查；对应急处置中伤亡人员，做好保险理赔等善后处理工作。

第 6 章　高速公路运营企业典型应急预案及处置案例

本章通过展示高速公路运营企业综合应急预案和部分专项应急预案，来说明在编制各级各类应急预案时需要注意的一些细节问题。前两节内容为综合应急预案与专项应急预案正文，其体例为应急预案本身的体例，在此处未做改动，最后一节内容为高速公路突发事件应急处置案例，其中针对应急预案的启动及实施情况做了详细介绍。

6.1　集团总部综合应急预案及部分专项应急预案

6.1.1　综合应急预案

×× 省交通运输发展集团有限公司综合应急预案

1　总　则

1.1　编制目的

为切实加强 ×× 省交通运输发展集团有限公司（简称集团）运营高速公路突发事件应急管理工作，提高应急处置能力，明确集团各级各类突发事件响应程序，理顺事故救援指挥机制，制定本预案。

1.2　编制依据

依据《中华人民共和国突发事件应对法》《×× 省突发事件应急预案管理办法》《交通运输突发事件应急管理规定》《生产经营单位生产安全事故应急预案编制导则》《公路交通突发事件应急预案》《×× 省高速公路突发事件综合应急预案》等国家及省内相关法律法规、规范、上位预案。

1.3　适用范围

本预案适用于集团运营高速公路中因发生路网突发事件或生产安全事故，造成或者可能造成交通中断或堵塞、人员伤亡、财产损失、生态环境破坏和危害社会等后果，需集团组织配合或指导处置的突发事件应对工作。桥梁、隧道、防汛及雨雪冰冻等类型的突发事件从其专项应急预案。

本预案中路网突发事件是指除生产安全事故之外的其他突发事件，主要包括其他事故灾难、自然灾害、社会安全、公共卫生等事件，具体描述见“附件 1　突发事件风险分析”；生产安全事故是指集团或承包人在生产经营活动过程中，由于自身因素造成人员伤害、财产损失等情况的意外事件。

1.4　应急预案组成与衔接

本次编制的应急预案是针对运营高速公路工作制定的集团总部的应急预案，包括运营高速公路突发事件综合应急预案和桥梁、隧道、防汛及雨雪冰冻四项专项应急预案。各分公司按照本预案的规定履行职责，并制定、完善本级应急预案。

集团总部应急预案与省高速中心等上级单位应急预案相衔接，各分公司与上级单位及属地政府相关预案相衔接。

1.5　突发事件分级

集团突发事件按照性质类型、严重程度、可控性和影响范围等因素，分为四个等级：Ⅰ级（特别重大）、Ⅱ级（重大）、Ⅲ级（较大）、Ⅳ级（一般）。

1.5.1　Ⅰ级突发事件

事态非常严重，已经或可能造成特别重大人员伤亡、特别重大财产损失，需上报省高速中心、省交通运输厅，提请省人民政府或交通运输部组织协调多方面力量和资源进行应急处置的紧急突发事件，需集团按上级有关单位要求配合应急处置，主要包括：

（1）已经或可能造成 30 人以上死亡（含失踪，下同），或者 100 人以上重伤，或者 1 亿元以上直接经济损失的。

（2）造成高速公路交通中断，出现大量车辆积压，并影响到周边省域高速公路正常运行，且抢修、处置时间预计在 48 小时以上的。

（3）造成高速公路特大桥梁、特长隧道垮塌，或者造成高速公路桥梁、隧道、边坡等构造物垮塌并导致 30 人以上死亡或者失踪的。

（4）因重要物资缺乏等原因需要紧急安排跨省域高速公路应急通行保障的。

（5）其他需要省人民政府或交通运输部提供应急保通的。

1.5.2　Ⅱ级突发事件

事态严重，已经或可能造成重大人员伤亡、重大财产损失，需上报省高速中心、省交通运输厅，请求省交通运输厅组织协调交通运输系统多方面力量和资源参与应急处置的紧急突发事件，需集团按上级有关单位要求配合应急处置，主要包括：

（1）已经或可能造成 10 人以上 30 人以下死亡，或者 50 人以上 100 人以下重伤，或者 5 000 万元以上 1 亿元以下直接经济损失的。

（2）造成高速公路交通中断，出现大量车辆积压，且抢修、处置时间预计在 24 小时以上的。

（3）造成高速公路大桥、中长隧道垮塌，或者造成高速公路桥梁、隧道、边坡等构造物垮塌并导致 10 人以上 30 人以下死亡或者失踪的。

（4）因重要物资缺乏等原因需要紧急安排跨市域高速公路应急通行保障的。

（5）其他需要省交通运输厅提供应急保障的。

1.5.3　Ⅲ级突发事件

事态较为严重，已经或可能造成较大人员伤亡、较大财产损失，需上报并配合省高速中心，组织协调集团内部力量和资源进行应急处置的紧急突发事件，相关事件信息需同时向省厅报告。主要包括：

（1）已经或可能造成3人以上10人以下死亡，或者10人以上50人以下重伤，或者1 000万元以上5 000万元以下直接经济损失的。

（2）造成高速公路交通中断，出现大量车辆积压，且抢修、处置时间预计在6小时以上的。

（3）造成高速公路中桥、短隧道垮塌，或者造成高速公路桥梁、隧道、边坡等构造物垮塌并导致3人以上10人以下死亡或者失踪的。

（4）因重要物资缺乏等原因需要紧急安排跨县域、跨路段高速公路应急通行保障的。

（5）其他需要省高速中心、集团总部提供应急保障的。

1.5.4　Ⅳ级突发事件

事态一般，已经或可能造成人员伤亡、财产损失，需集团总部了解或指导，由各分公司组织协调内部力量和资源进行应急处置的紧急突发事件，主要包括：

（1）已经或可能造成3人以下死亡，或者10人以下重伤，或者100万元以上1 000万元以下直接经济损失的。

（2）造成高速公路交通中断或堵塞，出现大量车辆积压，且抢修、处置时间预计在6小时以下的。

（3）造成高速公路桥梁、隧道垮塌，或者造成高速公路桥梁、隧道、边坡等构造物垮塌并导致3人以下死亡或者失踪的。

（4）因重要物资缺乏等原因需要紧急安排各分公司所辖路段内应急通行保障的。

（5）其他需要各分公司提供应急保障的。

本预案所称的“以上”包括本数，“以下”不包括本数。高速公路突发事件符合本条规定的多个分级情形的，按照最高级别认定。

1.6　应急工作原则

平急结合，预防为主。坚持预防与应急相结合，常态与非常态相结合，提高防范意识，做好预案演练、宣传和培训等各项保障工作。

统一领导，分级负责。以属地管理为主，在属地政府的统一领导下，充分发挥运营高速公路机构的作用，建立健全责任明确、分级响应、条块结合、保障有力的应急管理体系。

整合资源，快速反应。建立统一指挥、分工明确、反应灵敏、协调有序、运转高效的应急响应程序，加强与当地有关部门和专业应急救援队伍的配合协作，提高应对各类突发事件的综合能力。

2　组织机构和职责

应急指挥领导小组是集团处置运营高速公路突发事件的指挥机构，下设应急指挥领导小组办公室及综合保障组、运营保障组、抢通保通组、服务保障组，视情成立专家咨询组。

2.1　应急指挥领导小组

集团党委书记、董事长任组长；集团分管业务领导任副组长，副组长可受组长委托代其履行相关职责；集团总部综合部、财务部、党群工作部、运营管理部、养护管理部、安全管理部、服务区管理部等负责人任成员。

主要职责是：贯彻落实上级单位关于处置高速公路突发事件应急工作的指示和要求；根据突发事件等级，启动、终止突发事件应急响应；指挥调度集团内部应急资源；组织配合上级单位指挥集团Ⅲ级及以上突发事件应急处置工作，指导各分公司应对Ⅳ级突发事件应急处置工作；研究、解决和处置应急响应过程中的重大问题，向上级单位报告应急响应与处置情况；必要时负责向外部请求应急资源支持；其他与突发事件相关的重大事项；发生生产安全事故时，服从属地政府统一指挥领导，开展应急处置工作。

2.2　应急指挥领导小组办公室

应急指挥领导小组下设办公室，设在集团安全管理部，办公室主任由安全总监兼任，办公室副主任由安全管理部负责人担任，集团总部综合部、财务部、党群工作部、运营管理部、养护管理部、安全管理部、服务区管理部相关工作人员任成员。

主要职责是：承担应急指挥领导小组的日常事务，负责与有关单位协调联络工作；组织集团总部应急预案的制（修）订、审核、发布和备案工作，指导各分公司编制和修订相关应急预案；负责组织对各分公司应急准备工作进行督导检查；负责接收、传达各方面指示、要求、报告，落实应急指挥领导小组各项决策部署；掌握突发事件应急处置工作进展情况，起草有关工作报告、总结材料；负责协调、衔接各有关单位和部门，按照应急指挥领导小组要求完成集团应急资源力量调配协调工作和应急物资信息沟通工作；完成应急指挥领导小组交办的其他工作任务。

2.3　综合保障组

综合部负责人任组长，视情由安全管理部、财务管理部、党群工作部等相关部门人员任成员。

主要职责是：实时收集突发事件应急处置信息，做好信息上传下达工作；负责突发事件的信息发布、舆情监测和舆论引导工作；负责组织起草综合类文件及新闻发布材料；负责应急响应期间后勤保障工作；组织相关部门做好伤亡人员的善后处理工作（包括保险理赔）；落实应急指挥领导小组的其他要求。

2.4　运营保障组

运营管理部负责人任组长，由相关业务人员任成员。

主要职责是：负责指导做好事发地收费、监控、通信、供配电等系统的保障工作；负责指导高速公路收费站通行管理和紧急车辆通行保障工作；负责指导损毁机电设施抢修等工作。

2.5　抢通保通组

养护管理部负责人任组长，由相关业务人员任成员。

主要职责是：负责组织开展防汛抢险、除雪融冰，以及因突发事件造成设施损毁的抢修、道路抢通、恢复重建工作；负责配合相关部门组织突发事件现场安全管控、道路保通、人员疏散工作；负责组织对受损设施进行安全评估、开展次生灾害隐患排查工作；配合相关部门开展路面清障、绕行路线方案制订、人员施救工作。

2.6　服务保障组

服务区管理部负责人任组长，由相关业务人员任成员。

主要职责是：负责紧急情况下为滞留高速公路的人员、车辆提供临时避险场所，以及食品、饮用水、燃油等必要紧急物资等服务保障工作。

2.7　专家咨询组

领导小组可委托专业机构或邀请工程、应急、管理、法律等方面的专家组成专家咨询组。主要职责是对应急准备、应急行动和后期分析评估提供专业咨询和建议。

3　信息报告与处置

3.1　报告时限和程序

突发事件发生后，事发地分公司应第一时间研判突发事件等级，已造成或可能造成Ⅰ级、Ⅱ级突发事件的，应在20分钟内向省路警联合指挥中心及集团总部值班室电话报告、40分钟内书面报告；已造成或可能造成Ⅲ级、Ⅳ级突发事件的，应在1小时内向省路警联合指挥中心报告，Ⅲ级突发事件和除交通事故之外的Ⅳ级突发事件同时向集团总部值班室报告。此外，发生生产安全事故的，事发地分公司还应按照相关规定向属地政府应急管理部门报告。

集团总部值班室接到Ⅲ级及以上突发事件和除交通事故之外的Ⅳ级突发事件报告信息后报告带班领导、分管领导，根据报告的信息再次确认突发事件等级后向集团应急指挥领导小组办公室报送，根据相关规定报省厅值班室。

此外，针对路网突发事件，事发地分公司指挥中心要按照《公路交通阻断信息报送制度》（交办公路〔2018〕16号）文件要求报送信息。

生产安全事故信息报送流程如图6-1所示，路网突发事件信息报送流程如图6-2所示。

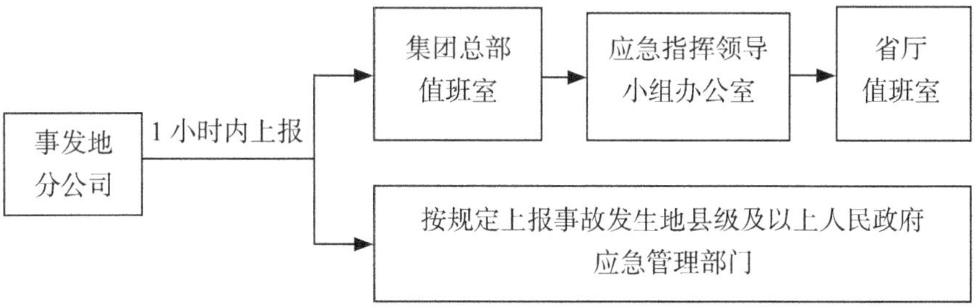

图6-1　生产安全事故信息报送流程

3.2　报告内容

报告信息的内容要简明准确、要素完整、重点突出，应包括以下要素：

（1）事件发生的时间、地点、事件类型及信息来源。

（2）事件起因、基本过程、已造成的后果以及影响范围和事件发展趋势。

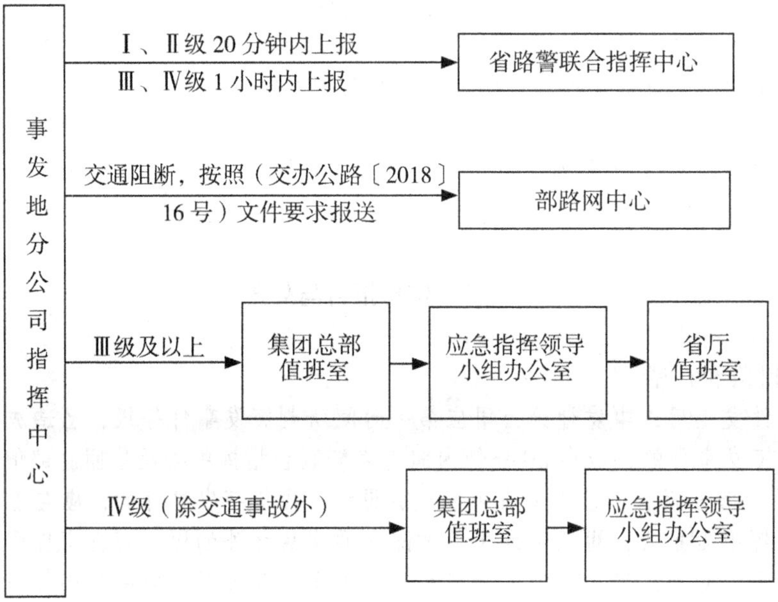

图6-2　路网突发事件信息报送流程

（3）已采取的措施、下一步的工作计划。

（4）信息报送单位、联系人和联系电话等。

3.3　报告方式

信息报告坚持“先简要报告、后详情续报”的原则，事发地分公司按照报告时限要求，先通过电话报告，然后将信息以书面形式报告。遇特殊情况不能在规定时间以书面形式报告的，应以电话等形式报告，核实后续报。信息报出后必须进行电话确认。

4　预防与预警

4.1　预警信息收集

集团总部值班室接到预警信息后报告应急指挥领导小组办公室，应急指挥领导小组办公室做好整理、汇总及转发工作。各分公司负责所辖路段的预警信息收集、整理及风险分析等相关工作。预警信息来源主要包括：

（1）公安、气象、地震、应急等部门的监测和灾害预报预警信息，以及省重点或者紧急物资运输通行保障需求信息。

（2）部路网中心或省路警联合指挥中心发布或转发的重大公路预警信息。

（3）各分公司上报的交通事故（Ⅲ级及以上）和道路阻断、生产安全事故相关信息。

（4）其他重大致险情况。

（5）其他需要分公司提供的应急保障紧急事件信息。

信息收集内容包括预计发生事件的类型、出现的时间、地点、规模、可能引发的影响及发展趋势等。

4.2　预警信息处置

应急指挥领导小组办公室接收到预警信息后，视情组织对预警信息中突发事件发生的可能性及其对高速公路可能造成的影响进行研判，经应急指挥领导小组同意后，发布相应预警信息。

4.3　防御响应程序

（1）应急指挥领导小组办公室根据预警信息研判结果，提出启动防御响应建议，经应急指挥领导小组同意后启动。

（2）防御响应启动后，应急指挥领导小组根据预警内容和实际情况，指挥或指导事发地分公司采取防御响应措施。

（3）应急指挥领导小组根据事件发展态势，可将防御响应转入应急响应，按照应急响应程序处置。

（4）上级部门或发布预警信息其他有关部门宣布预警解除时，或集团内部发布的预警信息中可能引发突发事件的危险因素得到有效控制时，应急指挥领导小组办公室宣布防御响应结束。

4.4　防御措施

防御响应过程中采取以下一项或多项防御措施：

（1）增加预警信息监测频次，及时收集、报告有关信息。

（2）做好与相关分公司沟通，收集实际情况向省高速中心等上级单位报送，并按照要求发布相关信息。

（3）组织指导分公司做好防御准备，视情调集应急处置所需要的物资、设备。

（4）做好与公安、应急、气象等相关单位或部门的信息共享和协调联动工作。

（5）落实领导带班和24小时值班，认真履行职责，确保通信畅通，及时获取、报告道路运行情况和突发事件信息。

（6）其他需采取的防御响应措施。

5　应急响应

5.1　先期处置

突发事件发生后，事发地分公司在报告突发事件信息的同时，应当立即启动相关应急响应，并成立现场指挥部，进行先期处置，在规定时限内上报突发事件信息。

事发地分公司应当根据实际情况，在确保本单位应急队伍人身安全的前提下进行现场警戒，组织车辆引导疏散及遇险人员的救援安置等初期处置工作。

5.2　应急响应分级

本预案突发事件应急响应分为四级：Ⅰ级响应、Ⅱ级响应、Ⅲ级响应和Ⅳ级响应，分别对应Ⅰ级突发事件、Ⅱ级突发事件、Ⅲ级突发事件和Ⅳ级突发事件。

5.3　应急响应启动及措施

Ⅰ级、Ⅱ级响应：由应急指挥领导小组组长启动并实施，在省交通运输厅或省高速中心等上级单位的领导下组织配合开展相关应急处置工作，具体措施可参照Ⅲ级响应内容。

Ⅲ级响应：由应急指挥领导小组组长启动并实施，配合省高速中心组织开展相关应急处置工作，及时了解现场指挥部先期处置情况和突发事件发展态势等信息。按照本预案、相关专项应急预案和现场处置方案组织开展应急处置。

（1）应急指挥领导小组各成员坚守岗位，实行领导带班和 24 小时值班，确保通信畅通，及时共享信息。

（2）应急指挥领导小组通过现场、电话、视频会议等形式组织会商，分析研判事件可能产生的影响及后果，部署应急抢险工作。

（3）应急指挥领导小组组长或指定人员视情带队赶赴事发地，组织相关单位开展应急处置工作。

（4）应急指挥领导小组办公室保持与事发地分公司的联络，及时收集、分析、更新事件信息，汇总应急处置工作情况，跟踪突发事件进展情况。

（5）综合保障组、运营保障组、抢通保通组、服务保障组根据职责分工，组织事发地分公司做好应急处置工作。

（6）事发地属地政府启动应急响应后，集团应急指挥领导小组及各工作组服从属地政府相关部门的统一指挥调度，在其领导下开展应急处置工作。

Ⅳ级响应：由事发地分公司应急指挥领导小组启动并实施，及时上报集团应急指挥领导小组办公室，集团应急指挥领导小组视情指定人员赶赴事发地指导相关单位开展应急处置工作。事发地分公司应及时更新上报应急响应与处置等信息，集团应急指挥领导小组可根据事件发展态势，启动更高级别应急响应。

应急响应流程见本书第 3 章图 3-3~ 图 3-6。

5.4　指挥与协调

5.4.1　工作要求

事发地分公司做好突发事件现场应急处置工作，必要时请求属地政府和有关部门予以支援。

Ⅲ级及以上应急响应时，事发地分公司应在上级应急指挥领导小组的统一领导下开展应急处置工作。

在发生路网突发事件时，各工作组按照各自职责分工，开展工作；在发生生产安全事故时，各工作组在应急指挥领导小组的统一领导下，服从属地政府应急管理部门的统一指挥调度。

5.4.2　现场控制与处置

根据突发事件类型、可控性、影响范围、应急人力与物力等情况组织开展应急救援工作；根据影响范围告知相关单位和人员应采取的安全防护措施；突发事件得到控制后，及时组织协调路面清障工作，尽早恢复高速公路通行。

5.4.3 沟通协作

应急指挥领导小组办公室与事发地分公司应做好沟通协调，确保人、财、物等应急资源在集团系统内合理配置；做好与属地政府相关部门的沟通协调、协作联动，视情寻求社会支援力量参与应急处置。

5.5 响应终止

5.5.1 终止条件

符合下列全部条件的，终止应急响应：

（1）受险人员安全离开危险区并得到妥善安置。

（2）事件得到控制和消除。

（3）险情排除，道路恢复畅通。

（4）现场救援、处置活动已经结束。

5.5.2 响应终止

按照“谁启动、谁终止”的原则，经应急指挥领导小组会商，认为突发事件的威胁和危害得到消除或者控制，或相关部门宣布突发事件应急响应终止，宣布终止应急响应。

5.6 后期处置

5.6.1 善后处置

应急响应终止后，指导、协助事发地分公司开展善后处置工作，尽快恢复高速公路正常秩序，配合相关部门开展突发事件调查。

5.6.2 评估总结

突发事件应急处置工作结束后，事发地分公司应做出客观、公正、全面的评估总结报告，说明基本情况，分析事件原因，总结应急经验，修订应急预案，提出改进建议。

Ⅲ级及以上应急响应终止后，应急指挥领导小组办公室应组织参与应急处置的各工作组开展总结评估。

6 保障措施

6.1 应急队伍保障

集团总部指导各分公司完善应急救援队伍建设，各分公司依托养护、路产、运维等基层单位建设高速公路突发事件应急队伍。

6.2 物资设备保障

各分公司结合管养路段实际，按照相关要求储备应急物资设备并合理布设，负责日常管理和保养，使之处于良好状态。

6.3 应急经费保障

应急保障所需的各项经费，按照集团预算管理办法按规定程序列入各分公司年度预算。特殊情况一事一议，列支专项经费。

6.4 其他保障

根据突发事件应急需要，做好其他保障工作。

7 培训与演练

7.1 预案培训

集团总部将应急预案培训工作纳入生产安全培训工作计划，指导各分公司开展应急预案培训工作。

各分公司应组织开展本单位应急预案的学习培训。同时，应急培训的时间、地点、内容、师资、参加人员和考核结果等情况，应如实记入本单位的生产安全教育和培训档案。

7.2 宣传教育

各分公司应结合“安全生产月”“119消防宣传日”等重要活动，通过多种渠道，宣传应急法律法规和预防、避险、自救、互救、减灾等知识，增强从业人员和社会公众忧患意识、社会责任意识、公共安全和风险防范意识，提高避险能力和自救互救能力。

7.3 预案演练

各分公司应制订本单位的应急预案演练计划，根据本单位的事故风险特点，每年至少组织一次综合应急预案演练或者专项应急预案演练，每半年至少组织一次现场处置方案演练。其中，长大桥隧路段，应当每年组织针对火灾、交通事故、自然灾害等突发事件的专项应急演练。

应急预案演练结束后，组织单位应当对应急预案演练效果进行评估，撰写评估报告，分析存在的问题，并对应急预案提出修订意见。

8 附 则

8.1 预案管理与更新

本预案由集团负责制定解释，各分公司应根据本预案，结合自身实际，制定、修订、完善相关应急预案。有下列情形之一的，应急预案应当及时修订并归档：

（1）依据的法律、法规、规章、标准及上位预案中的有关规定发生重大变化的。

（2）应急指挥机构及其职责发生调整的。

（3）面临的事故风险发生重大变化的。

（4）重要应急资源发生重大变化的。

（5）预案中的其他重要信息发生变化的。

（6）应急演练和事故应急救援中发现问题需要修订的。

（7）编制单位认为应当修订的其他情况。

8.2 预案实施

本预案自下发之日起实施。

附件1 突发事件风险分析

集团运营高速公路受外界和自身因素的影响，主要存在事故灾难、自然灾害、社会安全和公共卫生四类风险事件，其主要事件名称、典型形态和特征、主要风险描述如下：

事故灾难突发事件包含生产安全事故和其他事故灾难。

生产安全事故是指集团或承包人在生产经营活动过程中，由于自身因素造成人员伤害、财产损失等情况的意外事件。主要包括火灾事故、触电事故、高处坠落等。

其他事故灾难是指由于外界因素引发的人员伤害、主体结构及附属设施损毁、交通阻断等情况的意外事件，主要包括车辆道路交通事故、火灾与爆炸事故等。

自然灾害突发事件是指影响集团所辖区域内所有人员、财产安全及公路正常运行的自然灾害事件。主要包括暴雨、暴雪、雷电、大风等气象灾害，山体滑坡、泥石流、崩塌、水毁、塌陷以及地震等地质灾害。

社会安全突发事件是指在集团所辖区域内发生的群体性事件、票款安全事件、网络与信息安全事件、暴恐袭击事件等危害社会安全的事件。

公共卫生突发事件是指在集团员工食宿场所、对外经营场所、办公场所，发生的集体食物中毒、瘟疫疾病等事件。

集团运营高速公路突发事件风险分析如表6-1～表6-4所示。

表6-1　事故灾难突发事件风险分析

事件名称	典型形态与特征描述	主要风险
生产安全事故	火灾事故、触电事故、高处坠落、爆炸	办公、住宿区火灾、触电；作业过程中高处坠落；餐厅燃气使用发生火灾、爆炸
路基段突发事件	路面行驶车辆发生的火灾、爆炸、交通事故等及其造成的结构损毁	危化品运输车辆火灾、爆炸；行驶车辆单车、多车事故；自然灾害、车辆超载、火灾、爆炸等引起结构损毁等
桥梁突发事件	桥梁结构损毁、桥面道路交通事故、桥上危化品车辆事故、桥梁上下火灾	自然灾害、交通事故、桥下事故等引起结构损毁、人员伤害；桥面道路交通事故及危化品车辆事故引起人员伤害、燃油（气）泄露、火灾、爆炸、设施损毁；桥梁火灾引起的人员伤害、火灾、设施损毁等
隧道突发事件	隧道路段火灾、爆炸、交通事故、结构损毁	危化品运输车辆火灾、爆炸；隧道运行车辆单车、多车事故；自然灾害、车辆超限、火灾、爆炸等引起的结构损毁等
环境污染事件	环境污染	危化品泄漏、生活废弃物等引发的环境污染

表 6-2　自然灾害突发事件风险分析

事件名称	形态与特征描述	主要风险
暴雨	瞬时雨量大	交通事故、交通阻断、结构损毁、积水、通信中断
暴雪	短时降雪量大，连续大雪、暴雪	交通事故、交通阻断、通信中断、机电设备异常、主体结构损坏
冰冻	路面结冰	交通阻断、交通事故
大风	风速大	人员伤害、交通事故、设施设备受损
大雾	浓雾、局部团雾、能见度低	交通事故、交通阻断
地质灾害	山体滑坡、泥石流、崩塌、水毁、塌陷、地震等	交通事故、交通阻断、结构损毁

表 6-3　社会安全突发事件风险分析

事件名称	形态与特征描述	主要风险
群体事件	群众聚集、干扰正常生产活动	人员伤害、社会影响
网络安全事件	信息内容安全、信息窃取、网络服务异常、有害程序、信息破坏、设备设施故障等	社会影响、财产损失
舆情应对事件	负面信息、不实信息等	社会影响

表 6-4　公共卫生突发事件风险分析

事件名称	形态与特征描述	主要风险
公共卫生事件	群体中毒或感染传染病	中毒、瘟疫及扩大

附件 2　突发事件应急处置操作指南

一、地震灾害应急处置操作指南

（1）组织人员对受灾公路设施受损情况进行排查，制订抢通工作方案。

（2）调集应急队伍，在属地政府领导及上级交通运输主管部门指导、协调下，对受损公路设施进行抢修，尽快恢复道路通行。

（3）坚持抢修与保通并重，根据事发地天气变化和地质灾害情况，研判可能造成公路交通中断的影响因素，统筹规划、设置保通点，合理安排人员和机械设备。

（4）组织抢通时，密切关注天气变化和作业环境，加强安全防范，尽可能避免抢通时发生人员伤亡事故。在沿线地质破碎的路段，可采取设置“观察哨”“安全员”等措施，加强对抢通作业现场的安全管理。

（5）抢通工作按照“先重点后一般、先抢通后修复”原则，优先抢通司乘人员疏散、救灾物资、救灾人员运输通行的路线，确保道路通畅。

（6）实时评估事发地应急救援力量配备，及时补充人员、物资，保障抢通工作顺利开展。必要时协调社会力量及相关单位参与抢通工作。

（7）采取引导措施，优先保障运输抢险救灾队伍、转移疏散人员、抢险救灾物资的车辆通行，必要时对经批准执行抢险救灾任务的车辆，按照有关规定做好通行保障工作。组织或协调沿线收费站、服务区等做好相关服务保障工作。

（8）配合相关部门对进出灾区的车辆、人员进行管制、疏导，对影响灾区抢险救灾工作的社会车辆，制订绕行方案并组织实施，及时发布通行信息。

（9）组织抢通时，依照相关技术规范，对灾区公路桥梁、隧道等公路设施重点部位、薄弱环节或隐患易发路段开展全面检查，摸清运行或技术状况，排查病害或隐患，并采取相应措施，尽可能减少出现危及通行安全和人员生命的险情。

（10）对已中断交通或危及通行安全的公路、桥梁、隧道等设施，设立警示标志，配合相关部门采取限载、限速、封闭通行等措施。对严重受损的公路、桥梁、隧道等设施，安排专人看守。

（11）根据灾区公路设施技术状况，为相关部门提供设计图纸和技术支持，保障公路运行安全，组织对受损公路设施进行统计分析和评估，确定抢险、重建方案并推进实施。

高速公路发生山体滑坡、泥石流、崩塌、水毁、塌陷等地质灾害时，应急处置可参照执行。

二、道路交通事故应急处置操作指南

（1）及时通知交警、医疗、消防等部门，通过可变情报板发布“前方事故，减速慢行”等提示信息。

（2）及时通知路产人员赶赴现场，疏散无关人员，设置警示标志，做好保通保畅工作。

（3）配合交警做好现场警戒，维持秩序，疏导交通，引导车辆减速通过。

（4）配合交警做好应急车道畅通工作，引导医疗、救援等车辆、人员顺利出入事故现场，道路设施如果发生损毁情况，及时组织力量抢修。

（5）配合交警做好临时性限速、调换车道等交通管制措施及车辆分流方案工作，并及时发布信息，指引车辆分流。

（6）按规范做好车辆清障救援工作。

（7）应急处置结束后，根据交警等部门的评估，有序开放道路。

三、危险化学品泄漏事件应急处置操作指南

（1）及时上报并从上风侧疏散现场人员，通知交警、环保、医疗、消防等部门。

（2）通过可变情报板和收费站、服务区广播发布事故信息。

（3）配合交警部门维持现场秩序，引导疏散车辆。

（4）配合属地政府做好警戒及疏散人员工作。

（5）按规范做好车辆清障救援工作。

（6）处置期间，服务区、收费站、路产等部门做好疏散、警示、饮食、住宿等服务保障工作。

（7）应急处置结束后，根据交警、环保等部门的评估，有序开放道路并及时勘察现场，如有路损，做好拍照保留证据及追偿等工作。

6.1.2 雨雪冰冻专项应急预案

××省交通运输发展集团有限公司雨雪冰冻专项应急预案

1 总 则

1.1 编制目的

为提高××省交通运输发展集团有限公司（简称集团）运营高速公路雨雪冰冻突发事件防范与处置能力，最大限度地减小雨雪冰冻相关极端天气对高速公路运营造成的危害，保障高速公路安全畅通，制定本预案。

1.2 编制依据

依据《××省气象灾害预警信号发布与传播办法》《××省交通运输发展集团有限公司除雪融冰管理办法（试行）》《公路交通突发事件应急预案》《××省高速公路雨雪冰冻突发事件应急预案》《××省交通运输发展集团有限公司运营高速公路突发事件综合应急预案》（简称综合预案）等相关法规、部门规章、上位预案。

1.3 适用范围

本预案适用于集团运营高速公路因路面积雪、结冰等因素造成高速公路交通中断或堵塞，出现大量车辆积压、人员滞留等应急处置工作。

1.4 应急预案衔接

本预案与省高速中心等上级单位应急预案相衔接，各分公司与上级单位及属地政府相关预案相衔接。

1.5 事件分级

本预案所称的雨雪冰冻突发事件指集团所辖高速公路因受暴雪、冰冻等气象灾害产生积雪、结冰而导致交通中断或堵塞的突发事件，分为四个等级，分别为Ⅰ级（特别重大）、Ⅱ级（重大）、Ⅲ级（较大）、Ⅳ级（一般）。分级标准为：

Ⅰ级（特别重大）：造成高速公路交通中断，且抢修、处置时间预计在48小时以上的；

Ⅱ级（重大）：造成高速公路交通中断，且抢修、处置时间预计在24小时以上的；

Ⅲ级（较大）：造成高速公路交通中断，且抢修、处置时间预计在6小时以上的；

Ⅳ级（一般）：造成高速公路交通中断或堵塞，且抢修、处置时间预计在6小时以下的。

以上所称的“以上”包括本数，“以下”不包含本数。

1.6　应急工作原则

参照综合预案中“1.6 应急工作原则”相关内容执行。

2　组织机构及职责

参照综合预案中“2 组织机构和职责”相关内容执行。

3　信息报告与处置

参照综合预案中“3 信息报告与处置”相关内容执行。

4　预防与预警

4.1　预防与准备

（1）组织指导各分公司成立除雪融冰领导小组，组织实施管辖路段除雪融冰工作，每年 10 月 30 日前，各分公司全面检查所辖路段除雪融冰机械、物资、人员到位和达标情况，对施工作业人员进行一次培训，组织一次实战演练。

（2）组织指导各分公司对所辖重点路段或位置（桥梁、超高段弯道、陡坡、隧道入口、阴坡等气温较低，容易积雪、结冰或二次结冰的局部路段或位置）进行全面排查，提前设置明显的反光标识。

4.2　预警监测

集团总部值班室接到预警信息后报告应急指挥领导小组办公室，应急指挥领导小组办公室做好整理、汇总及转发工作。各分公司负责所辖路段的预警信息收集、整理及风险分析等相关工作。预警信息来源主要包括：

（1）各级政府气象部门公开发布的暴雪、道路结冰气象预警信息。

（2）管辖范围内高速公路交通中断、堵塞监测信息。

（3）各分公司现场巡查、监测、监控获得的异常信息。

（4）道路结冰、降雪初始情况，道路积雪情况、道路车辆通行情况及道路交通管制情况信息。

（5）其他需要分公司提供的应急保障紧急事件信息。

4.3　预警信息分级与处置

参照《×× 省气象灾害预警信号发布与传播办法》（见附件 1）预警信息分为四级，分别为Ⅰ级（特别重大）、Ⅱ级（重大）、Ⅲ级（较大）、Ⅳ级（一般），依次用红色、橙色、黄色、蓝色表示。

Ⅰ级预警（红色）：各级政府气象部门发布的暴雪或道路结冰红色预警信息。

Ⅱ级预警（橙色）：各级政府气象部门发布的暴雪或道路结冰橙色预警信息。

Ⅲ级预警（黄色）：各级政府气象部门发布的暴雪或道路结冰黄色预警信息。

Ⅳ级预警（蓝色）：各级政府气象部门发布的暴雪蓝色预警信息。

预警信息处置参照综合预案中“4.2　预警信息处置”相关内容执行。

4.4　防御响应程序

发布预警后，参照综合预案中“4.3　防御响应程序”相关内容执行。

4.5　防御措施

除参照综合预案中“4.4　防御措施”相关内容执行外，还应采取以下措施：

（1）组织指导各分公司对所辖易结冰路段以及桥隧重点路段进行全面排查。

（2）组织指导各分公司按要求提前准备好除雪融冰应急物资。

（3）如果需要交通管制但未造成中断或堵塞，指导相关分公司设立必要的安全警示标志、按规定发布相关信息。

5　应急响应

5.1　响应分级

本预案突发事件应急响应分为四级：Ⅰ级响应、Ⅱ级响应、Ⅲ级响应和Ⅳ级响应，分别对应Ⅰ级突发事件、Ⅱ级突发事件、Ⅲ级突发事件和Ⅳ级突发事件。

5.2　应急响应启动及措施

Ⅰ级、Ⅱ级响应：由集团应急指挥领导小组组长启动并实施，在省交通运输厅或省高速中心等上级单位的领导下组织配合开展相关应急处置工作，具体措施可参照Ⅲ级响应内容。

Ⅲ级响应：由集团应急指挥领导小组组长启动并实施，配合省高速中心组织开展相关应急处置工作，了解现场指挥部先期处置情况和突发事件发展态势等信息，按照本预案组织开展应急处置。

5.2.1　应急指挥领导小组

（1）应急指挥领导小组各成员坚守岗位，实行领导带班和24小时值班，确保通信畅通，及时共享信息。

（2）组长召集有关部门分析暴雪、道路结冰的发展趋势及对高速公路的影响，部署防御工作。

（3）视情派出工作组赶赴现场指挥除雪融冰处置工作。

（4）根据突发事件应急处置情况，必要时报请启动更高级别的应急响应。

（5）服从省高速中心等应急响应指令，配合做好应急处置工作。

5.2.2　应急指挥领导小组办公室

（1）保持与事发地分公司的联络，及时收集、分析、更新突发事件进展情况。

（2）统筹除雪融冰应急物资、设备、人员，做好集团内部应急资源力量调配协调工作。

（3）完成应急指挥领导小组安排的其他工作。

5.2.3　事发地分公司

（1）启动领导带班和24小时值班制度，应急组织领导小组各成员到岗到位。

（2）根据发布的监测、预警信息，关注路网运行情况，及时向上级部门报告。

（3）参与制订现场除雪融冰方案，按照应急指挥领导小组指令开展各项工作。

（4）收费、养护、路产、机电、服务区等基层单位应及时将现场情况向分公司指挥中心报送，指挥中心汇总核实后报告应急指挥领导小组办公室。

（5）按照属地政府有关部门、集团总部等单位的要求组织公司应急队伍开展应急处置。

5.2.4　综合保障组

（1）畅通外部信息渠道，做好上传下达工作。

（2）按照应急指挥领导小组指令，做好与社会媒体的联络、沟通工作，起草相关综合类文件及新闻发布材料。

（3）根据应急抢险工作需求，从应急出行车辆、食宿等方面做好后勤服务保障工作。

（4）组织相关部门做好应急抢险过程中伤亡人员的善后处理工作（包括保险理赔）等。

5.2.5　运营保障组

（1）指导机电部门加强事发地收费、监控、通信、供配电等系统的巡查监测，发现异常及时组织处理。

（2）根据交通管制的指令指导封闭收费站车道，并在收费通道前方、高速公路沿线相关的可变情报板等设施公布绕行路线，同时做好应急车辆通行保障工作。

5.2.6　抢通保通组

（1）联系事发地分公司养护、路产等部门，了解积雪、结冰、交通中断现状，组织督促事发地分公司养护、路产等部门提高巡查频次，划定重点关注路段或区域，采取除雪融冰措施。

（2）对于发生暴雪、道路结冰灾害造成交通中断或危及正常行车的路段，指导路产部门设置警示标志。配合交警交通管制，避免或减轻高速公路阻塞，对滞留车辆、人员进行疏散。

（3）根据事态发展，提出应急资源的调配需求，及时报告应急指挥领导小组。

（4）组织养护等抢险救援队伍在确保自身安全的前提下保障高速公路具备通行条件，组织、指导开展抢险救援工作。

5.2.7　服务保障组

（1）组织事发地服务区管理部门负责人赴受影响的服务区指挥、协调应急人员抢险工作。

（2）组织事发地附近服务区为滞留高速公路的人员、车辆提供临时避险场所，做好食品、饮用水、燃油等必要紧急物资等服务保障工作。

（3）组织事发地服务区管理部门加强对服务区加油站等重点部位的安全监管，发现隐患及时处置。

5.2.8　专家咨询组

根据应急抢险需要，由应急指挥领导小组视情成立专家咨询组，负责对应急准备、应急行动和后期分析评估提供专业咨询和建议。

Ⅳ级响应：由事发地分公司应急指挥领导小组启动并实施，及时上报集团应急指挥领导小组办公室。事发地分公司指挥中心应及时更新上报应急响应与处置等信息，集团应急指挥领导小组可根据事件发展态势，启动更高级别应急响应。

5.3 指挥与协调

参照综合预案中“5.4 指挥与协调”相关内容执行。

5.4 响应终止

参照综合预案中“5.5 响应终止”相关内容执行。

5.5 后期处置

除参照综合预案中“5.6 后期处置”相关内容执行外，及时指导分公司对路面、沿线设施进行检查、清理保洁、维修、更换等工作。

6 保障措施

6.1 应急队伍保障

参照综合预案中“6.1 应急队伍保障”相关内容执行。

6.2 物资设备保障

应急指挥领导小组办公室负责指导各分公司做好雨雪冰冻突发事件应急物资和生活必需品的储备管理工作，确保应急物资和生活必需品储备充足和及时供应。

各分公司应结合路段实际，按照《××省交通运输发展集团有限公司除雪融冰管理办法（试行）》相关要求做好应急物资的储备。在运营高速公路雨雪冰冻突发事件应急处置中，如事态超出自身控制范围，及时向集团总部、省高速中心汇报，申请上级统筹指挥和调配物资。必要时，可请求属地政府支援。

6.3 应急经费保障

参照综合预案中“6.3 应急经费保障”相关内容执行。

7 培训与演练

参照综合预案中“7 培训与演练”相关内容执行。

8 附 则

参照综合预案中“8 附则”相关内容执行。

附件 1　雨雪冰冻异常气候预警分级

预警级别	预警图表	分级标准
Ⅰ级（红色）		6 小时内降雪量将达 15 mm 以上，或者已达 15 mm 以上且降雪持续，可能或者已经对交通有较大影响
		当路表温度低于 0 ℃，出现降水，2 小时内可能出现或者已经出现对交通有很大影响的道路结冰
Ⅱ级（橙色）		6 小时内降雪量将达 10 mm 以上，或者已达 10 mm 以上且降雪持续，可能或者已经对交通有较大影响
		当路表温度低于 0 ℃，出现降水，6 小时内可能出现对交通有较大影响的道路结冰
Ⅲ级（黄色）	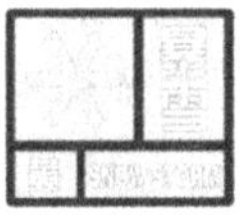	12 小时内降雪量将达 6 mm 以上，或者已达 6 mm 以上且降雪持续，可能对交通有影响
		当路表温度低于 0 ℃，出现降水，12 小时内可能出现对交通有影响的道路结冰
Ⅳ级（蓝色）		12 小时内降雪量将达 4 mm 以上，或者已达 4 mm 以上且降雪持续，可能对交通有影响

附件 2　雨雪冰冻应急处置操作指南

（1）畅通外部信息渠道，及时收集、整理、上报预警信息及相关政府部门应急响应启动情况，并按其要求报告相关信息。

（2）加强与交警部门的沟通协作，配合做好交通管制、疏散车辆等工作。

（3）组织力量按照《××省交通运输发展集团有限公司除雪融冰管理办法（试行）》相关规定，清除路面积雪、碎冰。

（4）加强桥梁、坡道、弯道等易结冰路段巡查，提前采取除雪融冰及防滑措施，与相关部门保持信息互通，发布高速公路路网运行信息。

（5）组织或配合相关部门对高速公路故障或事故车辆实施救援，协助交警部门维持交通秩序。

（6）在要求时限内难以完成除雪融冰任务的路段，请求属地政府相关部门或社会力量支援。

（7）应急处置结束后，组织人员对路面、沿线设施进行检查，做好清污、修复等工作，及时恢复通行。

6.1.3 桥梁突发事件专项应急预案

××省交通运输发展集团有限公司桥梁突发事件专项应急预案

1 总 则

1.1 编制目的

为预防和有效应对××省交通运输发展集团有限公司（简称集团）运营高速公路桥梁突发事件，高效组织实施应急处置工作，及时采取应急管控措施，最大限度地降低桥梁突发事件造成的损失，保障高速公路安全畅通，制定本预案。

1.2 编制依据

依据《××省交通运输发展集团有限公司应急养护工程管理办法（试行）》《公路交通突发事件应急预案》《××省高速公路桥梁突发事件应急预案》《××省交通运输发展集团有限公司运营高速公路突发事件综合应急预案》（简称综合预案）等相关部门规章、上位预案。

1.3 适用范围

本预案适用于集团运营高速公路桥梁因自然灾害、事故灾难、社会安全等事件发生结构性病害或破坏、坍塌，造成或者可能导致交通中断或堵塞，以及其他可能造成人员伤亡、财产损失的应急处置工作。

1.4 应急预案衔接

本预案与省高速中心等上级单位应急预案相衔接，各分公司与上级单位及属地政府相关预案相衔接。

1.5 突发事件分级

本预案所称的运营高速公路桥梁突发事件包括桥梁主体结构损毁事故、桥面道路交通事故、桥面危化品泄漏事件、桥梁火灾事件（分析见附件1），分为四个等级，分别为Ⅰ级（特别重大）、Ⅱ级（重大）、Ⅲ级（较大）、Ⅳ级（一般）。具体分级标准参照综合预案中“1.5 事件分级”相关内容执行。

1.6 应急工作原则

参照综合预案中“1.6 应急工作原则”相关内容执行。

2 组织机构及职责

参照综合预案中“2 组织机构和职责”相关内容执行。

3　信息报告与处置

参照综合预案中“3　信息报告与处置”相关内容执行。

4　预防与预警

4.1　预警监测

参照综合预案中“4.1　预警信息收集”相关内容执行，重点关注地震、山体滑坡、泥石流等地质灾害信息，做好突发事件风险分析研判工作。

4.2　预警信息处置

参照综合预案中“4.2　预警信息处置”相关内容执行。

4.3　防御响应程序

发布预警后，参照综合预案中“4.3　防御响应程序”相关内容执行。

4.4　防御措施

除参照综合预案中“4.4　防御措施”相关内容执行外，还应采取以下措施：

（1）组织指导相关分公司对桥涵进行全面排查。

（2）如需交通管制但未造成中断或堵塞，组织指导相关分公司按照《××省交通运输发展集团有限公司高速公路应急养护工程管理办法（试行）》相关要求执行，且按规定发布相关信息。

5　应急响应

5.1　先期处置

除参照综合预案中“5.1　先期处置”相关内容执行外，还应采取以下措施：

（1）当因自然灾害、事故灾难等原因造成桥梁结构损毁时，应组织技术人员赶赴现场开展处置工作。

（2）当危险化学品车辆在桥梁上或桥梁附近发生泄漏等情况时，应及时向交警、消防、应急、生态环境等部门报告情况，并配合进行交通管制和疏散撤离车辆、人员。

5.2　响应分级

本预案突发事件应急响应分为四级：Ⅰ级响应、Ⅱ级响应、Ⅲ级响应和Ⅳ级响应，分别对应Ⅰ级突发事件、Ⅱ级突发事件、Ⅲ级突发事件和Ⅳ级突发事件。

5.3　应急响应启动及措施

Ⅰ级、Ⅱ级响应：由集团应急指挥领导小组组长启动并实施，在省交通运输厅或省高速中心等上级单位的领导下组织配合开展相关应急处置工作，具体措施可参照Ⅲ级响应内容。

Ⅲ级响应：由集团应急指挥领导小组组长启动并实施，配合省高速中心组织开展相关应急处置工作，了解现场指挥部先期处置情况和突发事件发展态势等信息，按照本预案组织开展应急处置。

5.3.1 应急指挥领导小组

（1）应急指挥领导小组各成员坚守岗位，实行领导带班和24小时值班，确保通信畅通，及时共享信息。

（2）组长组织会商分析突发事件对高速公路的影响，部署应急工作。

（3）视情派出工作组赶赴现场指挥应急处置工作。

（4）根据突发事件应急处置情况，必要时报请启动更高级别的应急响应。

（5）服从省高速中心等应急响应指令，配合做好应急处置工作。

5.3.2 应急指挥领导小组办公室

（1）保持与事发地分公司的联络，及时收集、分析、更新突发事件进展情况。

（2）统筹集团内部应急物资、设备、人员，做好应急资源力量调配协调工作。

（3）完成应急指挥领导小组安排的其他工作。

5.3.3 事发地分公司

（1）启动领导带班和24小时值班制度，应急组织领导小组各成员到岗到位。

（2）根据发布的监测、预警信息，关注路网运行情况，及时向上级部门报告。

(3)参与制订现场桥梁突发事件抢险方案,按照应急指挥领导小组指令开展各项工作。

（4）收费、养护、路产、机电、服务区等基层单位应及时将现场情况报送分公司指挥中心，指挥中心汇总核实后报告应急指挥领导小组办公室。

（5）按照属地政府有关部门、集团总部等单位的要求组织公司应急队伍开展应急处置。

5.3.4 综合保障组

（1）畅通外部信息渠道，做好上传下达工作。

（2）按照应急指挥领导小组指令，做好与社会媒体的联络、沟通工作，起草相关综合类文件及新闻发布材料。

（3）根据应急抢险工作需求，从应急出行车辆、食宿等方面做好后勤服务保障工作。

（4）组织相关部门做好应急抢险过程中伤亡人员的善后处理工作（包括保险理赔）等。

5.3.5 运营保障组

（1）指导事发地分公司机电部门做好事发地通信、供配电、照明保障工作。

（2）指导事发地分公司监控中心加强事发路段及前后路段的监控。

（3）根据交通管制的指令指导封闭收费站车道，并在收费通道前方、高速公路沿线相关的可变情报板等设施公布绕行路线，同时，做好应急车辆通行保障工作。

5.3.6 抢通保通组

（1）组织路产部门配合有关部门进行安全管控，配合交警做好交通管制，营救被困人员。

（2）组织养护部门根据现场情况，提出应急资源的调配需求，及时报告应急指挥领导小组，组织养护等抢险救援队伍进行设施抢修、道路抢通。

（3）及时向综合保障组报告应急处置进展情况。

（4）危险解除后，组织养护部门按照规程进行现场清障，配合交警制定绕行路线，引导抢险救援车辆有序驶离现场。

5.3.7　服务保障组

组织事发地附近服务区为滞留高速公路的人员、车辆提供临时避险场所，做好食品、饮用水、燃油等必要紧急物资等服务保障工作。

5.3.8　专家咨询组

根据应急抢险需要，由应急指挥领导小组视情成立专家咨询组，负责对应急准备、应急行动和后期分析评估提供专业咨询和建议。

Ⅳ级响应：由事发地分公司应急指挥领导小组启动并实施，及时上报集团应急指挥领导小组办公室。事发地分公司指挥中心应及时更新上报应急响应与处置等信息，集团应急指挥领导小组可根据事件发展态势，启动更高级别应急响应。

5.4　指挥与协调

参照综合预案中“5.4　指挥与协调”相关内容执行。

5.5　响应终止

参照综合预案中“5.5　响应终止”相关内容执行。

5.6　后期处置

参照综合预案中“5.6　后期处置”相关内容执行。

6　保障措施

6.1　应急队伍保障

参照综合预案中“6.1　应急队伍保障”相关内容执行。

6.2　物资设备保障

应急指挥领导小组办公室负责指导事发地分公司做好桥梁突发事件应急物资的储备管理工作，确保应急物资储备充足和及时供应。

各分公司应结合路段实际，按有关要求做好应急物资的储备。在运营高速公路桥梁突发事件应急处置中，如事态超出自身控制范围，及时向集团总部、省高速中心汇报，申请上级统筹指挥和调配物资。必要时，可请求属地政府支援。

6.3　应急经费保障

参照综合预案中“6.3　应急经费保障”相关内容执行。

7　培训与演练

参照综合预案中“7　培训与演练”相关内容执行。

8　附　则

参照综合预案中“8　附则”相关内容执行。

附件1　高速公路桥梁突发事件分析

高速公路桥梁突发事件包括桥梁主体结构损毁事故、桥面道路交通事故、桥面危化品泄漏事件、桥梁火灾事件。其突发事件风险分析如下：

（1）主体结构损毁事故。

主体结构损毁事故主要包括自然灾害、社会车辆道路交通事故等导致桥梁主体结构损毁。

（2）桥面道路交通事故。

桥面道路交通事故包括桥梁发生的单车事故和多车事故，通常会造成人员伤亡、财产损失和交通拥堵。部分交通事故也伴随着发生火灾，可能引起桥梁主体结构受损，进一步加重事故态势和损失。

（3）桥面危化品泄漏事件。

桥面危化品泄漏事件是指运输危险化学品的车辆因交通事故或其他突发原因，发生在桥梁路段的可能或已经导致泄漏、起火、爆炸等危害性后果的事件。

（4）桥梁火灾事件。

车辆因漏油、自燃、交通事故引起的桥面起火或桥下构造物附近发生的火灾事件，部分火灾会造成设施损毁，进一步加重事故态势和损失。

桥梁突发事件风险分析汇总如表6-5所示。

表6-5　桥梁突发事件风险分析

事件名称	形态与特征描述	主要风险
主体结构损毁事故	自然灾害导致结构损毁	主体结构及附属设施损毁、人员伤害
	社会车辆道路交通事故导致结构损毁	
桥面道路交通事故	桥上单车、多车事故	人员伤害、燃油（气）泄漏、火灾、爆炸、设施损毁
桥面危化品泄漏事件	桥上危化品车辆事故	人员伤害、危化品泄漏、火灾、爆炸、中毒、设施损毁
桥梁火灾事件	桥上车辆发生火灾	人员伤害、燃油（气）泄漏、火灾、设施损毁
	桥下构造物附近发生火灾	火灾、设施损毁

附件2　桥梁突发事件应急处置操作指南

（1）畅通外部信息渠道，及时收集、整理、上报预警信息及相关政府部门应急响应启动情况，并按其要求报告相关信息。

（2）利用沿线可变情报板、收费站广播等方式发布桥梁突发事件信息及高速公路运行信息，需要封闭道路的，配合交警部门制定车辆分流或车辆绕行等方案，保障高速公路畅通。

（3）配合交警做好应急车道畅通工作，引导医疗、救援等车辆、人员顺利出入事故现场。

（4）组织人员对突发事件桥梁受损情况进行排查评估，制订交通抢通工作方案，调集应急队伍对受损桥梁设施进行抢修。

（5）桥梁发生火灾、爆炸、危化品泄漏时，须立即进行人员疏散，危险消除后再进行结构的安全性评估。若结构受损，及时进行加固处理。

（6）对已中断交通或危及通行安全的桥梁，设立警示标志，配合相关部门采取限载、限速、封闭通行等措施。

（7）组织抢通时，密切关注天气变化和作业环境，加强对抢通作业现场的安全管理。

（8）应急结束后，组织人员做好桥面的清障、恢复通行等保障工作。

6.1.4　隧道突发事件专项应急预案

××省交通运输发展集团有限公司隧道突发事件专项应急预案

1　总　则

1.1　编制目的

为预防和有效应对××省交通运输发展集团有限公司（简称集团）运营高速公路隧道突发事件，及时采取应急管控措施，高效组织实施应急处置工作，最大限度地减少隧道突发事件造成的损失，保障高速公路安全畅通，制定本预案。

1.2　编制依据

依据《××省交通运输发展集团有限公司应急养护工程管理办法（试行）》《××省高速公路隧道养护指导意见》《公路交通突发事件应急预案》《××省高速公路隧道突发事件应急预案》《××省交通运输发展集团有限公司运营高速公路突发事件综合应急预案》（简称综合预案）等相关部门规章、上位预案。

1.3　适用范围

本预案适用于集团运营高速公路隧道因自然灾害、事故灾难、社会安全等事件发生结构性病害或破坏、坍塌，造成或者可能导致交通中断或堵塞，以及其他可能造成人员伤亡、财产损失的应急处置工作。

1.4　应急预案衔接

本预案与省高速中心等上级单位应急预案相衔接，各分公司与上级单位及属地政府相关预案相衔接。

1.5　事件分级

本预案所称的运营高速公路隧道突发事件包括隧道主体结构损毁事故、隧道道路交通事故、隧道危化品泄漏事件、隧道火灾事件（分析见附件1），分为四个等级，分别为Ⅰ级（特别重大）、Ⅱ级（重大）、Ⅲ级（较大）、Ⅳ级（一般）。具体分级标准参照综合预案中“1.5　突发事件分级”相关内容执行。

1.6　应急工作原则

参照综合预案中“1.6　应急工作原则”相关内容执行。

2　组织机构和职责

参照综合预案中“2　组织机构和职责”相关内容执行。

3　信息报告与处置

参照综合预案中“3　信息报告与处置”相关内容执行。

4　监测与预警

4.1　预警监测

参照综合预案中“4.1　预警信息收集”相关内容执行，重点关注地震、山体滑坡、泥石流等地质灾害信息，做好突发事件风险分析研判工作。

4.2　预警信息处置

参照综合预案中“4.2　预警信息处置”相关内容执行。

4.3　防御响应程序

发布预警后，参照综合预案中“4.3　防御响应程序”相关内容执行。

4.4　防御措施

除参照综合预案中“4.4　防御措施”相关内容执行外，还应采取以下措施：

（1）组织指导相关分公司对隧道及配套设施进行全面排查。

（2）如需交通管制但未造成中断或堵塞，组织指导相关分公司按照《××省交通运输发展集团有限公司高速公路应急养护工程管理办法（试行）》相关要求执行，且按规定发布相关信息。

5　应急响应

5.1　先期处置

除参照综合预案中“5.1　先期处置”相关内容执行外，还应采取以下措施：

（1）当因自然灾害、事故灾难等原因造成隧道结构损毁时，应及时组织技术人员赶赴现场开展处置工作。

（2）当危险化学品车辆在隧道内或进出口附近发生泄漏时，向交警、消防、应急、生态环境等部门报告，并配合进行交通管制和疏散撤离车辆、人员。

（3）当隧道内发生火灾时，视情向交警、消防、应急、医疗等部门报告，并配合进行交通管制和疏散撤离车辆、人员。

5.2　响应分级

本预案突发事件应急响应分为四级：Ⅰ级响应、Ⅱ级响应、Ⅲ级响应和Ⅳ级响应，分别对应Ⅰ级突发事件、Ⅱ级突发事件、Ⅲ级突发事件和Ⅳ级突发事件。

5.3　应急响应启动及措施

Ⅰ级、Ⅱ级响应：由集团应急指挥领导小组组长启动并实施，在省交通运输厅或省高速中心等上级单位的领导下，组织配合开展相关应急处置工作，具体措施可参照Ⅲ级响应内容。

Ⅲ级响应：由集团应急指挥领导小组组长启动并实施，配合省高速中心组织开展相关应急处置工作，了解现场指挥部先期处置情况和突发事件发展态势等信息，按照本预案组织开展应急处置。

5.3.1　应急指挥领导小组

（1）应急指挥领导小组各成员坚守岗位，实行领导带班和24小时值班，确保通信畅通，及时共享信息。

（2）组长组织会商分析突发事件对高速公路的影响，部署应急工作。

（3）视情派出工作组赶赴现场，指挥现场处置工作。

（4）根据突发事件应急处置情况，必要时报请启动更高级别的应急响应。

（5）服从省高速中心等应急响应指令，配合做好应急处置工作。

5.3.2　应急指挥领导小组办公室

（1）保持与事发地分公司的联络，及时收集、分析、更新突发事件应急处置情况。

（2）统筹集团内部应急物资、设备、人员，做好应急资源力量调配协调工作。

（3）完成应急指挥领导小组安排的其他工作。

5.3.3　事发地分公司

（1）实行领导带班和24小时值班，应急指挥领导小组各成员到岗到位。

（2）根据发布的监测、预警信息，关注路网运行情况，及时向上级部门报告。

（3）参与制订现场隧道突发事件抢险方案，按照应急指挥领导小组指令开展各项工作。

（4）收费、养护、路产、机电、服务区等基层单位应及时将现场情况报送给分公司指挥中心，指挥中心汇总核实后报告应急指挥领导小组办公室。

（5）做好事发隧道的消防设施保障工作。

（6）按照属地政府有关部门、集团总部等单位的要求组织公司应急队伍开展应急处置。

5.3.4　综合保障组

（1）畅通外部信息渠道，做好上传下达工作。

（2）按照应急指挥领导小组指令，做好与社会媒体的联络、沟通工作，起草相关综合类文件及新闻发布材料。

（3）根据应急抢险工作需求，从应急出行车辆、食宿等方面做好后勤服务保障工作。

（4）组织相关部门做好应急抢险过程中伤亡人员的善后处理工作（包括保险理赔）等。

5.3.5　运营保障组

（1）指导事发地分公司机电部门做好事发地的通信、供配电、照明保障工作。

（2）指导事发地分公司监控中心加强事发隧道及前后路段的监控。

（3）根据交通管制的指令指导封闭收费站车道，并在收费通道前方、高速公路沿线相关的可变情报板等设施公布绕行路线，同时做好应急车辆通行保障工作。

5.3.6　抢通保通组

（1）组织路产部门配合有关部门进行安全管控，配合交警做好交通管制，营救被困人员。

（2）组织养护部门根据现场情况，提出应急资源的调配需求，及时报告应急指挥领导小组，组织养护等抢险救援队伍进行设施抢修、道路抢通。

（3）及时向综合保障组报告应急处置进展情况。

（4）危险解除后，组织养护部门按照规程进行现场清障，配合交警制定绕行路线，引导抢险救援车辆有序驶离现场。

5.3.7　服务保障组

组织事发地附近服务区为滞留高速公路的司乘人员提供临时避险场所，做好食品、饮用水、燃油等必要紧急物资等服务保障工作。

5.3.8　专家咨询组

根据应急抢险需要，由应急指挥领导小组视情成立专家咨询组，负责对应急准备、应急行动和后期分析评估提供专业咨询和建议。

Ⅳ级响应：由事发地分公司应急指挥领导小组启动并实施，及时上报集团应急指挥领导小组办公室。事发地分公司指挥中心应及时更新上报应急响应与处置等信息，集团应急指挥领导小组可根据事件发展态势，启动更高级别应急响应。

5.4　指挥与协调

参照综合预案中“5.4 指挥与协调”相关内容执行。

5.5　响应终止

参照综合预案中“5.5 响应终止”相关内容执行。

5.6　后期处置

参照综合预案中“5.6 后期处置”相关内容执行。

6　保障措施

6.1　应急队伍保障

与综合预案中“6.1 应急队伍保障”保持一致。

6.2　物资设备保障

应急指挥领导小组办公室负责指导事发地分公司做好隧道突发事件应急物资的储备管理工作，确保应急物资储备充足和及时供应。

各分公司应结合路段实际，按有关要求做好应急物资的储备。在运营高速公路隧道突发事件应急处置中，如事态超出自身控制范围，及时向集团总部、省高速中心汇报，申请上级统筹指挥和调配物资。必要时，可请求属地政府支援。

6.3　应急经费保障

与综合预案中“6.3 应急经费保障”保持一致。

7 培训与演练

与综合预案中“7 培训与演练”保持一致。

8 附 则

与综合预案中“8 附则”保持一致。

附件1 高速公路隧道突发事件分析

隧道突发事件包括隧道主体结构损毁事故、隧道道路交通事故、隧道火灾事件、隧道危化品泄漏事件等。其突发事件风险分析如下：

（1）隧道主体结构损毁事故。

隧道主体结构损毁事故主要包括自然灾害、社会车辆道路交通事故等导致结构损毁。

（2）隧道道路交通事故。

隧道道路交通事故包括隧道内发生的单车事故和多车事故，通常会造成人员伤亡、财产损失和交通拥堵。部分交通事故也伴随着发生火灾、停电及可能引起隧道主体结构受损，进一步加重事故态势和损失。

（3）隧道火灾事件。

隧道火灾事件是指隧道内因车辆漏油、自燃、碰撞或机电设备故障及交通事故引起的起火事件，通常会造成人员伤亡、财产损失和交通拥堵。部分火灾事件可能引起隧道设施损毁，进一步加重事故态势和损失。

（4）隧道危化品泄漏事件。

隧道危化品泄漏事件是指运输危化品的车辆因交通事故或其他突发原因，发生在隧道内的可能或已经导致泄漏、起火、爆炸等危害性后果的事件。

隧道突发事件风险分析如表6-6所示。

表6-6 隧道突发事件风险分析

事件名称	形态与特征描述	主要风险
隧道主体结构损毁事故	自然灾害导致结构损毁	主体结构及附属设施损毁、人员伤害
	车辆道路交通事故导致结构损毁	
隧道道路交通事故	隧道内单车、多车事故	人员伤害、燃油（气）泄漏、火灾、爆炸、设施损毁
隧道火灾事件	隧道内车辆、机电设备起火	设施损毁、人员伤亡、财产损失设施损毁
隧道危化品泄漏事件	隧道内危化品车辆事故	泄漏、火灾、爆炸、中毒、设施损毁

附件 2　隧道应急处置操作指南

（1）畅通外部信息渠道，及时收集、整理、上报预警信息及相关政府部门应急响应启动情况，并按其要求报告相关信息。

（2）改变交通信号灯和车道指示灯，视情增加隧道照明，开启隧道通风系统。

（3）利用广播告知隧道内司乘人员隧道内发生事故，提醒车辆减速慢行。

（4）利用沿线可变情报板、收费站广播等方式发布隧道突发事件信息及高速公路运行信息，需要封闭道路的，配合交警部门制订车辆分流或车辆绕行等方案，保障高速公路畅通。

（5）配合交警做好应急车道畅通工作，引导医疗、救援等车辆、人员顺利出入事故现场。

（6）组织人员对突发事件隧道受损情况进行排查评估，制订交通抢通工作方案，调集应急队伍对受损隧道设施进行抢修。

（7）隧道发生火灾、爆炸、危化品泄漏时，须立即进行人员疏散，危险消除后再进行结构的安全性评估。若结构受损，及时进行加固处理。

（8）对已中断交通或危及通行安全的隧道，设立警示标志，配合相关部门采取限速、封闭通行等措施。

（9）组织抢通时，密切关注天气变化和作业环境，加强对抢通作业现场的安全管理。

（10）应急结束后，组织人员做好清障、恢复通行等保障工作。

6.2　高速公路运营管理单位综合应急预案及部分专项应急预案

6.2.1　综合应急预案

××省交通运输发展集团有限公司××分公司综合应急预案

1　总　则

1.1　编制目的

为切实加强××省交通运输发展集团有限公司××分公司（简称××分公司）运营高速公路突发事件应急管理工作，提高应急处置能力，明确分公司各级各类突发事件响应程序，理顺事故救援指挥机制，制定本预案。

1.2　编制依据

《中华人民共和国突发事件应对法》《中华人民共和国安全生产法》《中华人民共和国道路交通管理条例》《生产安全事故应急条例》《公路交通应急处置技术规范》《生产经营单位生产安全事故应急预案编制导则》《××省高速公路突发事件综合应急预案》

《××省交通运输发展集团有限公司运营高速公路突发事件综合应急预案》等国家及省内相关法律法规、规范、上位预案。

1.3 适用范围

本预案适用于××分公司运营高速公路因发生路网突发事件（积水、暴雨、暴雪、山体滑坡、地震、交通事故、桥梁隧道垮塌、暴恐等）或生产安全事故（火灾、触电、高处坠落等），造成或者可能造成交通中断或堵塞、人员伤亡、财产损失、生态环境破坏和危害社会等后果，需××分公司配合、组织或指导处置的突发事件应对工作。防汛、雨雪冰冻、地质灾害、高速公路交通事故、桥梁、隧道、社会安全、大风、大雾恶劣天气等类型的突发事件从其专项应急预案。

本预案中路网突发事件是指除生产安全事故之外的其他突发事件，主要包括其他事故灾难、自然灾害、社会安全、公共卫生等事件，具体描述见“附件1 突发事件风险分析”；生产安全事故是指公司在生产经营活动过程中，由于内部因素造成人员伤害、财产损失等情况的意外事件。

1.4 应急预案体系

本次编制的应急预案是针对××分公司高速公路运营管理中应对突发事件而制定的应急预案，包括1项运营高速公路突发事件综合应急预案、8项专项应急预案（防汛、雨雪冰冻、桥梁、隧道、地质灾害、高速公路交通事故、社会安全、大风、大雾恶劣天气专项应急方案）

1.5 突发事件分级

××分公司突发事件按照事件类型、严重程度、可控性、影响范围及应急处置能力等因素，分为五级：Ⅰ级、Ⅱ级、Ⅲ级、Ⅳ级、Ⅴ级。

1.5.1 Ⅰ级突发事件

事态非常严重，已经或可能造成特别重大人员伤亡、特别重大财产损失，需上报集团总部、省高速中心，省交通运输厅提请省人民政府或交通运输部组织协调多方面力量和资源进行应急处置的路网突发事件和生产安全事故，需按上级有关单位要求配合应急处置，主要包括：

（1）已经或可能造成30人以上死亡（含失踪，下同），或者100人以上重伤，或者1亿元以上直接经济损失的。

（2）造成高速公路交通中断，出现大量车辆积压，并影响到周边省域高速公路正常运行，且抢修、处置时间预计在48小时以上的。

（3）造成高速公路特大桥梁、特长隧道垮塌，或者造成高速公路桥梁、隧道、边坡等构造物垮塌并导致30人以上死亡或者失踪的。

（4）因重要物资缺乏等原因需要紧急安排跨省域高速公路应急通行保障的。

（5）其他需要省人民政府或交通运输部提供应急保障的。

1.5.2 Ⅱ级突发事件

事态严重，已经或可能造成重大人员伤亡、重大财产损失，需上报集团总部、省高速中心，集团总部请求省交通运输厅组织协调交通运输系统多方面力量和资源参与应急处置的路网突发事件和生产安全事故，需按上级有关单位要求配合应急处置，主要包括：

（1）已经或可能造成10人以上30人以下死亡，或者50人以上100人以下重伤，或者5 000万元以上1亿元以下直接经济损失的。

（2）造成高速公路交通中断，出现大量车辆积压，且抢修、处置时间预计在24小时以上的。

（3）造成高速公路大桥、中长隧道垮塌，或者造成高速公路桥梁、隧道、边坡等构造物垮塌并导致10人以上30人以下死亡或者失踪的。

（4）因重要物资缺乏等原因需要紧急安排跨市域高速公路应急通行保障的。

（5）其他需要省交通运输厅提供应急保障的。

1.5.3 Ⅲ级突发事件

事态较为严重，已经或可能造成较大人员伤亡、较大财产损失，需上报省高速中心、集团总部，请求集团总部组织协调集团内力量和资源进行应急处置的路网突发事件和生产安全事故，需按上级有关单位要求配合应急处置。主要包括：

（1）已经或可能造成3人以上10人以下死亡，或者10人以上50人以下重伤，或者1 000万元以上5 000万元以下直接经济损失的。

（2）造成高速公路交通中断，出现大量车辆积压，且抢修、处置时间预计在6小时以上的。

（3）造成高速公路中桥、短隧道垮塌，或者造成高速公路桥梁、隧道、边坡等构造物垮塌并导致3人以上10人以下死亡或者失踪的。

（4）因重要物资缺乏等原因需要紧急安排跨县域、跨路段高速公路应急通行保障的。

（5）其他需要集团总部提供应急保障的。

1.5.4 Ⅳ级突发事件

事态一般，已经或可能造成人员伤亡、财产损失，需集团总部了解或指导，由××分公司组织协调内部力量和资源进行应急处置的路网突发事件和生产安全事故，主要包括：

（1）已经或可能造成3人以下死亡，或者10人以下重伤，或者100万元以上1 000万元以下直接经济损失的。

（2）造成高速公路交通中断或堵塞，出现大量车辆积压，且抢修、处置时间预计在3小时以上6小时以下的。

（3）造成高速公路桥梁、隧道垮塌，或者造成高速公路桥梁、隧道、边坡等构造物垮塌并导致3人以下死亡或者失踪的。

（4）因重要物资缺乏等原因需要紧急安排××分公司所辖路段内应急通行保障的。

（5）其他需要××分公司提供应急保障的。

1.5.5 Ⅴ级突发事件

已经或可能造成人员轻微伤害、财产损失，需××分公司了解或者指导，由站队（区）进行应急处置的路网突发事件和生产安全事故，主要包括：

（1）已经造成5人以上人员轻微伤害且5万元以上100万元以下直接经济损失的。

（2）造成高速公路交通中断或堵塞，出现车辆积压，且抢修、处置时间预计在3小时以下的。

（3）×× 分公司认为需站队（区）处置的其他事件。

本预案所称的“以上”包括本数，“以下”不包括本数。高速公路突发事件符合本条规定的多个分级情形的，按照最高级别认定。

1.6　应急工作原则

平急结合，预防为主。坚持预防与应急相结合，常态与非常态相结合，提高防范意识，做好预案演练、宣传和培训等各项保障工作。

统一领导，分级负责。以属地管理为主，在属地政府的统一领导下，充分发挥运营高速公路机构的作用，建立健全责任明确、分级响应、条块结合、保障有力的应急管理体系。

整合资源，快速反应。建立统一指挥、分工明确、反应灵敏、协调有序、运转高效的应急响应程序，加强与当地有关部门和专业应急救援队伍的配合协作，提高应对各类突发事件的综合能力。

2　组织机构和职责

按照《突发事件应急预案管理办法》规定，成立 ×× 分公司突发事件应急指挥领导小组（简称“应急领导小组”）。应急领导小组是 ×× 分公司处置突发事件的指挥机构，下设应急领导小组办公室（简称“应急办”）及监控中心、路产工作组、养护工作组、机电工作组、收费工作组、服务工作组，视情成立专家咨询组。

2.1　应急领导小组

×× 分公司负责人任组长，分公司其他领导成员任副组长，副组长可受组长委托代其履行相关职责；各部门负责人、各站队（区）负责人任成员。以上人员因工作变动，由继任人担任。

主要职责是：

（1）落实上级单位关于处置高速公路突发事件应急工作的指示和要求，指挥调度 ×× 分公司内部应急资源，服从上级单位领导处置Ⅲ级及以上突发事件，组织处置Ⅳ级突发事件。

（2）审定、批准 ×× 分公司突发事件应急预案及其相关制度、计划。

（3）根据突发事件等级，启动、终止突发事件应急响应。

（4）向上级单位报告应急响应与处置情况，必要时负责向外部请求应急资源支持。

（5）负责与上级或外部应急力量、相关政府部门的沟通协作。

（6）按上级指令，调动应急队伍实施外部应急救援。

（7）发生生产安全事故时，服从属地政府统一指挥领导，开展应急处置工作。

（8）负责突发事件应急处置期间内部责任追究。

（9）其他与突发事件相关重大事项。

2.2　应急办

应急办设在路产管理部，分管安全生产工作的领导班子成员任主任，路产管理部负责人任副主任，各科室负责人和各基层单位负责人任成员。以上人员因工作变动，由继任人或班组负责人担任。

主要职责是：

（1）负责生产安全应急日常事务管理。

（2）组织起草、修订、评审突发事件应急预案，并做好应急预案的培训、演练、管理等工作，视情指导各站队（区）处置V级突发事件。

（3）负责接收应急领导小组及上级单位（部门）指令，监控中心上报信息、现场处置上报的紧急情况及应急资源需求信息，并做好信息的研判工作，及时上报应急领导小组。

（4）传达各方面指示、要求、报告，并按相关要求报送信息，落实应急领导小组各项决策部署。

（5）按照应急领导小组要求开展分公司应急资源力量调配协调和应急物资信息沟通工作，根据应急响应级别及事故类型，通知各应急工作组或基层单位负责人及时组织人员、物资及设备等赶赴事发现场，开展应急处置工作。

（6）负责应急处置期间消防保障工作。

（7）监督检查开展应急工作期间各部门履职尽责工作。

（8）完成应急领导小组交办的其他工作任务。

2.3 监控中心

监控中心负责人任组长，监控中心全体人员任成员。

主要职责是：

（1）常态下24小时值班值守，监测公司管辖高速公路路网运行情况。

（2）负责监测系统监测到的预警信息收集、整理，上报应急办。

（3）负责接收、汇总分公司管辖高速公路突发事件信息，及时上报应急办，根据指令以电话、书面形式报上级单位。

（4）应急处置期间，密切关注现场处置情况及事件动态，按照指令，根据有关规定发布交通管制、绕行路线及路况信息。

（5）对应急响应及处置过程中交流的有关信息，做好记录工作。

2.4 综合保障组

综合部负责人任组长，综合部、党群工作部、人力资源部、财务管理部全体人员任成员。

主要职责是：

（1）负责突发事件发生后对外宣传管理和接待媒体，准备事件信息和应急处置信息供新闻发布。

（2）负责应急响应期间后勤保障工作。

（3）负责统筹保障应急处置经费及相关伤亡人员的善后处理工作（包括保险理赔）等。

（4）落实应急领导小组的其他要求。

2.5 路产工作组

路产管理部负责人任组长，路产管理部和分管路产管理大队全体人员任成员。

主要职责是：

（1）配合相关部门组织高速公路突发事件现场安全管控、人员疏散及救护等工作。

（2）配合交警开展交通管制、指挥疏导车辆、绕行路线方案制定等道路保通工作。

（3）负责事发现场及周边的交通安全设施排查工作。

（4）配合交警按照规程开展现场清障工作。

（5）落实应急领导小组的其他要求。

2.6 养护工作组

养护管理部负责人任组长，养护管理部分管养护管理所全体人员任成员。

主要职责是：

（1）负责组织制定现场应急抢修方案，开展应急抢修工作。

（2）负责受损的道路、桥梁、隧道、涵洞及交通安全设施等的抢修、恢复重建等工作。

（3）负责高速公路突发事件次生、衍生病害风险排查工作。

（4）负责受损道路、桥梁、隧道、涵洞的统计及相关检测工作。

（5）落实应急领导小组的其他要求。

2.7 机电工作组

机电管理部负责人任组长，机电管理部和分管机电运维大队全体人员任成员。

主要职责是：

（1）负责做好事发地供配电、照明、通风、监控、通信等系统的保障工作及收费系统安全运行工作。

（2）负责受损机电设施的抢修等工作。

（3）落实应急领导小组的其他要求。

2.8 收费工作组

收费管理部负责人任组长，收费管理部和分管收费站全体人员任成员。

主要职责是：

（1）负责高速公路收费站通行管理、紧急车辆通行保障工作。

（2）负责为滞留收费站广场的车辆提供保障性服务工作。

（3）落实应急领导小组的其他要求。

2.9 服务工作组

服务区管理部负责人任组长，服务区管理部和分管服务区全体人员任成员。

主要职责是：

（1）负责紧急情况下为滞留服务区及事发区域内的人员、车辆提供临时避险场所，以及食品、饮用水、燃油等必要紧急物资等服务保障工作。

（2）落实应急领导小组的其他要求。

2.10 专家咨询组

应急领导小组可委托专业机构或邀请工程、应急、管理、法律等方面的专家组成专家咨询组。主要职责是对应急准备、应急行动和后期分析评估提供专业咨询和建议。

3 信息报告与处置

3.1 报告时限和程序

现场人员立即向监控中心报告，监控中心汇总、整理后上报应急办。应急办研判突发事件等级并上报应急领导小组，已造成或可能造成Ⅰ级、Ⅱ级突发事件的，通知监控中心在20分钟内向省路警联合指挥中心及集团总部值班室电话报告、40分钟内书面报告；已造成或可能造成Ⅲ级、Ⅳ级突发事件的，通知监控中心在1小时内向省路警联合指挥中心报告信息，Ⅲ级突发事件和除交通事故之外的Ⅳ级突发事件同时向集团总部值班室报告，Ⅴ级突发事件应急办通知或视情指导事发地站队（区）开展应急处置。发生生产安全事故的，应急办向分公司负责人报告，由分公司负责人向集团总部及属地政府应急管理部门报告。

应急处置期间，发生紧急事件、突发事件、扩大应急，现场处置负责人应直接上报应急办。

此外，针对路网突发事件，监控中心按照《公路交通阻断信息报送制度》（交办公路〔2018〕16号）文件要求报送。

生产安全事故信息报送流程如图6-3所示。

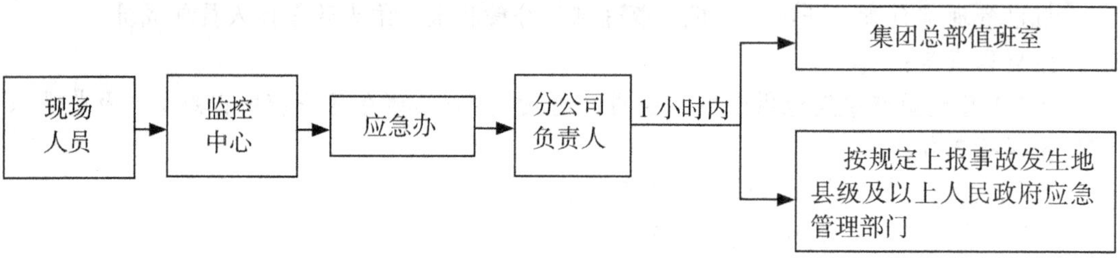

图6-3 生产安全事故信息报送流程

路网突发事件信息报送流程如图6-4所示。

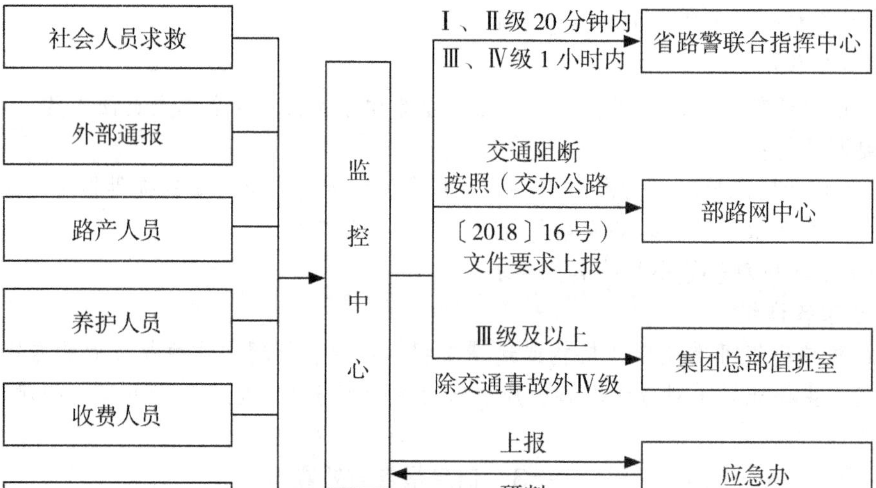

图6-4 路网突发事件信息报送流程

3.2　报告内容

报告信息的内容要简明准确、要素完整、重点突出，应包括以下要素：

（1）事件发生的时间、地点、事件类型及信息来源。

（2）事件起因、性质、基本过程、已造成的后果以及影响范围和事件发展趋势。

（3）已采取的措施、下一步的工作计划。

（4）信息报送单位、联系人和联系电话等。

3.3　报告方式

信息报告坚持“先简要报告、后详情续报”的原则，事发地分公司按照报告时限要求，先通过电话报告，然后将信息以书面形式报告。遇特殊情况不能在规定时间以书面形式报告的，应以电话等形式报告，核实后续报。信息报出后必须进行电话确认。

4　预防与预警

4.1　预警信息收集

监控中心负责分公司内部信息流通及与基层单位的沟通联络，做好各类预警信息的收集、汇总，密切关注事件发展，及时上报应急办；应急办负责与省高速中心、集团总部值班室以及其他发布预警信息的有关单位（部门）衔接，负责所辖路段的预警信息接收、研判及上报等相关工作。预警信息来源主要包括：

（1）公安、交警、气象、自然资源、应急等部门的监测和灾害预报预警信息，以及重点或者紧急物资运输通行保障需求信息。

（2）集团应急指挥领导小组办公室等上级单位（部门）发布或转发的重大公路预警信息。

（3）收费站、服务区、路产、养护、机电等基层单位通过日常安全检查、巡查等方式及监控中心利用监控系统发现的风险源或隐患点。

（4）路基、路面、桥梁、隧道等结构安全的隐患排查及整改工作中发现的风险。

（5）各站队（区）上报的交通事故和道路阻断、生产安全事故等相关信息。

（6）其他需公司提供的应急保障紧急事件信息。

信息收集内容包括预计发生事件的类型、出现的时间、地点、规模、可能引发的影响及发展趋势等。

4.2　预警信息处置

应急办接收到预警信息后，视情组织对预警信息中突发事件发生的可能性及其对高速公路可能造成的影响进行研判并上报应急领导小组，应急领导小组会商后，发布相应预警信息。

4.3　防御响应程序

（1）应急办根据预警信息研判结果，提出启动防御响应建议。

（2）应急领导小组会商后，启动防御响应，根据预警内容和实际情况，组织或指导采取防御响应措施。

（3）应急领导小组根据事件发展态势，可将防御响应转入应急响应，按照应急响应程序处置。

（4）上级单位或发布预警信息其他有关部门宣布预警解除时，或公司内部发布的预警信息中可能引发突发事件的危险因素得到有效控制时，应急领导小组宣布防御响应结束。

4.4　防御措施

防御响应过程中采取以下一项或多项防御响应措施：

（1）加大预警信息监测频次，及时收集、报告有关信息。

（2）做好与相关站队（区）沟通，收集实际情况向集团总部值班室报送，并按照要求发布相关信息及公告。

（3）组织做好防御准备，视情调集应急处置所需要的人员、物资、设备等。

（4）做好与公安、交警、气象、自然资源、应急、消防、医疗等相关单位（部门）的信息共享和协调联动工作。

（5）严格落实领导带班和24小时值班，履行职责，确保通信畅通，及时获取、报告道路运行情况和突发事件信息。

（6）其他需采取的防御响应措施。

5　应急响应

5.1　先期处置

突发事件发生后，在上报突发信息的同时，应急领导小组应当快速做出反应，组织事发地站队（区）成立现场指挥部，立即采取相应应急措施，进行先期处置，并在规定时限内上报突发事件信息。

发生在高速公路主线及互通匝道的突发事件，管辖的路产大队负责先期处置，发生在收费站广场、服务区及各站队（区）的突发事件，对应的站队（区）负责先期处置。根据现场实际情况，先期处置人员在确保自身安全的前提下进行现场警戒，做好组织引导车辆疏散及遇险人员的救援安置等初期处置工作。

5.2　应急响应分级

本预案突发事件应急响应分为五级：Ⅰ级响应、Ⅱ级响应、Ⅲ级响应、Ⅳ级响应和Ⅴ级响应，分别对应Ⅰ级突发事件、Ⅱ级突发事件、Ⅲ级突发事件、Ⅳ级突发事件和Ⅴ级突发事件。

5.3　应急响应启动及措施

Ⅰ、Ⅱ、Ⅲ级响应：由应急领导小组组长启动并实施。在集团或上级单位（部门）应急力量未到达之前，各工作组在应急领导小组的统一指挥下，开展应急处置工作；当集团或上级单位（部门）应急力量到达后，应急领导小组移交现场指挥权，在集团或上级单位（部门）应急指挥领导小组的统一指挥下，开展应急处置工作。

其中，综合保障组并入集团综合保障组，路产、养护工作组并入集团抢通保通组，机电、收费工作组并入集团运营保障组，服务工作组并入集团服务保障组，在省交通运输厅或省高速中心或集团应急指挥领导小组等上级单位的领导下，配合组织开展相关应急处置工作，具体措施可参照Ⅳ级响应内容。

Ⅳ级响应：由应急领导小组组长启动并实施，并上报集团应急指挥领导小组办公室，及时了解现场指挥部先期处置情况和突发事件发展态势等信息。按照本预案、相关专项应急预案和现场处置方案组织开展应急处置。

（1）应急领导小组各成员坚守岗位，实行领导带班和24小时值班，确保通信畅通，及时共享信息。

（2）应急领导小组组织会商，分析研判事件可能产生的影响及后果，安排部署应急处置工作。

（3）应急领导小组组长或指定人员带队赶赴事发地，接管现场指挥权，组织相关基层单位开展应急处置工作。

（4）应急办整理、研判应急处置期间相关信息，上报应急领导小组并传达其指令，根据现场处置情况，视情联系公安、交警、医疗、消防、环保等单位。

（5）监控中心及时收集、更新事件信息，密切关注突发事件进展情况，及时上报应急办。

（6）综合保障组、路产工作组、养护工作组、机电工作组、收费工作组、服务工作组根据职责分工，按照指令开展应急处置，汇总应急处置情况和动态，及时上报应急办。

（7）属地政府启动应急响应后，应急领导小组及各工作组服从属地政府相关部门的统一指挥调度，在其领导下开展应急处置工作。

Ⅴ级响应：由事发地站队（区）负责人启动并实施，及时汇总、整理现场指挥部先期处置情况和突发事件发展态势等信息，并上报应急办。按照本预案、相关专项应急预案和现场处置方案组织开展应急处置。

（1）应急领导小组可根据突发事件应急响应与处置情况及发展态势，启动更高级别应急响应。

（2）应急办视情指导事发地站队（区）组织开展应急处置。

（3）监控中心密切关注现场处置情况及事件动态，按照指令，根据有关规定发布交通管制、绕行路线及路况信息，并及时上报应急办。

（4）事发地站队（区）负责人做好分配站队（区）相关人员的现场处置工作任务，各成员坚守岗位，实行24小时值班，组织开展应急处置工作。

（5）事发地站队（区）组织人员做好现场管控、人员疏散等工作。

（6）事发地站队（区）组织人员配合交警做好交通管制、绕行路线方案制定、确保应急车道畅通，并将相关信息及时上报监控中心。

（7）如有人员受伤，根据受伤情况，在确保不对其造成二次伤害的前提下，事发地站队（区）组织人员及时进行现场临时救护，视情拨打120，待专业力量介入。

（8）事发地站队（区）组织相关人员对事发区域开展风险排查。

（9）根据事件发展态势，当超出事发地站队（区）自身处置能力时，事发地站队（区）负责人及时上报应急办。

（10）应急处置结束后，事发地站队（区）组织人员，做好清洁、清障工作，尽快恢复通行。

应急响应流程见本书第 3 章图 3-7~ 图 3-9。

5.4　指挥与协调

5.4.1　工作要求

应急处置期间应加强统一领导，各工作组严格落实“三管三必须”要求，积极开展应急处置工作。

应急办视情指导站队（区）做好Ⅴ级应急响应应急处置工作，应急领导小组组织开展Ⅳ级应急响应应急处置工作，Ⅲ级及以上应急响应时，在集团或上级单位（部门）应急指挥领导小组的统一指挥领导下，配合开展应急处置工作。

在发生路网突发事件时，各工作组按照各自职责分工，开展工作；在发生生产安全事故时，各工作组在应急领导小组的统一指挥领导下，服从属地政府应急管理部门的统一指挥调度。

5.4.2　现场控制与处置

根据突发事件类型、可控性、影响范围、应急人力与物力等情况组织开展应急处置工作；根据影响范围告知相关基层单位和人员应采取的安全防护措施；突发事件得到控制后，及时组织配合路面清障工作，尽早恢复高速公路通行。

5.4.3　沟通协作与信息发布

各工作组加强沟通协调，确保人、财、物等应急资源在公司系统内合理配置；加强与属地政府及有关部门的沟通协调、协作联动，及时寻求社会支援力量参与应急处置。

5.5　响应终止

按照“谁启动、谁终止”的原则，应急响应终止时，采取如下终止程序：

（1）经应急领导小组会商，认为突发事件的威胁和危害得到控制或者消除，或上级部门宣布突发事件应急响应终止或降级时，由应急办提出终止本级应急响应建议。

（2）应急领导小组会商后，宣布终止本级应急响应。

5.6　后期处置

5.6.1　善后处置

应急响应终止后，应急领导小组或指定工作组指导、协助事发地站队（区）开展善后处置工作，尽快恢复高速公路正常秩序，配合相关部门开展突发事件调查。

5.6.2　评估总结

应急处置工作结束后，应尽快作出客观、公正、全面的评估总结报告，说明基本情况，分析事件原因，总结应急经验，修订应急预案，提出改进建议。

Ⅳ级及以上应急响应终止后，应急办应及时组织参与应急处置的各工作组开展总结评估；Ⅴ级应急响应终止后，事发地站队（区）应及时组织开展总结评估，并上报应急办。

6　保障措施

6.1　应急队伍保障

根据集团总部的指导及要求，组建、完善应急队伍建设，依托养护、路产、运维等站队（区）建设高速公路突发事件应急队伍，相关工作参考《××省应急救援队伍建设管理办法（试行）》中相关内容执行。

6.2　物资设备保障

结合公司实际情况，按照《×× 省高速公路应急物资储备指导意见》《×× 省交通运输发展集团有限公司除雪融冰管理办法（试行）》等相关要求储备应急物资及设备，并进行日常管理和保养。

6.3　通信与信息保障

根据上级单位的指导及要求，做好网络、视频、通信等保障工作，保障通信设备链路畅通；做好应急通信技术衔接，保证应急处置信息传递畅通。

6.4　应急经费保障

加强应急支出经费保障，规范应急经费的使用管理，提高使用效益。

6.5　其他保障

根据突发事件应急需要，做好其他保障工作。

7　培训与演练

7.1　预案培训

应急办应将应急预案培训工作纳入公司生产安全培训内容，结合集团总部要求，开展应急预案培训工作，同时，应急培训的时间、地点、内容、师资、参加人员和考核结果等情况应当如实记入生产安全教育和培训档案。

7.2　宣传教育

结合“国家安全教育日”“火灾警示宣传月”“防灾减灾日”“安全生产月”“119消防宣传日”等重要活动，通过多种渠道，宣传应急法律法规和预防、避险、自救、互救、减灾等知识，增强从业人员和社会公众忧患意识、社会责任意识、公共安全和风险防范意识，提高避险能力和自救互救能力。

7.3　预案演练

应急办制定公司应急预案演练计划，根据公司的事故风险特点，每年至少组织一次综合应急预案演练或者专项应急预案演练，每半年至少组织一次现场处置方案演练。其中，长大桥隧路段，每年组织针对火灾、交通事故、自然灾害等突发事件的专项应急演练。

演练结束后，应急办应当对演练效果进行评估，撰写评估报告，分析存在的问题，并对应急预案提出修订意见。

8　附　则

8.1　预案管理与更新

本预案由 ×× 分公司负责制定解释，结合自身实际，制定、修订、完善相关应急预案。有下列情形之一的，应急预案应当及时修订并归档：

（1）依据的法律、法规、规章、标准及上位预案中的有关规定发生重大变化的。

（2）应急指挥机构及其职责发生调整的。

（3）面临的事故风险发生重大变化的。

（4）重要应急资源发生重大变化的。

（5）预案中的其他重要信息发生变化的。

（6）应急演练和事故应急救援中发现问题需要修订的。

（7）编制单位认为应当修订的其他情况。

8.2 预案实施

本预案自下发之日起实施。

附件 1 突发事件风险分析

分公司运营高速公路受外界和自身因素的影响，主要存在事故灾难、自然灾害、社会安全和公共卫生四类风险事件，其主要事件名称、典型形态和特征、主要风险描述如下：

事故灾难突发事件包含生产安全事故和其他事故灾难。

生产安全事故是指集团或承包人在生产经营活动过程中，由于自身因素造成人员伤害、财产损失等情况的意外事件。主要包括火灾、爆炸、灼烫、淹溺、触电、高处坠落等。

其他事故灾难是指由于外界因素引发的人员伤害、主体结构及附属设施损毁、交通阻断等情况的意外事件以及次生衍生事件，主要包括车辆道路交通、火灾、爆炸，危化品、燃油泄漏等。

自然灾害突发事件是指影响集团所辖区域内所有人员、财产安全及公路正常运行的自然灾害事件。主要包括暴雨、暴雪、冰冻、大风、大雾等气象灾害，滑坡、泥石流、崩塌、水毁、塌陷以及地震等地质灾害。

社会安全突发事件是指在集团所辖区域内发生的群体性事件、票款安全事件、网络与信息安全事件、暴恐袭击事件等危害社会安全的事件。

公共卫生突发事件是指在集团员工食宿场所、对外经营场所、办公场所，发生的集体食物中毒、瘟疫疾病等事件。

分公司运营高速公路突发事件风险分析如表 6-7~ 表 6-10 所示。

表 6-7 事故灾难类突发事件风险分析

事件名称	典型形态与特征描述	主要风险
生产安全事故	火灾、触电、灼烫、淹溺、高处坠落、爆炸	办公、住宿区火灾、触电；作业过程中高处坠落；餐厅燃气使用发生火灾、爆炸
路基段突发事件	路面行驶车辆发生的火灾、爆炸、交通事故等及其造成的结构损毁	危化品运输车辆火灾、爆炸；行驶车辆单车、多车事故；自然灾害、车辆超载、火灾、爆炸等引起结构损毁

续表 6-7

桥梁突发事件	桥梁结构损毁、桥面道路交通事故、桥上危化品车辆事故、桥梁上下火灾	自然灾害、交通事故、桥下事故等引起结构损毁、人员伤害；桥面道路交通事故及危化品车辆事故引起人员伤害、燃油（气）泄漏、火灾、爆炸、设施损毁；桥梁火灾引起人员伤害、火灾、设施损毁等
隧道突发事件	隧道路段火灾、爆炸、交通事故、结构损毁	危化品运输车辆火灾、爆炸；隧道运行车辆单车、多车事故；自然灾害、车辆超限、火灾、爆炸等引起结构损毁等
环境污染事件	环境污染	危化品泄漏、生活废弃物等引发环境污染
次生衍生事件	地理特殊条件，较难迅速撤离人员，结构物较难迅速完成抢修抢通	人员被困、伤亡，财产损失，交通拥堵

表 6-8　自然灾害类突发事件风险分析

事件名称	形态与特征描述	主要风险
暴雨	瞬时雨量大	交通事故、交通阻断、结构损毁、积水、通信中断
暴雪	短时降雪量大，连续大雪、暴雪	交通事故、交通阻断、通信中断、机电设备异常、主体结构损坏
冰冻	路面结冰	交通阻断、交通事故
大风	风速大	人员伤害、交通事故、设施设备损毁
大雾	浓雾、局部团雾、能见度低	交通事故、交通阻断
地质灾害	滑坡、泥石流、崩塌、水毁、塌陷、地震等	交通事故、交通阻断、结构损毁

表 6-9　社会安全类突发事件风险分析

事件名称	形态与特征描述	主要风险
群体事件	群众聚集、暴恐、干扰正常生产活动	人员伤害、社会影响
网络安全事件	信息内容安全、信息窃取、网络服务异常、有害程序、信息破坏、设备设施故障等	社会影响、财产损失
舆情应对事件	负面信息、不实信息等	社会影响

表 6-10　公共卫生类突发事件风险分析

事件名称	形态与特征描述	主要风险
公共卫生事件	群体中毒，感染传染病	中毒、瘟疫及扩大

6.2.2 雨雪冰冻应急预案

××省交通运输发展集团有限公司××分公司雨雪冰冻专项应急预案

1 总 则

1.1 编制目的

为预防和有效应对××省交通运输发展集团有限公司××分公司（简称××分公司）运营高速公路雨雪冰冻突发事件防范与处置能力，最大限度减小雨雪冰冻相关极端天气对高速公路运营造成的危害，保障高速公路安全畅通，制定本预案。

1.2 编制依据

依据《中华人民共和国安全生产法》《××省气象灾害预警信号发布与传播办法》《××省交通运输发展集团有限公司除雪融冰管理办法（试行）》《××省高速公路雨雪冰冻突发事件应急预案》《××省交通运输发展集团有限公司运营高速公路突发事件雨雪冰冻专项应急预案》《××省交通运输发展集团有限公司××分公司运营高速公路突发事件综合应急预案》（简称综合预案）等相关部门规章、上位预案。

1.3 适用范围

本预案适用于分公司运营高速公路因路面积雪、结冰等因素造成高速公路交通中断或堵塞，出现大量车辆积压、人员伤亡、人员滞留，财产损失等应急处置工作。

1.4 应急预案衔接

本预案与上级单位及属地政府相关预案相衔接。

1.5 事件分级

参照综合预案中“1.5 突发事件分级”相关内容执行。

1.6 应急工作原则

参照综合预案中“1.6 应急工作原则”相关内容执行。

2 组织机构及职责

参照综合预案中“2 组织机构和职责”相关内容执行。

3 信息报告与处置

3.1 报告时限和程序

现场人员立即向监控中心报告，监控中心汇总、整理后上报应急办。应急办研判突发事件等级并上报应急领导小组，已造成或可能造成Ⅰ级、Ⅱ级突发事件的，通知监控中心在20分钟内向省路警联合指挥中心及集团总部值班室电话报告、40分钟内书面报告；

已造成或可能造成Ⅲ级、Ⅳ级突发事件的，通知监控中心在 1 小时内向省路警联合指挥中心报告信息，Ⅲ级突发事件和除交通事故之外的Ⅳ级突发事件同时向集团总部值班室报告，Ⅴ级突发事件应急办通知或视情指导事发地站队（区）开展应急处置。发生生产安全事故的，应急办向分公司负责人报告，由分公司负责人向集团总部及属地政府应急管理部门报告。

应急处置期间，发生紧急事件、突发事件、扩大应急，现场处置负责人应直接上报应急办。

此外，针对路网突发事件，监控中心按照《公路交通阻断信息报送制度》（交办公路〔2018〕16 号）文件要求报送。

3.2　报告内容

报告信息的内容要简明准确、要素完整、重点突出，应包括以下要素：

（1）事件发生的时间、地点、事件类型及信息来源。

（2）事件起因、性质、基本过程、已造成的后果以及影响范围和事件发展趋势。

（3）已采取的措施、下一步的工作计划。

（4）信息报送单位、联系人和联系电话等。

3.3　报告方式

信息报告坚持“先简要报告、后详情续报”的原则，事发地分公司按照报告时限要求，先通过电话报告，然后将信息以书面形式报告。遇特殊情况不能在规定时间以书面形式报告的，应以电话等形式报告，核实后续报。信息报出后必须进行电话确认。

4　预防与预警

4.1　预警监测

监控中心负责分公司内部信息流通及与基层单位的沟通联络，做好各类预警信息的收集、汇总，密切关注事件发展，及时上报应急办；应急办负责与省高速中心、集团总部值班室以及其他发布预警信息的有关单位（部门）衔接，负责所辖路段的预警信息接收、研判及上报等相关工作。预警信息来源主要包括：

（1）各级政府气象部门公开发布的暴雪、道路结冰气象预警信息。

（2）集团应急指挥领导小组办公室等上级单位的预警预报信息。

（3）收费站、服务区、路产、养护、机电等基层单位通过日常安全检查、巡查等方式及监控中心利用监控系统获得的异常信息。

（4）道路结冰、降雪初始情况，道路积雪情况、道路车辆通行情况及道路交通管制情况信息。

（5）其他需要分公司提供的应急保障紧急事件信息。

信息收集内容包括预计发生事件的类型、出现的时间、地点、规模、可能引发的影响及发展趋势等。

4.2　预警信息处置

应急办接收到预警信息后，视情组织对预警信息中突发事件发生的可能性及其对高速公路可能造成的影响进行研判并上报应急领导小组，应急领导小组会商后，发布相应预警信息。

4.3　防御响应程序

（1）应急办根据预警信息研判结果，提出启动防御响应建议。

（2）应急领导小组会商后，启动防御响应，根据预警内容和实际情况，组织或指导采取防御响应措施。

（3）应急领导小组根据事件发展态势，可将防御响应转入应急响应，按照应急响应程序处置。

（4）上级单位或发布预警信息其他有关部门宣布预警解除时，或公司内部发布的预警信息中可能引发突发事件的危险因素得到有效控制时，应急领导小组宣布防御响应结束。

4.4　防御措施

防御响应过程中采取一项或多项防御响应措施：

（1）增加预警信息监测频次，及时收集、报告有关信息。

（2）做好与相关站队（区）沟通，收集实际情况向集团总部值班室报送，并按照要求发布相关信息及公告。

（3）组织做好防御准备，视情调集应急处置所需要的人员、物资、设备等。

（4）做好与公安、交警、气象、自然资源、应急、消防、医疗等相关单位（部门）的信息共享和协调联动工作。

（5）严格落实领导带班和24小时值班，履行职责，确保通信畅通，及时获取、报告道路运行情况和突发事件信息。

（6）全面排查对管辖重点路段或位置（桥梁、超高段弯道、陡坡、隧道入口、阴坡等气温较低，容易积雪、结冰或二次结冰的局部路段或位置），提前设置明显的反光标识，随时掌握并报告事态进展情况。

（7）全面检查管辖路段除雪融冰机械、物资、人员到位和达标情况，提前准备除雪、融冰相关应急物资。

（8）如需交通管制但未造成中断或堵塞，组织设立必要的安全警示标志、按规定发布相关信息。

（9）在连续上下坡、急弯处重点防范，加强监视，视情增加安全措施。

（10）其他需采取的防御响应措施。

5　应急响应

5.1　先期处置

突发事件发生后，在上报突发信息的同时，应急领导小组应当快速做出反应，组织事发地站队（区）成立现场指挥部，立即采取相应应急措施，进行先期处置，并在规定时限内上报突发事件信息。

发生在高速公路主线及互通匝道的突发事件，管辖的路产大队负责先期处置，发生在收费站广场、服务区及各站队（区）的突发事件，对应的站队（区）负责先期处置。根据现场实际情况，先期处置人员在确保自身安全的前提下采取以下措施：

（1）及时划定警戒区域，沿线设置警示标志，做好现场警戒，避免发生次生、衍生灾害，并及时上报信息。

（2）当雨雪冰冻造成路基、路面等构造物及附属实施设备损毁及其他影响辖区正常运营时，应及时组织技术人员赶赴现场开展处置工作。

（3）视情向交警、消防、应急、医疗等部门报告，并配合交警进行交通管制和疏散车辆、人员。

5.2　响应分级

本预案突发事件应急响应分为五级：Ⅰ级响应、Ⅱ级响应、Ⅲ级响应、Ⅳ级响应和Ⅴ级响应，分别对应Ⅰ级突发事件、Ⅱ级突发事件、Ⅲ级突发事件、Ⅳ级突发事件和Ⅴ级突发事件。

5.3　应急响应启动及措施

Ⅰ、Ⅱ、Ⅲ级响应：由应急领导小组组长启动并实施。在集团或上级单位（部门）应急力量未到达之前，各工作组在应急领导小组的统一指挥下，开展应急处置工作；当集团或上级单位（部门）应急力量到达后，应急领导小组移交现场指挥权，在集团或上级单位（部门）应急指挥领导小组的统一指挥下，开展应急处置工作。

其中，综合保障组并入集团综合保障组，路产、养护工作组并入集团抢通保通组，机电、收费工作组并入集团运营保障组，服务工作组并入集团服务保障组，在省交通运输厅或省高速中心或集团应急指挥领导小组等上级单位（部门）的领导下，配合组织开展相关应急处置工作，具体措施可参照Ⅳ级响应内容。

Ⅳ级响应：由应急领导小组组长启动并实施，并上报集团应急指挥领导小组办公室，及时了解现场指挥部先期处置情况和突发事件发展态势等信息。按照本预案组织开展应急处置。

5.3.1　应急领导小组

（1）应急领导小组各成员到岗到位，实行领导带班和24小时值班，确保通信畅通，及时共享信息。

（2）组长组织会商分析暴雪、道路结冰的发展趋势及对高速公路的影响，部署应急处置工作。

（3）应急领导小组组长或指定人员带队赶赴事发地，接管现场指挥权，组织相关基层单位开展应急处置工作。

（4）根据突发事件应急处置情况，必要时报请启动更高级别的应急响应。

（5）服从集团应急指挥领导小组等上级单位及属地政府相关部门应急响应指令，配合做好应急处置工作。

5.3.2　应急办

（1）接收应急领导小组及上级单位（部门）指令，监控中心上报信息、现场处置信息及应急资源需求信息，并做好信息的研判，及时上报应急领导小组。

（2）收集、整理应急物资、设备、人员等调配需求，开展应急资源力量调配协调和应急物资信息沟通工作，通知各应急工作组及时组织人员、物资及设备等赶赴事发现场，开展应急处置工作。

（3）传达各方面指示、要求、报告，落实应急领导小组各项决策部署。

（4）落实应急领导小组的其他要求。

5.3.3 监控中心

（1）实行领导带班和24小时值班，加强事发路段及前后路段视频监控及监测高速公路路网运行情况。

（2）密切关注现场处置情况及事件动态，及时上报应急办。

（3）按照指令，根据有关规定发布交通管制及路况信息。

（4）做好应急处置期间监视视频整理、存档等工作。

（5）落实应急领导小组的其他要求。

5.3.4 综合保障组

（1）做好对外宣传管理和接待媒体，准备事件信息和应急处置信息供新闻发布。

（2）根据应急抢险工作需求，从应急出行车辆、食宿等方面做好后勤服务保障工作。

（3）做好保障应急处置经费及相关伤亡人员的善后处理工作（包括保险理赔）等。

（4）落实应急领导小组的其他要求。

5.3.5 路产工作组

（1）配合相关单位（部门）开展现场安全管控、人员疏散及救护等工作，并向应急办报告应急处置进展情况。

（2）对高速公路主线和互通匝道发生暴雨、道路结冰危及正常行车，设立警示标志，配合相关部门采取限载、限速、封闭通行等措施，对已造成中断交通或危及通行安全的路段，安排专人看守，并做好观测、示警及信息报告工作。

（3）配合交警开展交通管制、指挥疏导车辆、制定绕行路线等道路保通工作，保障应急救援、物资运输及人员疏散等车辆畅通通行。

（4）组织人员对事发现场及周边的交通安全设施开展排查工作。

（5）应急处置结束后，配合交警按照规程开展现场清障工作。

（6）落实应急领导小组的其他要求。

5.3.6 养护工作组

（1）按照指令，及时组织相关人员赶赴现场，按照《××省交通运输发展集团有限公司除雪融冰管理办法（试行）》相关规定，制定现场应急抢险方案，组织人员、机械开展除雪融冰工作。

（2）根据现场情况，提出除雪融冰应急资源的调配需求，及时上报应急办。

（3）组织养护人员开展对受损的道路、桥梁、隧道、涵洞及交通安全设施等的抢修、抢通等工作，并向应急办报告除雪融冰进展情况。

（4）组织人员事发路段开展次生、衍生病害风险排查工作。

（5）应急处置结束后，做好对受损的道路、桥梁、隧道、涵洞的统计及相关检测工作，组织人员对路面进行检查，做好清污工作，及时恢复通行。

（6）落实应急领导小组的其他要求。

5.3.7 机电工作组

（1）做好发生雨雪冰冻路段的供配电、照明、监控、通信等系统的保障工作。

（2）根据现场情况，提出机电设施应急资源的调配需求。

（3）做好受损机电设施的抢修等工作。

（4）落实应急领导小组的其他要求。

5.3.8 收费工作组

（1）因雨雪冰冻收费站关闭时，及时向公众公布相关信息。

（2）按照指令，增开或关闭收费站部分车道，保障高速公路收费站通行畅通。

（3）及时疏散收费站场积压车辆，开辟绿色通道，保障应急车辆通行。

（4）配合开展收费站辖区除雪融冰等工作，确保收费站正常运营。

（5）做好为滞留收费站广场的车辆提供保障性服务工作。

（6）落实应急领导小组的其他要求。

5.3.9 服务工作组

组织事发地附近服务区为滞留高速公路服务区的司乘人员提供临时避险场所，做好食品、饮用水、燃油、保暖衣物等必要紧急物资等服务保障工作。

5.3.10 专家咨询组

根据应急抢险需要，由应急领导小组视情成立专家咨询组，负责对应急准备、应急行动和后期分析评估提供专业咨询和建议。

Ⅴ级响应：由事发地站队（区）负责人启动并实施，及时汇总、整理现场指挥部先期处置情况和突发事件发展态势等信息，并上报应急办。按照本预案和现场处置方案组织开展应急处置。

（1）应急领导小组可根据突发事件应急响应与处置情况及发展态势，启动更高级别应急响应。

（2）应急办视情指导事发地站队（区）组织开展应急处置。

（3）监控中心密切关注现场处置情况及事件动态，按照指令，根据有关规定发布交通管制、绕行路线及路况信息，并及时上报应急办。

（4）事发地站队（区）负责人做好分配站队（区）相关人员的现场处置工作任务，各成员坚守岗位，实行24小时值班，组织开展应急处置工作。

（5）事发地站队（区）组织人员做好现场管控、人员疏散等工作。

（6）事发地站队（区）组织人员配合交警做好交通管制、确保应急车道畅，并将相关信息及时上报监控中心。

（7）如有人员受伤，根据受伤情况，在确保不对其造成二次伤害的前提下，事发地站队（区）组织人员及时进行现场临时救护，视情拨打120，待专业力量介入。

（8）事发地站队（区）组织人员对事发区域开展风险排查。

（9）根据事件发展态势，当超出事发地站队（区）自身处置能力时，事发地站队（区）负责人及时上报应急办。

（10）应急处置结束后，事发地站队（区）组织人员，做好清洁、清障工作，尽快恢复通行。

5.4　指挥与协调

5.4.1　工作要求

应急处置期间应加强统一领导，各工作组严格落实“三管三必须”要求，积极开展应急处置工作。

应急办视情指导站队（区）做好Ⅴ级应急响应应急处置工作，应急领导小组组织开展Ⅳ级应急响应应急处置工作，Ⅲ级及以上应急响应时，在集团或上级单位（部门）应急指挥领导小组的统一指挥领导下，配合开展应急处置工作。

在发生路网突发事件时，各工作组按照各自职责分工，开展工作；在发生生产安全事故时，各工作组在应急领导小组的统一指挥领导下，服从属地政府应急管理部门的统一指挥调度。

5.4.2　现场控制与处置

根据突发事件类型、可控性、影响范围、应急人力与物力等情况组织开展应急处置工作；根据影响范围告知相关基层单位和人员应采取的安全防护措施；突发事件得到控制后，及时组织配合处置，尽早恢复高速公路通行。

5.4.3　沟通协作与信息发布

各工作组加强沟通协调，确保人、财、物等应急资源在公司系统内合理配置；加强与属地政府及有关部门的沟通协调、协作联动，及时寻求社会支援力量参与应急处置。

5.5　响应终止

按照“谁启动、谁终止”的原则，应急响应终止时，采取如下终止程序：

（1）经应急领导小组会商，认为突发事件的威胁和危害得到控制或者消除，或上级部门宣布突发事件应急响应终止或降级时，由应急办提出终止应急响应建议。

（2）应急领导小组会商后，宣布终止应急响应。

5.6　后期处置

5.6.1　善后处置

应急响应终止后，应急领导小组或指定工作组指导、协助事发地站队（区）开展善后处置工作，尽快恢复高速公路正常秩序，配合相关部门开展突发事件调查。

5.6.2　评估总结

应急处置工作结束后，应尽快作出客观、公正、全面的评估总结报告，说明基本情况，分析事件原因，总结应急经验，修订应急预案，提出改进建议。

Ⅳ级及以上应急响应终止后，应急办应及时组织参与应急处置的各工作组开展总结评估；Ⅴ级应急响应终止后，事发地站队（区）应及时组织开展总结评估，并上报应急办。

6　保障措施

6.1　应急队伍保障

根据集团总部的指导及要求，组建、完善应急队伍建设，依托养护、路产、运维等站队（区）建设高速公路突发事件应急队伍，相关工作参考《××省应急救援队伍建设管理办法（试行）》中相关内容执行。

6.2 物资设备保障

按照集团指导，做好雨雪冰冻突发事件应急物资和生活必需品的储备管理工作，确保应急物资和生活必需品储备充足和及时供应。

结合公司实际情况，按照《×× 省高速公路应急物资储备指导意见》相关要求储备应急物资及设备，并进行日常管理和保养。在运营高速公路雨雪冰冻突发事件应急处置中，如事态超出自身控制范围，及时向集团总部、省高速中心汇报，申请上级统筹指挥和调配物资。必要时，可请求属地政府支援。

6.3 通信与信息保障

根据上级单位的指导及要求，做好网络、视频、通信等保障工作，保障通信设备链路畅通；做好应急通信技术衔接，保证应急处置信息传递畅通。

6.4 应急经费保障

加强应急支出经费保障，规范应急经费的使用管理，提高使用效益。

6.5 其他保障

根据突发事件应急需要，做好其他保障工作。

7 培训与演练

7.1 预案培训

应急办应将应急预案培训工作纳入公司生产安全培训内容，结合集团总部要求，开展应急预案培训工作，同时，应急培训的时间、地点、内容、师资、参加人员和考核结果等情况应当如实记入生产安全教育和培训档案。

7.2 宣传教育

结合“国家安全教育日”“防灾减灾日”“安全生产月”“119消防宣传日”等重要活动，通过多种渠道，宣传应急法律法规和预防、避险、自救、互救、减灾等知识，增强从业人员和社会公众忧患意识、社会责任意识、公共安全和风险防范意识，提高避险能力和自救互救能力。

7.3 预案演练

应急办制订公司应急预案演练计划，根据公司的事故风险特点，每年至少组织一次专项应急预案演练，长大桥隧路段，每年组织自然灾害突发事件的专项应急演练。

演练结束后，应急办应当对演练效果进行评估，撰写评估报告，分析存在的问题，并对应急预案提出修订意见。

8 附 则

8.1 预案管理与更新

本预案由 ×× 分公司负责制定解释，结合自身实际，制定、修订、完善相关应急预案。有下列情形之一的，应急预案应当及时修订并归档：

（1）依据的法律、法规、规章、标准及上位预案中的有关规定发生重大变化的。

（2）应急指挥机构及其职责发生调整的。

（3）面临的事故风险发生重大变化的。

（4）重要应急资源发生重大变化的。

（5）预案中的其他重要信息发生变化的。

（6）应急演练和事故应急救援中发现问题需要修订的。

（7）编制单位认为应当修订的其他情况。

8.2　预案实施

本预案自下发之日起实施。

6.2.3　交通事故专项应急预案

××省交通运输发展集团有限公司××分公司交通事故专项应急预案

1　总　则

1.1　编制目的

为预防和有效应对××省交通运输发展集团有限公司××分公司（简称××分公司）运营高速公路交通事故突发事件，及时采取应急管控措施，高效组织实施应急处置工作，最大限度地减少其他恶劣天气突发事件造成的损失，保障高速公路安全畅通，制定本预案。

1.2　编制依据

依据《中华人民共和国安全生产法》《××省公路交通突发事件应急预案》《××省突发事件总体应急预案》《××省交通运输综合应急预案》《××省交通运输发展集团有限公司运营高速公路突发事件综合应急预案》《××省交通运输发展集团有限公司××分公司运营高速公路突发事件综合应急预案》（简称综合预案）等上位预案。

1.3　适用范围

本预案适用于分公司运营高速公路因突发交通事故事件，造成交通中断或堵塞、道路主体结构及设施设备损毁、出现大量车辆积压、人员伤亡、人员滞留、财产损失等应急处置工作。

1.4　应急预案衔接

本预案与上级单位及属地政府相关预案相衔接。

1.5　事件分级

参照综合预案中“1.5　突发事件分级”相关内容执行。

1.6　应急工作原则

参照综合预案中“1.6　应急工作原则”相关内容执行。

2　组织机构和职责

参照综合预案中“2　组织机构和职责”相关内容执行。

3　信息报告与处置

3.1　报告时限和程序

现场人员立即向监控中心报告，监控中心汇总、整理后上报应急办。应急办研判突发事件等级并上报应急领导小组，已造成或可能造成Ⅰ级、Ⅱ级突发事件的，通知监控中心在20分钟内向省路警联合指挥中心及集团总部值班室电话报告、40分钟内书面报告；已造成或可能造成Ⅲ级、Ⅳ级突发事件的，通知监控中心在1小时内向省路警联合指挥中心报告信息，Ⅲ级突发事件和除交通事故之外的Ⅳ级突发事件同时向集团总部值班室报告，Ⅴ级突发事件应急办通知或视情指导事发地站队（区）开展应急处置。发生生产安全事故的，应急办向分公司负责人报告，由分公司负责人向集团总部及属地政府应急管理部门报告。

应急处置期间，发生紧急事件、突发事件、扩大应急，现场处置负责人应直接上报应急办。

此外，针对路网突发事件，监控中心按照《公路交通阻断信息报送制度》（交办公路〔2018〕16号）文件要求报送。

3.2　报告内容

报告信息的内容要简明准确、要素完整、重点突出，应包括以下要素：

（1）事件发生的时间、地点、事件类型及信息来源。

（2）事件起因、性质、基本过程、已造成的后果以及影响范围和事件发展趋势。

（3）已采取的措施、下一步的工作计划。

（4）信息报送单位、联系人和联系电话等。

3.3　报告方式

信息报告坚持“先简要报告、后详情续报”的原则，事发地分公司按照报告时限要求，先通过电话报告，然后将信息以书面形式报告。遇特殊情况不能在规定时间以书面形式报告的，应以电话等形式报告，核实后续报。信息报出后必须进行电话确认。

4　监测与预警

4.1　预警监测

监控中心负责分公司内部信息流通及与基层单位的沟通联络，做好各类预警信息的收集、汇总，密切关注事件发展，及时上报应急办；应急办负责与省高速中心、集团总部值班室以及其他发布预警信息的有关单位(部门)衔接，负责所辖路段的预警信息接收、研判及上报等相关工作。预警信息来源主要包括：

（1）公安、交警、气象、自然资源、应急等部门的监测和灾害预报预警信息，以及重点或者紧急物资运输通行保障需求信息。

（2）集团应急指挥领导小组办公室等上级单位（部门）发布或转发的重大公路预警信息。

（3）收费站、服务区、路产、养护、机电等基层单位通过日常安全检查、巡查等方式及监控中心利用监控系统发现的风险源或隐患点。

（4）路基、路面、桥梁、隧道等结构安全的隐患排查及整改工作中发现的风险。

（5）各站队（区）上报的交通事故和道路阻断、生产安全事故等相关信息。

（6）其他需公司提供的应急保障紧急事件信息。

信息收集内容包括预计发生事件的类型、出现的时间、地点、规模、可能引发的影响及发展趋势等。

4.2　预警信息处置

应急办接收到预警信息后，视情组织对预警信息中突发事件发生的可能性及其对高速公路可能造成的影响进行研判并上报应急领导小组，应急领导小组会商后，发布相应预警信息。

4.3　防御响应程序

（1）应急办根据预警信息研判结果，提出启动防御响应建议。

（2）应急领导小组会商后，启动防御响应，根据预警内容和实际情况，组织或指导采取防御响应措施。

（3）应急领导小组根据事件发展态势，可将防御响应转入应急响应，按照应急响应程序处置。

（4）上级单位或发布预警信息其他有关部门宣布预警解除时，或公司内部发布的预警信息中可能引发突发事件的危险因素得到有效控制时，应急领导小组宣布防御响应结束。

4.4　防御措施

防御响应过程中采取一项或多项防御响应措施：

（1）增加预警信息监测频次，及时收集、报告有关信息。

（2）做好与相关站队（区）沟通，收集实际情况向集团总部值班室报送，并按照要求发布相关信息及公告。

（3）组织做好防御准备，视情调集应急处置所需要的人员、物资、设备等。

（4）做好与公安、交警、气象、自然资源、应急、消防、医疗等相关单位（部门）的信息共享和协调联动工作。

（5）严格落实领导带班和24小时值班，履行职责，确保通信畅通，及时获取、报告道路运行情况和突发事件信息。

（6）强化风险意识，提高思想认识，加强日常防范工作。

（7）做好高速公路路面保洁工作，及时清扫路面抛洒物。

（8）做好高速公路设施设备的日常保养维护工作，发现异常，及时处置。

（9）加强高速公路道路环境情况的巡查工作，特别是对桥梁、隧道、弯道、陡坡、拱坡、视距不良等潜在易发交通事故路段，发现异常及时发布警示信息。

（10）与社会救援力量建立联系，加强与协议单位联络，保障协议救援、清障车辆设备及人员能够及时到岗到位。

（11）其他需采取的防御响应措施。

5 应急响应

5.1 先期处置

突发事件发生后，在上报突发信息的同时，应急领导小组应当快速做出反应，组织事发地站队（区）成立现场指挥部，立即采取相应应急措施，进行先期处置，并在规定时限内上报突发事件信息。

发生在高速公路主线及互通匝道的突发事件，管辖的路产大队负责先期处置，发生在收费站广场、服务区及各站队（区）的突发事件，对应的站队（区）负责先期处置。根据现场实际情况，先期处置人员在确保自身安全的前提下采取以下措施：

（1）及时划定警戒区域，沿线设置警示标志，做好现场警戒，疏散人群，避免发生次生、衍生灾害，并及时上报信息。

（2）如发生车辆起火、爆炸事件，在不能保证自身安全的情况下，不得靠近事发区域，待专业力量介入。

（3）如有人员伤亡、被困，优先抢救伤员，营救被困人员。

（4）视情向交警、消防、应急、医疗等部门报告。

5.2 响应分级

本预案突发事件应急响应分为五级：Ⅰ级响应、Ⅱ级响应、Ⅲ级响应、Ⅳ级响应和Ⅴ级响应，分别对应Ⅰ级突发事件、Ⅱ级突发事件、Ⅲ级突发事件、Ⅳ级突发事件和Ⅴ级突发事件。

5.3 应急响应启动及措施

Ⅰ、Ⅱ、Ⅲ级响应：由应急领导小组组长启动并实施。在集团或上级单位（部门）应急力量未到达之前，各工作组在应急领导小组的统一指挥下，开展应急处置工作；当集团或上级单位（部门）应急力量到达后，应急领导小组移交现场指挥权，在集团或上级单位（部门）应急指挥领导小组的统一指挥下，开展应急处置工作。

其中，综合保障组并入集团综合保障组，路产、养护工作组并入集团抢通保通组，机电、收费工作组并入集团运营保障组，服务工作组并入集团服务保障组，在省交通运输厅或省高速中心或集团应急指挥领导小组等上级单位（部门）的领导下，配合组织开展相关应急处置工作，具体措施可参照Ⅳ级响应内容。

Ⅳ级响应：由应急领导小组组长启动并实施，并上报集团应急指挥领导小组办公室，及时了解现场指挥部先期处置情况和突发事件发展态势等信息。按照本预案组织开展应急处置。

5.3.1 应急领导小组

（1）应急领导小组各成员到岗到位，实行领导带班和24小时值班，确保通信畅通，及时共享信息。

（2）组长组织会商分析突发事件对高速公路的影响，部署应急处置工作。

（3）应急领导小组组长或指定人员带队赶赴事发地，组织相关单位开展应急处置工作。

（4）根据突发事件应急处置情况，必要时报请启动更高级别的应急响应。

（5）服从集团应急领导小组等上级单位及属地政府相关部门应急响应指令，配合做好应急处置工作。

5.3.2　应急办

（1）接收应急领导小组及上级单位（部门）指令，监控中心上报信息、现场处置信息及应急资源需求信息，并做好信息的研判工作，及时上报应急领导小组。

（2）收集、整理应急物资、设备、人员等调配需求，开展应急资源力量调配协调和应急物资信息沟通工作，通知各应急工作组及时组织人员、物资及设备等赶赴事发现场，开展应急处置工作。

（3）传达各方面指示、要求、报告，落实应急领导小组各项决策部署。

（4）落实应急领导小组的其他要求。

5.3.3　监控中心

（1）实行领导带班和24小时值班，加强事发路段及前后路段视频监控及监测高速公路路网运行情况。

（2）密切关注现场处置情况及事件动态，及时上报应急办。

（3）按照指令，根据有关规定发布交通管制、绕行路线及路况信息。

（4）做好应急处置期间监测视频整理、存档等工作。

（5）落实应急领导小组的其他要求。

5.3.4　综合保障组

（1）做好对外宣传管理和接待媒体，准备事件信息和应急处置信息供新闻发布。

（2）根据应急抢险工作需求，从应急出行车辆、食宿等方面做好后勤服务保障工作。

（3）做好保障应急处置经费及相关伤亡人员的善后处理工作（包括保险理赔）等。

（4）落实应急领导小组的其他要求。

5.3.5　路产工作组

（1）配合相关单位（部门）开展现场安全管控、人员疏散及救护等工作，并向应急办报告应急处置进展情况。

（2）若交通事故导致结构物或设施设备严重损毁，应设立警示标志，安排专人看守，并做好事故现场勘验。

（3）若发生火灾，保证自身安全的前提下，迅速采取消防措施，第一时间通知交警部门进行交通管制，消防部门抵达现场后，协助开展消防工作。

（4）配合交警开展交通管制、指挥疏导车辆、制定绕行路线等道路保通工作，保障应急救援、物资运输及人员疏散等车辆畅通通行。

（5）配合交警做好应急车道畅通工作，引导医疗、救援等车辆、人员顺利出入事故现场。

（6）组织人员对事发现场及周边的交通安全设施开展排查工作。

（7）应急处置结束后，配合交警按照规程进行现场清障工作。

（8）落实应急领导小组的其他要求。

5.3.6　养护工作组

（1）按照指令，及时组织相关人员赶赴现场，按照图纸、规范等及时开展应急抢修工作。

（2）根据现场情况，提出应急资源的调配需求，及时上报应急办。

（3）组织养护人员开展对受损的道路、桥梁、隧道、涵洞及交通安全设施等的抢修、恢复重建等工作，并向应急办报告抢修、恢复重建等工作进展情况。

（4）组织人员对事发路段开展次生、衍生病害风险排查工作。

（5）应急处置结束后，做好受损道路、桥梁、隧道、涵洞的统计及相关检测工作。

（6）落实应急领导小组的其他要求。

5.3.7　机电工作组

（1）做好事发地的供配电、照明、监控、通信等设施的保障工作。

（2）根据现场情况，提出机电设施应急资源的调配需求。

（3）做好受损机电设施的抢修等工作。

（4）落实应急领导小组的其他要求。

5.3.8　收费工作组

（1）按照指令，增开或关闭收费站部分车道，保障高速公路收费站通行畅通。

（2）及时疏散收费站广场积压车辆，开辟绿色通道，保障应急车辆通行。

（3）做好为滞留收费站广场的车辆提供保障性服务工作。

（4）落实应急领导小组的其他要求。

5.3.9　服务工作组

组织事发地附近服务区为滞留高速公路服务区的司乘人员提供临时避险场所，做好食品、饮用水、燃油等必要紧急物资等服务保障工作。

5.3.10　专家咨询组

根据应急抢险需要，由应急领导小组视情成立专家咨询组，负责对应急准备、应急行动和后期分析评估提供专业咨询和建议。

Ⅴ级响应：由事发地站队（区）负责人启动并实施，及时汇总、整理现场指挥部先期处置情况和突发事件发展态势等信息，并上报应急办。按照本预案组织开展应急处置。

（1）应急领导小组可根据突发事件应急响应与处置情况及发展态势，启动更高级别应急响应。

（2）应急办视情指导事发地站队（区）组织开展应急处置。

（3）监控中心密切关注现场处置情况及事件动态，按照指令，根据有关规定发布交通管制、绕行路线及路况信息，并及时上报应急办。

（4）事发地站队（区）负责人做好分配站队（区）相关人员的现场处置工作任务，各成员坚守岗位，实行24小时值班，组织开展应急处置工作。

（5）事发地站队（区）组织人员做好现场管控，人员疏散等工作。

（6）事发地站队（区）组织人员配合交警做好交通管制、绕行路线方案制订、确保应急车道畅通，并将相关信息及时上报监控中心。

（7）如有人员受伤，根据受伤情况，在确保不对其造成二次伤害的前提下，事发地站队（区）组织人员及时进行现场临时救护，视情拨打120，待专业力量介入。

（8）事发地站队（区）组织人员对事发区域开展风险排查。

（9）根据事件发展态势，当超出事发地站队（区）自身处置能力时，事发地站队（区）及时上报应急办，扩大应急预案响应。

（10）应急处置结束后，事发地站队（区）组织人员，做好清洁、清障工作，尽快恢复通行。

5.4 指挥与协调

5.4.1 工作要求

应急处置期间应加强统一领导，各工作组严格落实“三管三必须”要求，积极开展应急处置工作。

应急办视情指导站队（区）做好Ⅴ级应急响应应急处置工作，应急领导小组组织开展Ⅳ级应急响应应急处置工作，Ⅲ级及以上应急响应时，在集团或上级单位（部门）应急指挥领导小组的统一指挥领导下，配合开展应急处置工作。

在发生路网突发事件时，各工作组按照各自职责分工，开展工作；在发生生产安全事故时，各工作组在应急领导小组的统一指挥领导下，服从属地政府应急管理部门的统一指挥调度。

5.4.2 现场控制与处置

根据突发事件类型、可控性、影响范围、应急人力与物力等情况组织开展应急处置工作；根据影响范围告知相关基层单位和人员应采取的安全防护措施；突发事件得到控制后，及时组织配合处置，尽早恢复高速公路通行。

5.4.3 沟通协作与信息发布

各工作组加强沟通协调，确保人、财、物等应急资源在公司系统内合理配置；加强与属地政府及有关部门的沟通协调、协作联动，及时寻求社会支援力量参与应急处置。

5.5 响应终止

按照“谁启动、谁终止”的原则，应急响应终止时，采取如下终止程序：

（1）经应急领导小组会商，认为突发事件的威胁和危害得到控制或者消除，或上级部门宣布突发事件应急响应终止或降级时，由应急办提出终止应急响应建议。

（2）应急领导小组会商后，宣布终止应急响应。

5.6 后期处置

5.6.1 善后处置

应急响应终止后，应急领导小组或指定工作组指导、协助事发地站队（区）开展善后处置工作，尽快恢复高速公路正常秩序，配合相关部门开展突发事件调查。

5.6.2 评估总结

应急处置工作结束后，应尽快作出客观、公正、全面的评估总结报告，说明基本情况，分析事件原因，总结应急经验，修订应急预案，提出改进建议。

Ⅳ级及以上应急响应终止后，应急办应及时组织参与应急处置的各工作组开展总结评估；Ⅴ级应急响应终止后，事发地站队（区）应及时组织开展总结评估，并上报应急办。

6 保障措施

6.1 应急队伍保障

根据集团总部的指导及要求，组建、完善应急队伍建设，依托养护、路产、运维等站队（区）建设高速公路突发事件应急队伍，相关工作参考《××省应急救援队伍建设管理办法（试行）》中相关内容执行。

6.2 物资设备保障

结合公司实际情况，按照《××省高速公路应急物资储备指导意见》相关要求储备应急物资及设备，并进行日常管理和保养。在突发事件应急处置中，如事态超出自身控制范围，及时向集团总部、省高速中心汇报，申请上级统筹指挥和调配物资。必要时，可请求属地政府支援。

6.3 通信与信息保障

根据上级单位的指导及要求，做好网络、视频、通信等保障工作，保障通信设备链路畅通；做好应急通信技术衔接，保证应急处置信息传递畅通。

6.4 应急经费保障

加强应急支出经费保障，规范应急经费的使用管理，提高使用效益。

6.5 其他保障

根据突发事件应急需要，做好其他保障工作。

7 培训与演练

7.1 预案培训

应急办应将应急预案培训工作纳入公司生产安全培训内容，结合集团总部要求，开展应急预案培训工作，同时，应急培训的时间、地点、内容、师资、参加人员和考核结果等情况应当如实记入生产安全教育和培训档案。

7.2 宣传教育

结合“国家安全教育日”“防灾减灾日”“安全生产月”“119消防宣传日”等重要活动，通过多种渠道，宣传应急法律法规和预防、避险、自救、互救、减灾等知识，增强从业人员和社会公众忧患意识、社会责任意识、公共安全和风险防范意识，提高避险能力和自救互救能力。

7.3 预案演练

应急办制订公司应急预案演练计划，根据公司的事故风险特点，每年至少组织一次专项应急预案演练，长大桥隧路段，每年组织交通事故突发事件的专项应急演练。

演练结束后，应急办应当对演练效果进行评估，撰写评估报告，分析存在的问题，并对应急预案提出修订意见。

8 附 则

8.1 预案管理与更新

本预案由 ×× 分公司负责制定解释，结合自身实际，制定、修订、完善相关应急预案。有下列情形之一的，应急预案应当及时修订并归档：

（1）依据的法律、法规、规章、标准及上位预案中的有关规定发生重大变化的。

（2）应急指挥机构及其职责发生调整的。

（3）面临的事故风险发生重大变化的。

（4）重要应急资源发生重大变化的。

（5）预案中的其他重要信息发生变化的。

（6）应急演练和事故应急救援中发现问题需要修订的。

（7）编制单位认为应当修订的其他情况。

8.2 预案实施

本预案自下发之日起实施。

6.2.4 桥梁突发事件专项应急预案

×× 省交通运输发展集团有限公司 ×× 分公司桥梁突发事件专项应急预案

1 总 则

1.1 编制目的

为预防和有效应对 ×× 省交通运输发展集团有限公司 ×× 分公司（简称 ×× 分公司）运营高速公路桥梁突发事件，高效组织实施应急处置工作，及时采取应急管控措施，最大限度地降低桥梁突发事件造成的损失，保障高速公路安全畅通，制定本预案。

1.2 编制依据

依据《中华人民共和国安全生产法》《×× 省交通运输发展集团有限公司应急养护工程管理办法（试行）》《×× 省高速公路桥梁突发事件应急预案》《×× 省交通运输发展集团有限公司运营高速公路桥梁突发事件综合应急预案》《×× 省交通运输发展集团有限公司 ×× 分公司运营高速公路突发事件综合应急预案》（简称综合预案）等相关部门规章、上位预案。

1.3 适用范围

本预案适用于分公司运营高速公路桥梁因自然灾害、事故灾难、社会安全等事件发生结构性病害或破坏、坍塌，造成或者可能导致交通中断或堵塞，及其他可能造成人员伤亡、财产损失的应急处置工作。

1.4 应急预案衔接

本预案与上级单位及属地政府相关预案相衔接。

1.5　事件分级

参照综合预案中“1.5　突发事件分级”相关内容执行。

1.6　应急工作原则

参照综合预案中“1.6　应急工作原则”相关内容执行。

2　组织机构和职责

参照综合预案中“2　组织机构和职责”相关内容执行。

3　信息报告与处置

3.1　报告时限和程序

现场人员立即向监控中心报告，监控中心汇总、整理后上报应急办，应急处置期间，发生紧急事件、突发事件、扩大应急，现场处置负责人直接上报应急办。应急办研判突发事件等级并上报应急领导小组，已造成或可能造成Ⅰ级、Ⅱ级突发事件的，指令监控中心应在20分钟内向省路警联合指挥中心及集团总部值班室电话报告、40分钟内书面报告；已造成或可能造成Ⅲ级、Ⅳ级突发事件的，指令监控中心应在1小时内向省路警联合指挥中心报告信息，Ⅲ级突发事件和除交通事故之外的Ⅳ级突发事件同时向集团总部值班室报告，Ⅴ级突发事件指令或视情指导事发地站队（区）开展应急处置。发生生产安全事故的，应急办向分公司负责人报告，由分公司负责人向集团总部及属地政府应急管理部门报告。

此外，针对路网突发事件，监控中心按照《公路交通阻断信息报送制度》（交办公路〔2018〕16号）文件要求报送。

3.2　报告内容

报告信息的内容要简明准确、要素完整、重点突出，应包括以下要素：

（1）事件发生的时间、地点、事件类型及信息来源。

（2）事件起因、性质、基本过程、已造成的后果以及影响范围和事件发展趋势。

（3）已采取的措施、下一步的工作计划。

（4）信息报送单位、联系人和联系电话等。

3.3　报告方式

信息报告坚持“先简要报告、后详情续报”的原则，事发地分公司按照报告时限要求，先通过电话报告，然后将信息以书面形式报告。遇特殊情况不能在规定时间以书面形式报告的，应以电话等形式报告，核实后续报。信息报出后必须进行电话确认。

4　监测与预警

4.1　预警监测

监控中心负责分公司内部信息流通及与基层单位的沟通联络，做好各类预警信息的收集、汇总，密切关注事件发展，及时上报应急办；应急办负责与省高速中心、集团总部值班室以及其他发布预警信息的有关单位(部门)衔接，负责所辖路段的预警信息接收、研判及上报等相关工作。预警信息来源主要包括：

（1）公安、交警、气象、自然资源、应急等部门的监测和灾害预报预警信息，以及重点或者紧急物资运输通行保障需求信息。

（2）集团应急指挥领导小组办公室等上级单位（部门）发布或转发的地震、山体滑坡、泥石流等地质灾害信息。

（3）收费站、服务区、路产、养护、机电等基层单位通过日常安全检查、巡查等方式及监控中心利用监控系统发现的风险源或隐患点。

（4）路基、路面、桥梁、隧道等结构安全的隐患排查及整改工作中发现的风险。

（5）各站队（区）上报的交通事故和道路阻断、生产安全事故等相关信息。

（6）其他需公司提供的应急保障紧急事件信息。

信息收集内容包括预计发生事件的类型、出现的时间、地点、规模、可能引发的影响及发展趋势等。

4.2 预警信息处置

应急办接收到预警信息后，视情组织对预警信息中突发事件发生的可能性及其对高速公路可能造成的影响进行研判并上报应急领导小组，应急领导小组会商后，发布相应预警信息。

4.3 防御响应程序

（1）应急办根据预警信息研判结果，提出启动防御响应建议。

（2）应急领导小组会商后，启动防御响应，根据预警内容和实际情况，组织或指导采取防御响应措施。

（3）应急领导小组根据事件发展态势，可将防御响应转入应急响应，按照应急响应程序处置。

（4）上级单位或发布预警信息其他有关部门宣布预警解除时，或公司内部发布的预警信息中可能引发突发事件的危险因素得到有效控制时，应急领导小组宣布防御响应结束。

4.4 防御措施

防御响应过程中采取一项或多项防御响应措施：

（1）增加预警信息监测频次，及时收集、报告有关信息。

（2）做好与相关站队（区）沟通，收集实际情况向集团总部值班室报送，并按照要求发布相关信息及公告。

（3）组织做好防御准备，视情调集应急处置所需要的人员、物资、设备等。

（4）做好与公安、交警、气象、自然资源、应急、消防、医疗等相关单位（部门）的信息共享和协调联动工作。

（5）严格落实领导带班和24小时值班，履行职责，确保通信畅通，及时获取、报告道路运行情况和突发事件信息。

（6）做好经常检查、定期检查、特殊检查及日常维护保养工作，做好日常保洁工作，及时清扫桥面抛洒物。

（7）做好日常巡查工作，做到主体结构异常事件早发现、早报告、早预防，及时更换损毁设施，保证桥梁伸缩缝、泄水管等附属设施和桥梁护栏、防眩板等交通安全设施的正常使用。

（8）加强日常电子巡查工作，若有车辆滞留，要及时了解情况，视情通知交警前来处置，做好交通疏导和人员疏散的准备工作。

（9）按时开展安全检查，禁止在高速公路桥下及建筑控制区域倾倒、焚烧垃圾或堆放杂物等。

（10）如需交通管制但未造成中断或堵塞，组织设立必要的安全警示标志、按规定发布相关信息。

（11）加强宣传教育，禁止在桥梁周边焚烧秸秆、杂物，禁止司机随意丢弃烟头等。

（12）加强员工安全教育，强化突发事件风险意识和应急救援意识，做好技能的培训和演练工作。

（13）其他需采取的防御响应措施。

5　应急响应

5.1　先期处置

突发事件发生后，在上报突发信息的同时，应急领导小组应当快速做出反应，组织事发地站队（区）成立现场指挥部，立即采取相应应急措施，进行先期处置，并在规定时限内上报突发事件信息。

发生在高速公路主线及互通匝道的突发事件，管辖的路产大队负责先期处置，发生在收费站广场、服务区及各站队（区）的突发事件，对应的站队（区）负责先期处置。根据现场实际情况，先期处置人员在确保自身安全的前提下采取以下措施：

（1）及时划定警戒区域，沿线设置警示标志，做好现场警戒、疏散人员，避免发生次生、衍生灾害，并及时上报信息。

（2）若突发事件造成桥梁结构及设施损毁时，应迅速上报，并及时组织技术人员赶赴现场开展处置工作。

（3）若突发事件造成人员伤亡、被困，及时组织人员抢救伤员、营救被困人员，报告交警，配合开展现场处置，视情拨打120急救电话。

（4）若发生火灾，在保证自身安全的情况下，迅速采取消防措施，视情报告交警、消防部门，并配合进行交通管制和疏散撤离车辆、人员。

5.2　响应分级

本预案突发事件应急响应分为五级：Ⅰ级响应、Ⅱ级响应、Ⅲ级响应、Ⅳ级响应和Ⅴ级响应，分别对应Ⅰ级突发事件、Ⅱ级突发事件、Ⅲ级突发事件、Ⅳ级突发事件和Ⅴ级突发事件。

5.3　应急响应启动及措施

Ⅰ、Ⅱ、Ⅲ级响应：由应急领导小组组长启动并实施。在集团或上级单位（部门）

应急力量未到达之前，各工作组在应急领导小组的统一指挥下，开展应急处置工作；当集团或上级单位（部门）应急力量到达后，应急领导小组移交现场指挥权，在集团或上级单位（部门）应急指挥领导小组的统一指挥下，开展应急处置工作。

其中，综合保障组并入集团综合保障组，路产、养护工作组并入集团抢通保通组，机电、收费工作组并入集团运营保障组，服务工作组并入集团服务保障组，在省交通运输厅或省高速中心或集团应急指挥领导小组等上级单位（部门）的领导下，配合组织开展相关应急处置工作，具体措施可参照Ⅳ级响应内容。

Ⅳ级响应：由应急领导小组组长启动并实施，并上报集团应急指挥领导小组办公室，及时了解现场指挥部先期处置情况和突发事件发展态势等信息。按照本预案组织开展应急处置。

5.3.1 应急领导小组

（1）应急领导小组各成员到岗到位，实行领导带班和24小时值班，确保通信畅通，及时共享信息。

（2）组长组织会商分析突发事件对高速公路的影响，部署应急处置工作。

（3）应急领导小组组长或指定人员带队赶赴事发地，接管现场指挥权，组织相关基层单位开展应急处置工作。

（4）根据突发事件应急处置情况，必要时报请启动更高级别的应急响应。

（5）服从集团应急指挥领导小组等上级单位及属地政府相关部门应急响应指令，配合做好应急处置工作。

5.3.2 应急办

（1）接收应急领导小组及上级单位（部门）指令，监控中心上报信息、现场处置信息及应急资源需求信息，并做好信息的研判工作，及时上报应急领导小组。

（2）收集、整理应急物资、设备、人员等调配需求，开展应急资源力量调配协调和应急物资信息沟通工作，通知各应急工作组或基层单位负责人及时组织人员、物资及设备等赶赴事发现场，开展应急处置工作。

（3）传达各方面指示、要求、报告，落实应急领导小组各项决策部署。

（4）落实应急领导小组的其他要求。

5.3.3 监控中心

（1）实行领导带班和24小时值班，加强事发桥梁及前后路段视频监控及监测高速公路路网运行情况。

（2）密切关注事发桥梁现场处置情况及事件动态，及时上报应急办。

（3）按照指令，根据有关规定发布交通管制、绕行路线及路况信息。

（4）做好应急处置期间监测视频整理、存档等工作。

（5）落实应急领导小组的其他要求。

5.3.4 综合保障组

（1）做好对外宣传管理和接待媒体，准备事件信息和应急处置信息供新闻发布。

（2）根据应急抢险工作需求，从应急出行车辆、食宿等方面做好后勤服务保障工作。

（3）做好保障应急处置经费及相关伤亡人员的善后处理工作（包括保险理赔）等。

（4）落实应急领导小组的其他要求。

5.3.5　路产工作组

（1）配合相关单位（部门）开展现场安全管控、人员疏散及救护等工作，并向应急办报告应急处置进展情况。

（2）若桥梁交通已经中断或危及通行安全，及时设立警示标志，配合相关部门采取限载、限速、封闭通行等措施，对严重受损区域，安排专人看守，并做好观测、示警及信息报告工作。

（3）若发生火灾，在不能保证自身安全的情况下，不得进入起火区域，待消防部门抵达现场后，配合开展消防工作。

（4）配合交警开展交通管制、指挥疏导车辆、制定绕行路线等道路保通工作，保障应急救援、物资运输及人员疏散等车辆畅通通行。

（5）配合交警做好应急车道畅通工作，引导医疗、救援等车辆、人员顺利出入事故现场。

（6）组织人员对事发桥梁及周边的交通安全设施开展排查工作。

（7）应急处置结束后，配合交警按照规程进行现场清障工作。

（8）落实应急领导小组的其他要求。

5.3.6　养护工作组

（1）按照指令，及时组织相关人员赶赴现场，制订现场应急抢修方案，开展应急抢修工作。

（2）根据现场情况，提出应急资源的调配需求，及时上报应急办。

（3）组织养护人员开展桥梁受损构造物及设施的抢修、道路抢通、恢复重建等，并向应急办报告抢修进展情况。

（4）若造成构造物结构损毁，及时调阅技术资料，提供工程抢险所需图纸，委托有资质的专业检测单位对桥梁进行可靠性检测评估，根据结果确定基础设施损坏的类型与严重程度，针对损坏类型和严重程度，确定基础设施恢复方案。

（5）组织人员对桥梁重点部位、薄弱环节等开展全面检查，开展次生、衍生病害风险排查工作。

（6）应急处置结束后，做好桥梁受损构造物的统计及相关检测工作。

（7）落实应急领导小组的其他要求。

5.3.7　机电工作组

（1）做好事发地的供配电、照明、监控、通信等设施的保障工作。

（2）根据现场情况，提出机电设施应急资源的调配需求。

（3）做好受损机电设施的抢修等工作。

（4）落实应急领导小组的其他要求。

5.3.8　收费工作组

（1）按照指令，增开或关闭收费站部分车道，保障高速公路收费站通行畅通。

（2）及时疏散收费站广场积压车辆，开辟绿色通道，保障应急车辆通行。

（3）落实应急领导小组的其他要求。

5.3.9 服务工作组

组织事发地附近服务区为滞留高速公路服务区的司乘人员提供临时避险场所，做好食品、饮用水、燃油等必要紧急物资等服务保障工作。

5.3.10 专家咨询组

根据应急抢险需要，由应急领导小组视情成立专家咨询组，负责对应急准备、应急行动和后期分析评估提供专业咨询和建议。

Ⅴ级响应：由事发地管辖路段的养护所负责人启动并实施，及时汇总、整理现场指挥部先期处置情况和突发事件发展态势等信息，并上报应急办。按照本预案和现场处置方案组织开展应急处置。

（1）应急领导小组可根据突发事件应急响应与处置情况及发展态势，启动更高级别应急响应。

（2）应急办视情指导事发地管辖路段的养护所组织开展应急处置。

（3）监控中心密切关注现场处置情况及事件动态，按照指令，根据有关规定发布交通管制、绕行路线及路况信息，并及时上报应急办。

（4）事发地管辖路段的养护所负责人做好分配站队（区）相关人员的现场处置工作任务，各成员坚守岗位，实行24小时值班，组织开展应急处置工作。

（5）事发地管辖路段的养护所组织人员做好现场管控、人员疏散等工作。

（6）事发地管辖路段的养护所组织人员配合交警做好交通管制、绕行路线方案制订、确保应急车道畅通，并将相关信息及时上报监控中心。

（7）如有人员受伤，根据受伤情况，在确保不对其造成二次伤害的前提下，事发地管辖路段的养护所组织人员及时进行现场临时救护，视情拨打120急救电话，待专业力量介入。

（8）事发地管辖路段的养护所组织人员对事发桥梁开展风险排查。

（9）根据事件发展态势，当超出事发地管辖路段的养护所自身处置能力时，事发地管辖路段的养护所负责人及时上报应急办。

（10）应急处置结束后，事发地管辖路段的养护所组织人员，做好清洁、清障工作，尽快恢复通行。

5.4 指挥与协调

5.4.1 工作要求

应急处置期间应加强统一领导，各工作组严格落实“三管三必须”要求，积极开展应急处置工作。

应急办视情指导站队（区）做好Ⅴ级应急响应应急处置工作，应急领导小组组织开展Ⅳ级应急响应应急处置工作，Ⅲ级及以上应急响应时，在集团或上级单位（部门）应急指挥领导小组的统一指挥领导下，配合开展应急处置工作。

在发生路网突发事件时，各工作组按照各自职责分工，开展工作。在发生生产安全事故时，各工作组在应急领导小组的统一指挥领导下，服从属地政府应急管理部门的统一指挥调度。

5.4.2 现场控制与处置

根据突发事件类型、可控性、影响范围、应急人力与物力等情况组织开展应急处置工作；根据影响范围告知相关基层单位和人员应采取的安全防护措施；突发事件得到控制后，及时组织配合处置，尽早恢复高速公路通行。

5.4.3 沟通协作与信息发布

各工作组加强沟通协调，确保人、财、物等应急资源在公司系统内合理配置；加强与属地政府及有关部门的沟通协调、协作联动，及时寻求社会支援力量参与应急处置。

5.5 响应终止

按照“谁启动、谁终止”的原则，应急响应终止时，采取如下终止程序：

（1）经应急领导小组会商，认为突发事件的威胁和危害得到控制或者消除，或上级部门宣布突发事件应急响应终止或降级时，由应急办提出终止应急响应建议。

（2）应急领导小组会商后，宣布终止应急响应。

5.6 后期处置

5.6.1 善后处置

应急响应终止后，应急领导小组或指定工作组指导、协助事发地管辖路段的养护所开展善后处置工作，尽快恢复高速公路正常秩序，配合相关部门开展突发事件调查。

5.6.2 评估总结

应急处置工作结束后，应尽快作出客观、公正、全面的评估总结报告，说明基本情况，分析事件原因，总结应急经验，修订应急预案，提出改进建议。

Ⅳ级及以上应急响应终止后，应急办应及时组织参与应急处置的各工作组开展总结评估；Ⅴ级应急响应终止后，事发地管辖路段的养护所应及时组织开展总结评估，并上报应急办。

6 保障措施

6.1 应急队伍保障

根据集团总部的指导及要求，组建、完善应急队伍建设，依托养护、路产、运维等站队（区）建设高速公路突发事件应急队伍，相关工作参考《××省应急救援队伍建设管理办法（试行）》中相关内容执行。

6.2 物资设备保障

结合公司实际情况，按照《××省高速公路应急物资储备指导意见》相关要求储备应急物资及设备，并进行日常管理和保养。在突发事件应急处置中，如事态超出自身控制范围，及时向集团总部、省高速中心汇报，申请上级统筹指挥和调配物资。必要时，可请求属地政府支援。

6.3 通信与信息保障

根据上级单位的指导及要求，做好网络、视频、通信等保障工作，保障通信设备链路畅通；做好应急通信技术衔接，保证应急处置信息传递畅通。

6.4　应急经费保障

加强应急支出经费保障，规范应急经费的使用管理，提高使用效益。

6.5　其他保障

根据突发事件应急需要，做好其他保障工作。

7　培训与演练

7.1　预案培训

应急办应将应急预案培训工作纳入公司生产安全培训内容，结合集团总部要求，开展应急预案培训工作，同时，应急培训的时间、地点、内容、师资、参加人员和考核结果等情况应当如实记入生产安全教育和培训档案。

7.2　宣传教育

结合“国家安全教育日”“火灾警示宣传月”“防灾减灾日”“安全生产月”“119消防宣传日”等重要活动，通过多种渠道，宣传应急法律法规和预防、避险、自救、互救、减灾等知识，增强从业人员和社会公众的忧患意识、社会责任意识、公共安全和风险防范意识，提高避险能力和自救互救能力。

7.3　预案演练

应急办制订公司应急预案演练计划，根据公司的事故风险特点，每年至少组织一次专项应急预案演练，长大桥隧路段，每年组织火灾、交通事故、自然灾害突发事件的专项应急演练。

演练结束后，应急办应当对演练效果进行评估，撰写评估报告，分析存在的问题，并对应急预案提出修订意见。

8　附　则

8.1　预案管理与更新

本预案由××分公司负责制定解释，结合自身实际，制定、修订、完善相关应急预案。有下列情形之一的，应急预案应当及时修订并归档：

（1）依据的法律、法规、规章、标准及上位预案中的有关规定发生重大变化的。

（2）应急指挥机构及其职责发生调整的。

（3）面临的事故风险发生重大变化的。

（4）重要应急资源发生重大变化的。

（5）预案中的其他重要信息发生变化的。

（6）应急演练和事故应急救援中发现问题需要修订的。

（7）编制单位认为应当修订的其他情况。

8.2　预案实施

本预案自下发之日起实施。

6.2.5 隧道突发事件专项应急预案

××省交通运输发展集团有限公司××分公司隧道突发事件专项应急预案

1 总 则

1.1 编制目的

为预防和有效应对××省交通运输发展集团有限公司××分公司（简称××分公司）运营高速公路隧道突发事件，及时采取应急管控措施，高效组织实施应急处置工作，最大限度地减少隧道突发事件造成的损失，保障高速公路安全畅通，制定本预案。

1.2 编制依据

依据《中华人民共和国安全生产法》《××省交通运输发展集团有限公司应急养护工程管理办法（试行）》《××省高速公路隧道养护指导意见》《××省高速公路隧道突发事件应急预案》《××省交通运输发展集团有限公司运营高速公路突发事件隧道专项应急预案》《××省交通运输发展集团有限公司××分公司运营高速公路突发事件综合应急预案》（简称综合预案）等相关部门规章、上位预案。

1.3 适用范围

本预案适用于分公司运营高速公路隧道因自然灾害、事故灾难、社会安全等事件发生结构性病害或破坏、坍塌，造成或者可能导致交通中断或堵塞，及其他可能造成人员伤亡、财产损失的应急处置工作。

1.4 应急预案衔接

本预案与上级单位及属地政府相关预案相衔接。

1.5 事件分级

参照综合预案中“1.5 突发事件分级”相关内容执行。

1.6 应急工作原则

参照综合预案中“1.6 应急工作原则”相关内容执行。

2 组织机构和职责

参照综合预案中“2 组织机构和职责”相关内容执行。

3 信息报告与处置

3.1 报告时限和程序

现场人员立即向监控中心报告，监控中心汇总、整理后上报应急办。应急办研判突发事件等级并上报应急领导小组，已造成或可能造成Ⅰ级、Ⅱ级突发事件的，通知监控中心在20分钟内向省路警联合指挥中心及集团总部值班室电话报告、40分钟内书面报告；已造成或可能造成Ⅲ级、Ⅳ级突发事件的，通知监控中心在1小时内向省路警联合指挥中心报告信息，Ⅲ级突发事件和除交通事故之外的Ⅳ级突发事件同时向集团总部值班室报告，Ⅴ级突发事件应急办通知或视情指导事发地站队（区）开展应急处置。发生生产安全事故的，应急办向分公司负责人报告，由分公司负责人向集团总部及属地政府应急管理部门报告。

应急处置期间，发生紧急事件、突发事件、扩大应急，现场处置负责人应直接上报应急办。

此外，针对路网突发事件，监控中心按照《公路交通阻断信息报送制度》（交办公路〔2018〕16号）文件要求报送。

3.2　报告内容

报告信息的内容要简明准确、要素完整、重点突出，应包括以下要素：

（1）事件发生的时间、地点、事件类型及信息来源。

（2）事件起因、性质、基本过程、已造成的后果以及影响范围和事件发展趋势。

（3）已采取的措施、下一步的工作计划。

（4）信息报送单位、联系人和联系电话等。

3.3　报告方式

信息报告坚持“先简要报告、后详情续报”的原则，事发地分公司按照报告时限要求，先通过电话报告，然后将信息以书面形式报告。遇特殊情况不能在规定时间以书面形式报告的，应以电话等形式报告，核实后续报。信息报出后必须进行电话确认。

4　监测与预警

4.1　预警监测

监控中心负责分公司内部信息流通及与基层单位的沟通联络，做好各类预警信息的收集、汇总，密切关注事件发展，及时上报应急办；应急办负责与省高速中心、集团总部值班室以及其他发布预警信息的有关单位（部门）衔接，负责所辖路段的预警信息接收、研判及上报等相关工作。预警信息来源主要包括：

（1）公安、交警、气象、自然资源、应急等部门的监测和灾害预报预警信息，以及重点或者紧急物资运输通行保障需求信息。

（2）集团应急指挥领导小组办公室等上级单位（部门）发布或转发的地震、山体滑坡、泥石流等地质灾害信息。

（3）收费站、服务区、路产、养护、机电等基层单位通过日常安全检查、巡查等方式及监控中心利用监控系统发现的风险源或隐患点。

（4）路基、路面、桥梁、隧道等结构安全的隐患排查及整改工作中发现的风险。

（5）各站队（区）上报的交通事故和道路阻断、生产安全事故等相关信息。

（6）其他需公司提供的应急保障紧急事件信息。

信息收集内容包括预计发生事件的类型、出现的时间、地点、规模、可能引发的影响及发展趋势等。

4.2 预警信息处置

应急办接收到预警信息后，视情组织对预警信息中突发事件发生的可能性及其对高速公路可能造成的影响进行研判并上报应急领导小组，应急领导小组会商后，发布相应预警信息。

4.3 防御响应程序

（1）应急办根据预警信息研判结果，提出启动防御响应建议。

（2）应急领导小组会商后，启动防御响应，根据预警内容和实际情况，组织或指导采取防御响应措施。

（3）应急领导小组根据事件发展态势，可将防御响应转入应急响应，按照应急响应程序处置。

（4）上级单位或发布预警信息其他有关部门宣布预警解除时，或公司内部发布的预警信息中可能引发突发事件的危险因素得到有效控制时，应急领导小组宣布防御响应结束。

4.4 防御措施

防御响应过程中采取一项或多项防御响应措施：

（1）增加预警信息监测频次，及时收集、报告有关信息。

（2）做好与相关站队（区）沟通，收集实际情况向集团总部值班室报送，并按照要求发布相关信息及公告。

（3）组织做好防御准备，视情调集应急处置所需要的人员、物资、设备等。

（4）做好与公安、交警、气象、自然资源、应急、消防、医疗等相关单位（部门）的信息共享和协调联动工作。

（5）严格落实领导带班和24小时值班，履行职责，确保通信畅通，及时获取、报告道路运行情况和突发事件信息。

（6）做好日常维护保养、保洁工作，及时清扫隧道内路面抛洒物，保证隧道内外排水设施完好，横通道内严禁存放任何非救援用物品。

（7）做好日常巡查工作，保证隧道洞口、衬砌、路面处于正常状态，不妨碍交通安全。

（8）做好隧道主体结构经常检查、定期检查、应急检查和专项检查，做到主体结构异常事件早发现、早报告、早预防。

（9）加强日常监督管理，及时更换损毁设施，保证供配电、照明、消防、通风、监控、通信等设施，功能完备。

（10）加强监测隧道内交通情况，及时提醒违规行为，隧道内若有车辆滞留，要及时了解情况，第一时间通知交警前来处置，做好交通疏导和人员疏散的准备工作。

（11）如需交通管制但未造成中断或堵塞，组织设立必要的安全警示标志，按规定在隧道入口处发布相关信息。

（12）其他需采取的防御响应措施。

5 应急响应

5.1 先期处置

突发事件发生后，在上报突发信息的同时，应急领导小组应当快速做出反应，组织事发地站队（区）成立现场指挥部，立即采取相应应急措施，进行先期处置，并在规定时限内上报突发事件信息。

发生在高速公路主线及互通匝道的突发事件，管辖的路产大队负责先期处置，发生在收费站广场、服务区及各站队（区）的突发事件，对应的站队（区）负责先期处置。根据现场实际情况，先期处置人员在确保自身安全的前提下采取以下措施：

（1）及时划定警戒区域，沿线设置警示标志，做好现场警戒、疏散人员，避免发生次生、衍生灾害，并及时上报信息。

（2）若突发事件造成隧道主体结构及设施损毁时，应及时上报，并组织技术人员赶赴现场开展处置工作。

（3）若突发事件造成人员伤亡、被困，及时组织人员抢救伤员、营救被困人员，报告交警，配合开展现场处置，视情拨打120急救电话。

（4）若发生火灾，在保证自身安全的情况下，迅速采取消防措施，视情报告交警、消防部门，并配合进行交通管制和疏散撤离车辆、人员。

5.2 响应分级

本预案突发事件应急响应分为五级：Ⅰ级响应、Ⅱ级响应、Ⅲ级响应、Ⅳ级响应和Ⅴ级响应，分别对应Ⅰ级突发事件、Ⅱ级突发事件、Ⅲ级突发事件、Ⅳ级突发事件和Ⅴ级突发事件。

5.3 应急响应启动及措施

Ⅰ、Ⅱ、Ⅲ级响应：由应急领导小组组长启动并实施。在集团或上级单位（部门）应急力量未到达之前，各工作组在应急领导小组的统一指挥下，开展应急处置工作；当集团或上级单位（部门）应急力量到达后，应急领导小组移交现场指挥权，在集团或上级单位（部门）应急指挥领导小组的统一指挥下，开展应急处置工作。

其中，综合保障组并入集团综合保障组，路产、养护工作组并入集团抢通保通组，机电、收费工作组并入集团运营保障组，服务工作组并入集团服务保障组，在省交通运输厅或省高速中心或集团应急指挥领导小组等上级单位（部门）的领导下，配合组织开展相关应急处置工作，具体措施可参照Ⅳ级响应内容。

Ⅳ级响应：由应急领导小组组长启动并实施，并上报集团应急指挥领导小组办公室，及时了解现场指挥部先期处置情况和突发事件发展态势等信息。按照本预案组织开展应急处置。

5.3.1 应急领导小组

（1）应急领导小组各成员到岗到位，实行领导带班和24小时值班，确保通信畅通，及时共享信息。

（2）组长组织会商分析突发事件对高速公路的影响，部署应急处置工作。

（3）应急领导小组组长或指定人员带队赶赴事发地，接管现场指挥权，组织相关基层单位开展应急处置工作。

（4）根据突发事件应急处置情况，必要时报请启动更高级别的应急响应。

（5）服从集团应急指挥领导小组等上级单位及属地政府相关部门应急响应指令，配合做好应急处置工作。

5.3.2　应急办

（1）接收应急领导小组及上级单位（部门）指令，监控中心上报信息、现场处置信息及应急资源需求信息，并做好信息的研判工作，及时上报应急领导小组。

（2）收集、整理应急物资、设备、人员等调配需求，开展应急资源力量调配协调和应急物资信息沟通工作，通知各应急工作组或基层单位负责人及时组织人员、物资及设备等赶赴事发现场，开展应急处置工作。

（3）传达各方面指示、要求、报告，落实应急领导小组各项决策部署。

（4）落实应急领导小组的其他要求。

5.3.3　监控中心

（1）实行领导带班和 24 小时值班，加强事发隧道及前后路段视频监控及监测高速公路路网运行情况。

（2）密切关注事发隧道现场处置情况及事件动态，及时上报应急办。

（3）按照指令，根据有关规定在隧道入口、附近收费站及沿线可变情报板发布交通管制、绕行路线、隧道突发事件信息及高速公路运行信息，利用广播系统告知隧道内司乘人员隧道内发生事故，提醒车辆及时驶离隧道。

（4）做好应急处置期间监测视频整理、存档等工作。

（5）落实应急领导小组的其他要求。

5.3.4　综合保障组

（1）做好对外宣传管理和接待媒体，准备事件信息和应急处置信息供新闻发布。

（2）根据应急抢险工作需求，从应急出行车辆、食宿等方面做好后勤服务保障工作。

（3）做好保障应急处置经费及相关伤亡人员的善后处理工作（包括保险理赔）等。

（4）落实应急领导小组的其他要求。

5.3.5　路产应急组

（1）配合相关单位（部门）开展现场安全管控、人员疏散及救护等工作，并向应急办报告应急处置进展情况。

（2）若隧道交通已经中断或危及通行安全，及时设立警示标志，配合相关部门采取限速、封闭通行等措施，对受损严重区域，安排专人看守，并做好观测、示警及信息报告工作。

（3）若发生火灾，在不能保证自身安全的情况下，不得进入隧道，待消防部门抵达现场后，配合开展消防工作。

（4）配合交警开展交通管制、指挥疏导车辆、制定绕行路线等道路保通工作，保障应急救援、物资运输及人员疏散等车辆畅通通行。

（5）配合交警做好应急车道畅通工作，引导医疗、救援等车辆、人员顺利出入事故现场。

（6）组织人员对事发隧道及周边的交通安全设施开展排查工作。

（7）应急处置结束后，配合交警按照规程进行现场清障工作。

（8）落实应急领导小组的其他要求。

5.3.6　养护应急组

（1）按照指令，及时组织相关人员赶赴现场，制订现场应急抢修方案，开展应急抢修工作。

（2）根据现场情况，提出应急资源的调配需求，及时上报应急办。

（3）组织养护人员开展隧道受损构造物及设施的抢修、恢复重建等，并向应急办报告抢修进展情况。

（4）若造成构造物结构损毁，及时调阅技术资料，提供工程抢险所需图纸，委托有资质的专业检测单位对隧道进行可靠性检测评估，根据结果确定基础设施损坏的类型与严重程度，针对损坏类型和严重程度，确定基础设施恢复方案。

（5）组织人员对隧道重点部位、薄弱环节等开展全面检查，开展次生、衍生病害风险排查工作。

（6）应急处置结束后，做好隧道受损构造物的统计及相关检测工作。

（7）落实应急领导小组的其他要求。

5.3.7　机电工作组

（1）做好事发隧道内的供配电、照明、通风、消防、监控、通信等设施的保障工作。

（2）切换隧道入口处交通信号灯和隧道内车道指示灯，视情增加隧道照明，改变通风设备送风方向。

（3）根据现场情况，提出机电设施应急资源的调配需求，做好受损机电设施的抢修等工作。

（4）落实应急领导小组的其他要求。

5.3.8　收费工作组

（1）按照指令，增开或关闭收费站部分车道，保障高速公路收费站通行畅通。

（2）及时疏散收费站广场积压车辆，开辟绿色通道，保障应急车辆通行。

（3）做好为滞留收费站广场的车辆提供保障性服务工作。

（4）落实应急领导小组的其他要求。

5.3.9　服务工作组

组织事发地附近服务区为滞留高速公路服务区的司乘人员提供临时避险场所，做好食品、饮用水、燃油等必要紧急物资等服务保障工作。

5.3.10　专家咨询组

根据应急抢险需要，由应急领导小组视情成立专家咨询组，负责对应急准备、应急行动和后期分析评估提供专业咨询和建议。

Ⅴ级响应：由管辖事发隧道路段的负责人启动并实施，及时汇总、整理现场指挥部先期处置情况和突发事件发展态势等信息，并上报应急办。按照本预案和现场处置方案组织开展应急处置。

（1）应急领导小组可根据突发事件应急响应与处置情况及发展态势，启动更高级别应急响应。

（2）应急办视情指导管辖事发隧道路段的负责人组织开展应急处置。

（3）监控中心密切关注事发隧道现场处置情况及事件动态，按照指令，根据有关规定发布交通管制、绕行路线及路况信息，并及时上报应急办。

（4）管辖事发隧道路段的负责人做好分配隧道相关人员的现场处置工作任务，各成员坚守岗位，实行24小时值班，组织开展应急处置工作。

（5）管辖事发隧道路段站队（区）组织人员做好现场管控、人员疏散等工作。

（6）管辖事发隧道路段站队（区）组织人员做好隧道内照明、通风、消防保障工作。

（7）管辖事发隧道路段站队（区）配合交警做好交通管制，指挥疏导车辆，保障道路畅通。

（8）如有人员受伤，根据受伤情况，在确保不对其造成二次伤害的前提下，管辖事发隧道路段站队（区）组织人员及时进行现场临时救护，视情拨打120急救电话，待专业力量介入。

（9）管辖事发隧道路段站队（区）组织人员对事发隧道开展风险排查。

（10）根据事件发展态势，当超出管辖事发隧道路段站队（区）自身处置能力时，管辖事发隧道路段负责人及时上报应急办，扩大应急。

（11）应急处置结束后，管辖事发隧道路段站队（区）组织人员，做好隧道内清洁、清障工作，尽快恢复通行。

5.4　指挥与协调

5.4.1　工作要求

应急处置期间应加强统一领导，各工作组严格落实“三管三必须”要求，积极开展应急处置工作。

应急办视情指导站队（区）做好Ⅴ级应急响应应急处置工作，应急领导小组组织开展Ⅳ级应急响应应急处置工作，Ⅲ级及以上应急响应时，在集团或上级单位（部门）应急指挥领导小组的统一指挥领导下，配合开展应急处置工作。

在发生路网突发事件时，各工作组按照各自职责分工，开展工作；在发生生产安全事故时，各工作组在应急领导小组的统一指挥领导下，服从属地政府应急管理部门的统一指挥调度。

5.4.2　现场控制与处置

根据突发事件类型、可控性、影响范围、应急人力与物力等情况组织开展应急处置工作；根据影响范围告知相关基层单位和人员应采取的安全防护措施；突发事件得到控制后，及时组织配合处置，尽早恢复高速公路通行。

5.4.3　沟通协作与信息发布

各工作组加强沟通协调，确保人、财、物等应急资源在公司系统内合理配置；加强与属地政府及有关部门的沟通协调、协作联动，及时寻求社会支援力量参与应急处置。

5.5　响应终止

按照“谁启动、谁终止”的原则，应急响应终止时，采取如下终止程序：

（1）经应急领导小组会商，认为突发事件的威胁和危害得到控制或者消除，或上级部门宣布突发事件应急响应终止或降级时，由应急办提出终止应急响应建议。

（2）应急领导小组会商后，宣布终止应急响应。

5.6　后期处置

5.6.1　善后处置

应急响应终止后，应急领导小组或指定工作组指导、协助管辖事发隧道路段站队（区）开展善后处置工作，尽快恢复高速公路正常秩序，配合相关部门开展突发事件调查。

5.6.2　评估总结

应急处置工作结束后，应尽快作出客观、公正、全面的评估总结报告，说明基本情况，分析事件原因，总结应急经验，修订应急预案，提出改进建议。

Ⅳ级及以上应急响应终止后，应急办应及时组织参与应急处置的各工作组开展总结评估；Ⅴ级应急响应终止后，管辖事发隧道路段站队（区）应及时组织开展总结评估，并上报应急办。

6　保障措施

6.1　应急队伍保障

根据集团总部的指导及要求，组建、完善应急队伍建设，依托养护、路产、运维等站队（区）建设高速公路突发事件应急队伍，相关工作参考《××省应急救援队伍建设管理办法（试行）》中相关内容执行。

6.2　物资设备保障

结合公司实际情况，按照《××省高速公路应急物资储备指导意见》相关要求储备应急物资及设备，并进行日常管理和保养。在突发事件应急处置中，如事态超出自身控制范围，及时向集团总部、省高速中心汇报，申请上级统筹指挥和调配物资。必要时，可请求属地政府支援。

6.3　通信与信息保障

根据上级单位的指导及要求，做好网络、视频、通信等保障工作，保障通信设备链路畅通；做好应急通信技术衔接，保证应急处置信息传递畅通。

6.4　应急经费保障

加强应急支出经费保障，规范应急经费的使用管理，提高使用效益。

6.5　其他保障

根据突发事件应急需要，做好其他保障工作。

7　培训与演练

7.1　预案培训

应急办应将应急预案培训工作纳入公司生产安全培训内容，结合集团总部要求，开展应急预案培训工作，同时，应急培训的时间、地点、内容、师资、参加人员和考核结果等情况应当如实记入生产安全教育和培训档案。

7.2　宣传教育

结合“国家安全教育日”“火灾警示宣传月”“防灾减灾日”“安全生产月”“119消防宣传日”等重要活动，通过多种渠道，宣传应急法律法规和预防、避险、自救、互救、减灾等知识，增强从业人员和社会公众忧患意识、社会责任意识、公共安全和风险防范意识，提高避险能力和自救互救能力。

7.3　预案演练

应急办制订公司应急预案演练计划，根据公司的事故风险特点，每年至少组织一次专项应急预案演练，长大桥隧路段，每年组织火灾、交通事故、自然灾害突发事件的专项应急演练。

演练结束后，应急办应当对演练效果进行评估，撰写评估报告，分析存在的问题，并对应急预案提出修订意见。

8　附　则

8.1　预案管理与更新

本预案由 ×× 分公司负责制定解释，结合自身实际，制定、修订、完善相关应急预案。有下列情形之一的，应急预案应当及时修订并归档：

（1）依据的法律、法规、规章、标准及上位预案中的有关规定发生重大变化的。

（2）应急指挥机构及其职责发生调整的。

（3）面临的事故风险发生重大变化的。

（4）重要应急资源发生重大变化的。

（5）预案中的其他重要信息发生变化的。

（6）应急演练和事故应急救援中发现问题需要修订的。

（7）编制单位认为应当修订的其他情况。

8.2　预案实施

本预案自下发之日起实施。

6.3　高速公路典型突发事件应急处置案例

6.3.1　2022 年年初河南省交通系统抗击雨雪冰冻灾害

2022 年 1 月 4 日，河南迎来入冬以来最大强度雨雪天气，黄淮之间大部分地区出现中到大雪（雨）天气。为有效应对冰雪天气，河南省公安厅高速公路交通警察总队联合河南省交通运输厅高速公路联网管理中心迅速启动高速公路恶劣天气交通管理应急处置预案，组织全省高速交警、高速路政和高速公路运营管理单位全员上路，彻夜无眠开展融雪除冰作业，战冰雪保畅通，出动除雪设备 576 台次，撒布融雪剂 3 925.4 t，同时采取警车带道压速通行等多种方式，守护群众冰雪天气行车平安。

1 月 4 日夜，连霍高速三门峡段出现雨夹雪天气，当日晚间逐渐转为大到暴雪。三门峡分公司主要领导赴一线督导，路警联合加大路面巡查管控，利用沿线可变情报板、语音喇叭及时向过往司乘发布路况提示信息，路养联合作业不间断撒布融雪剂，同时配合高速交警根据雪情及时采取管制措施。

1月5日凌晨，信阳地区迎来首次降雪，信阳分公司快速反应，全力以赴做好除雪保畅工作，同时还利用T形诱导屏、车载显示屏、电子情报板、内线电话、微信公众平台、路况信息报送平台实时发布路况、天气信息，并在收费站入口处醒目摆放冰雪天气提示牌，发放恶劣天气安全提示卡，提醒过往司机谨慎驾驶。配备应急抢险车、服务保障车、应急发电车、移动视频传输等设备的应急抢险大队随时准备投入突发事故抢险救援。

1月5日上午8时，南阳分公司所辖路段出现首场降雪，分公司主要领导到前线指挥，路政、养护等部门对危险易结冰路段进行安全隐患梳理排查和24小时监视，路政、交警、养护联动巡逻，并在重要路段、桥梁撒布融雪剂，在急弯、陡坡地段、易冻易滑路段、事故多发等复杂路段设立警示警告标志，提醒过往司乘减速慢行，同时要求所属单位做好便民服务工作。

1月6日河南省迎来首场降雪后，服务区分公司按照保通预案要求，当天即出动员工3 000多人次，在服务区停车场等场所撒布融雪剂70 t；及时在服务区电子显示屏上播放路况及天气信息，为过往司乘提供出行参考；餐厅、超市、后厨、物业等部门充分满足广大司乘人员需要，并配备了急救箱，与邻近医院、消防部门建立联系，以便及时救援；加强服务区安全保卫工作，预防不法分子趁机危害司乘利益。

6.3.2 苍硕高速公路新庆段“11·15”较大道路交通事故

2020年11月15日6时30分许，在S40苍硕高速公路梧州藤县往贵港平南方向新庆路段发生一起小型普通客车与重型半挂牵引式货车碰撞的较大道路交通事故，造成小型普通客车上5人死亡，2人受伤，车辆不同程度受损。经专家组调查认定，该事故是一起生产安全责任事故。

6.3.2.1 事故基本情况

2020年11月15日3时4分，梁××驾驶桂·B×××××号重型半挂牵引车牵引桂·B×××××挂号重型仓栅式半挂车在藤县收费站上高速，在3时25分许行驶至S40苍硕高速46 km+550 m处因车辆故障骑跨停于第二行车道及应急车道内。2020年11月15日6时30分许，李××驾驶桂·R×××××号小型普通客车行使至S40苍硕高速46 km+550 m处时，车头右侧与因车辆故障骑跨停于第二行车道及应急车道内的桂·B×××××挂号重型仓栅式半挂车尾部左侧发生碰撞，造成桂·R×××××号小型普通客车车上乘员韦××、何××、黎××、刘××、韦××5人当场死亡，李××、李××2人受伤及两车不同程度受损。

6.3.2.2 事故信息接报和应急处置情况

11月15日6时39分，梧州市公安局交警支队高速公路管理一二五合署大队接到110指令，与报警事主核实事故地点和人员伤亡简要信息，迅速向上级部门报告，6时59分出警，并于7时49分到达现场开展救援和进行现场交通管控。

6时40分许，藤县人民医院接120电话，约7时30分到达事故现场对受伤人员进行救援，经现场医护人员确认，小型普通客车5人死亡，2人受伤，伤者送往藤县人民医院救治。

广西龙光贵梧高速公路有限公司 6 时 55 分接交警通知，启动应急预案，向上级相关主管部门报告，并赶往现场参与救援处置工作。

广西高速公路发展中心玉林分中心藤县路政执法大队 7 时 9 分收到广西龙光贵梧高速公路有限公司高速监控中心通知，7 时 40 分赶到事故现场开展现场处置和交通疏导工作。

藤县消防救援大队 12 时 3 分接 110 转警，12 时 31 分到达现场开展救援工作，车内被困人员已由医务人员确认无生命迹象，遂将车内被困人员遗体抬出。

约 16 时许，现场处置结束，道路恢复畅通。

6.3.2.3　事故应急响应情况

事故发生后，自治区高度重视，自治区党委常委、政法委书记，自治区副主席，自治区应急厅党委书记、厅长等领导同志先后做出批示，要求全力抢救伤员，依法依规做好事故处置及善后工作，尽快查明事故原因。梧州市市委、市政府高度重视，认真贯彻落实自治区领导批示精神，市委书记部署开展伤员救治、处置善后、交通安全隐患排查等工作，并要求有关部门切实采取措施防范交通事故发生。市长、市委常委、常务副市长在事发后第一时间赶赴现场指挥开展救援处置工作。藤县人民政府接到事故信息报告后，立即启动应急响应，迅速组织相关部门前往现场进行支援应急处置，全力做好救援工作。藤县人民政府分管领导及公安、交通、应急等部门相关负责人迅速赶赴现场开展事故应急救援工作。

6.3.2.4　事故调查及原因分析

1. 直接原因

（1）李 ×× 无机动车驾驶资格，驾驶桂 · R××××× 号小型普通客车上路行驶，过度疲劳影响安全驾驶，仍驾驶机动车在高速公路超速行驶，疏于观察前方道路情况，是事故发生的直接原因之一。

（2）梁 ×× 驾驶机件不符合技术标准及安全设施不全的机动车上路行驶，在高速公路上发生故障时，未按规定将警告标志设置在故障车来车方向 150 m 以外，且未在故障发生后及时报警，是事故发生的另一个直接原因。

2. 间接原因

经查，该事故间接的原因是：

（1）广西 ×× 运输有限公司，未按规定落实安全生产主体责任，对此事故负有责任。

①未按照规定组织实施安全生产教育培训。对公司驾驶员失管失控，事故发生前一直没有对桂 · B××××× 号重型半挂牵引车牵引桂 · B××××× 挂号重型仓栅式半挂车驾驶员梁 ×× 进行安全生产教育培训和考核，对驾驶员管理和教育培训流于形式，对梁 ×× 的教育培训为事故发生后补做，存在记录造假、未如实记录安全生产教育和培训的情况，致使梁 ×× 在高速公路上发生故障时，未按规定将警告标志设置在故障车来车方向 150 m 以外，且未在故障发生后及时报警。

②未按照规定对公司车辆进行日常维护及隐患排查治理。对公司车辆疏于管理，安全检查流于形式，未能及时发现和处理桂 · B××××× 号重型半挂牵引车牵引

桂·B×××××挂号重型仓栅式半挂车的灯光性能不合格，反光标识粘贴不合格的安全生产事故隐患，致使出行车辆存在安全隐患，梁××驾驶机件不符合技术标准的车辆上路。

③未能落实履行GPS动态监控监管职责。未按要求完善动态监控台账，对桂·B×××××号重型半挂牵引车牵引桂·B×××××挂号重型仓栅式半挂车驾驶员梁××驾驶存在安全隐患的机动车因故障长时间停于高速行驶等异常停车问题失察。

（2）广西××运输有限公司法人代表罗××，未认真履行落实企业主体责任和主要负责人的安全生产工作职责，督促、检查公司安全生产工作不到位，对此事故负有责任。未能有效组织公司的安全隐患排查治理，未及时发现和处理桂·B×××××号重型半挂牵引车牵引桂·B×××××挂号重型仓栅式半挂车的灯光性能不合格、反光标识粘贴不合格的安全生产事故隐患，致使梁××驾驶机件不符合技术标准的车辆上路；未能有效组织制定并实施本单位安全生产教育和培训，安全培训教育流于形式，致使桂·B×××××号重型半挂牵引车牵引桂·B××××挂号重型仓栅式半挂车驾驶员梁××安全意识差，在高速公路上发生故障时，未按规定将警告标志设置在故障车来车方向150 m以外，且未在故障发生后及时报警。

6.3.2.5　事故防范和整改措施建议

为了深刻吸取苍硕高速公路“11·15”较大道路交通事故教训，采取措施防范类似事故发生，提出如下整改防范措施：

（1）广西××运输有限公司要认真吸取事故教训，举一反三开展安全生产工作管理，特别要针对该事故暴露出来的安全生产主体责任落实不到位，存在安全隐患排查治理不到位、安全培训教育不到位、安全生产管理不到位等方面问题，采取切实有效的措施加以解决。要认真按照《国务院关于加强道路交通安全工作的意见》（国发〔2012〕30号）及相关法律法规的要求，公司对营运车辆及驾驶员进行全面清查，不得违规经营。要采取有效措施，加强对驾驶员的安全教育培训，提高其安全意识、应急处置能力和遵章守纪的自觉性。要经常检查运输车辆，防止存在安全隐患车辆上路。

（2）柳州市柳江区相关部门要加强道路交通运输安全监管，排查整治营运货车变相挂靠问题，提升企业本质安全水平。督促辖区各货运企业严格执行道路交通安全、安全生产法律法规和规章制度，组织力量对私人购车并以公司名义变相挂靠经营、事实上脱离货运企业管理的营运货车进行排查，研究整改措施，整治变相挂靠行为。要严格监管客运企业，督促道路货运企业切实落实安全生产主体责任，严格遵守和执行安全生产法律法规与技术标准，完善内部安全管理制度，确保各项制度和措施执行到位，切实履行安全生产主体责任，强化对驾驶员的安全生产教育培训，加大车辆的日常维护和隐患排查治理，加强车辆动态监控，及时警示提醒超速、疲劳驾驶等违法行为，确保安全责任到位、安全投入到位、安全培训到位、安全管理到位、应急救援到位。

（3）梧州市公安局交警支队高速公路管理一二五合署大队、广西壮族自治区高速公路发展中心玉林分中心藤县路政执法大队、广西龙光贵梧高速公路有限公司“警路企”三方要进一步完善高速公路“警路企”交通安全防控链，强化部门间协调配合，加强统筹资源，联合互动，改进联合指挥调度机制，联防联控，合理利用三方资源，消除管理盲区，形成强大合力，全面掌握交通安全管理主动权，进一步强化“内部”与“外部”沟通结合，加强警路企的重要工作信息互通，共同保障高速公路交通环境的安全、有序、畅通、和谐。

（4）梧州市公安局交警支队高速公路管理一二五合署大队要以此事故为教训，严查辖区内各类高速公路交通违法行为，特别是对无证驾驶、非法营运车辆等违法行为开展不定期的清查行动，并依法从重处罚各类道路交通违法行为，形成有效的震慑作用。要依托先进的高速公路智能管控系统，深化公安交通集成指挥平台、指挥调度平台、联勤指挥平台，实现警力调度精准化，同时不断提升勤务管控能力，搭建“定点与巡逻结合、网上与网下互补”管控模式，“视频巡查与路面巡逻相结合”工作机制，“巡查、预警、调度、处置、反馈一体化”勤务链。要强化各类重点道路交通违法行为的打击力度，科学研判分析，依托收费站、服务区、执法站等阵地，在重点时间段不定期组织开展查纠工作，对严重道路交通违法行为一律顶格处罚，震慑一批道路交通违法参与者，营造知法守法的良好氛围。

（5）梧州市交通运输局要加大对非法合乘车、顺风车的整治力度，认真对照《国务院办公厅关于深化改革推进出租汽车行业健康发展的指导意见》（国办发〔2016〕58 号）等规定要求，认真分析研判本地区存在的非法合乘车、顺风车问题，进一步规范安全管理；防止以合乘名义从事非法客运经营服务：对私人小客车合乘信息服务平台开展非法营运活动的，要加大处罚力度，督促落实安全生产和维稳主体责任；要通过新闻媒体广泛宣传告诫市民群众外出要乘坐合法营运车辆，健全完善投诉和快速反应机制、维护道路运输市场公平竞争秩序，保障乘客人身安全和合法权益。

（6）藤县人民政府要认真吸取事故教训，加强对辖区道路交通安全工作的领导、督促和协调工作，深化完善应急联动机制，及时协调各应急处置部门进行应急处置。要充分发挥乡镇交通劝导站的作用，健全辖区人、车、路基础台账资料，充分利用海报、广播、电视等宣传工具，结合“安全生产月”“交通安全日”等活动，进一步加强道路交通安全宣传教育力度，提升广大人民群众及驾驶员的道路交通安全意识，防范类似事故的再次发生。

6.3.3　张石高速浮图峪五号隧道“5・23”重大危险化学品运输车辆燃爆事故

2017 年 5 月 23 日 6 时 23 分，河北省保定市张石高速保定段（石家庄方向）浮图峪五号隧道内发生一起重大危险化学品运输燃爆事故，造成 15 人死亡、3 人重度烧伤，16 名村民轻微受伤，9 部车辆、43 间民房受损，直接经济损失 4 200 多万元。经专家组调查认定，该事故是一起危险化学品运输燃爆重大责任事故。

6.3.3.1　事故基本情况

2017 年 5 月 19 日 14 时 43 分，内蒙古 ×× 运输有限公司（简称 ×× 运输公司）杨 ××、陈 ×× 驾驶车牌号为蒙・M×××××/蒙・M××××× 挂的重型半挂货车（简称事故车辆），在青岛市黄岛区中国石化青岛炼油化工有限公司石油焦场内装载 5 号石油焦 31.35 t，经青银、京藏等高速公路，于 5 月 21 日 16 时 3 分运达宁夏石嘴山市平罗县吴越路卸载，17 时 47 分驶离，19 时 11 分回到弘鼎运输公司停车场。2017 年 5 月 22 日 8 时

31分，杨 ××、陈 ×× 驾驶事故车辆去往内蒙古兰太实业股份有限公司（简称兰太公司）泰达制钠分公司，装载32 t氯酸钠，11时49分驶离，返回 ×× 运输公司停车场进行加油作业，加油员贺 × 将主油箱加满后，再向改装的备用油箱充装柴油600 L（540 kg），合计加油1 060 L，副驾驶员陈 ×× 签字确认。15时02分驶出 ×× 运输公司停车场，行经G109国道行驶，18时16分从荣乌高速乌兰镇收费口驶入高速，沿荣乌高速荣成方向行驶。2017年5月23日6时23分，该车行驶858 km，海拔落差约1 000 m，历时15小时21分（熄火停车2小时，行驶系统运行时间13小时21分），至张石高速浮图峪五号隧道（石家庄方向）时，发生初始燃烧爆炸，发出较大声音和火光，隧道内司乘人员迅速逃生，隧道外桥上车辆急速驶离现场。之后燃烧爆炸的强热引发氯酸钠和爆炸混合物爆炸，爆炸产生的冲击波、高温及火焰导致车辆破损、人员伤亡，煤炭燃烧及爆炸破片飞溅，后续油箱、刹车气罐、灭火器及轮胎等又相继发生连锁爆炸，挥发出白色的氯酸钠粉尘细微颗粒漂浮至隧道外。事故波及9部车辆，其中6部损毁，造成15人遇难，3人重度烧伤，事故波及高速桥下43户民房受损，16名村民轻微受伤，造成直接经济损失4 200多万元。

6.3.3.2 应急预案启动及实施情况

5月23日6时26分，涞源县公安消防大队接到村民报警电话，浮图峪五号隧道内发生爆炸，6时28分，涞源县公安局再次接到该村民电话报警，涞源县公安消防大队接到报警后立即派遣4辆消防车赶往事故现场。6时30分，高速交警涞源大队指挥中心接到在涞源东疏导交通的执勤民警的报警电话，立即下达出警指令，并向上级汇报，交警到达事故现场后，为了防止事故损害范围进一步扩大，在张石高速涞源东收费站口分流管控张家口方向车辆；在涞源南收费站控制石家庄方向车辆，打开浮图峪3号和4号隧道之间的中央活动护栏，迅速指挥现场后方车辆掉头驶离事故现场并疏导下路。涞源县公安消防大队到达事故现场后，发现浮图峪五号隧道内爆炸，造成车辆堵塞难以通行，现场指挥决定留下一辆消防车在西口开展救援，其他车辆通过已拆开的中央活动护栏逆行到达隧道东口开展救援处置工作。

事故发生后，河北交通投资集团张石高速公路保定段有限公司立即启动《隧道突发事件专项应急预案》，同时向上级集团公司汇报，河北交通投资集团有限公司迅速组织相关人员150名，救援设备36台（套）开展救援工作，涞源县委、县政府领导迅速赶到现场开展应急救援工作。5月23日7时保定市委、市政府接到报告后，市委书记、市长立即责成市政府分管负责同志赶赴事故现场组织指挥抢险救援工作，并成立了由市长任组长的事故处置救援领导小组和八个工作组，迅速调集全市公安交警、消防、医疗、安监、环保等300余人开展救援工作。

事故发生后，各级领导作出了重要的批示和指示。随着现场救援清理工作进展和伤亡人数不断增加，按照相关规定，省政府在事故现场成立了由副省长任指挥长的事故处置指挥部，下设综合协调、现场处置、事故调查、医疗救助、善后处理、安全评估与质量鉴定和舆情引导7个工作组，迅速展开事故处置、救援及清撤工作，至5月23日21时，事故现场清撤完毕。

事故发生后，公安部、交通运输部、国家安监总局派出工作组紧急赶到现场，指导事故救援和调查工作。为尽早恢复张石高速正常运行，交通部门组织专家对事故隧道、山体和地质稳定性开展鉴定工作，在取得经加固修复后可继续通行结论的基础上，河北交通投资集团张石高速公路保定段有限公司立即开展抢修恢复工作，至 5 月 25 日 10 时，事故路段张家口方向恢复正常通行；26 日 16 时，事故路段石家庄方向小型车辆、客运车辆恢复通行。

6.3.3.3　事故调查及原因分析

1. 直接原因

氯酸钠（$NaClO_3$）是国家列入《危险化学品目录》、《易制爆危险化学品名录》（序号 3.1）的一种易制爆危险化学品，属于氯酸盐类，CAS 编号为 7775-09-9，主要的燃爆危险性为 1.3 级，国际危险货物编号 1495，无色无臭晶体，熔点 248~261 ℃，易溶于水，300 ℃以上分解出氧气。《工业氯酸钠》（GB/T 1618—2008）“氯酸钠为强氧化剂，受强热或与强酸接触时即发生爆炸。与还原剂、有机物、易燃物如硫、磷或金属粉末等混合可形成爆炸性混合物。急剧加热时可发生爆炸”。

根据北京中机车辆司法鉴定中心等相关检验、检测单位的结论，及对相关人员的调查、询问、讯问和专家组分析，结合汪旭光院士认定意见，确定事故原因：

该事故是 ×× 运输公司杨 ××、陈 ×× 驾驶的车牌号为蒙 · M×××××/蒙 · M××××× 挂的重型半挂货车经过长距离连续行驶后，由于吨袋包装的超规格大体积量的氯酸钠在运输过程中，货物与货物及货物与车厢底板、箱板及残留的石油焦粉末（含硫）等杂质相互摩擦产生热量并不断聚集，车辆后一桥左侧轮胎自燃引燃了该车捆绑绳、篷布、车厢栅栏处密封布，并烘烤挂车厢体，进一步促进了车厢厢体温度升高，造成车厢内部分包装袋和车厢铺垫物发生燃烧熔融，吨袋内部分氯酸钠发生流散与分解，熔融的有机物、残留的石油焦粉末（含硫）与氯酸钠形成爆炸混合物，该爆炸混合物在热量和火焰作用下引发氯酸钠发生初始燃烧爆炸。初始燃烧爆炸产生的冲击波和高温，造成氯酸钠加速分解释放大量氧气，局部高温、富氧促使燃烧更加剧烈，燃烧的强热引发爆炸混合物和氯酸钠爆炸。

该起事故爆炸当量相当于 2.0~2.5 t TNT，根据爆炸力学原理，爆炸发生在隧道内，隧道壁对空气冲击波和高温气体有一定的约束作用，空气冲击波和高温气体遇到隧道壁后，发生反射、叠加，沿隧道传播距离较远，导致该爆炸造成的破坏范围加大。

2. 间接原因

（1）有关企业安全生产主体责任不落实。×× 运输公司危险货物运输源头安全生产管理缺失，未严格落实车辆安全例检制度和安全培训制度，私自改装危险化学品运输车辆、遮盖危险品运输警示标志伪装运输、违规配货、使用不具备防火的篷布等，违法违规问题突出。兰太公司产品包装违反规定，对 ×× 运输公司使用仓栅式货运车辆运载易制爆危险化学品（氯酸钠）、事故车辆使用不具备防火条件篷布未予制止。阿拉善盟经济开发区危货运输监控未按规定程序备案、责任主体不明确、未履行动态监控职责等违法违规问题突出。

（2）有关交通运输、公安交管等部门安全监管不到位。内蒙古自治区阿拉善盟交通运输局、阿拉善盟经济开发区交通运输局未严格开展道路货运市场监督检查，对相关企业存在的安全隐患和问题督促整改不力。内蒙古自治区阿拉善盟公安局经济开发区分局未向辖区内交通运输主管部门、运输企业通报机动车驾驶人的道路交通违法行为、记分和交通事故等情况，对辖区内伪装运载危化品车辆长期存在失察。保定市道路开发中心未按有关规定和要求，对事发路段申请组织竣工验收，工作落实不力。

（3）内蒙古自治区阿拉善盟经济开发区管委会未对辖区内相关部门进行有效的监督指导，致使辖区内企业长期违法违规从事危险化学品运输活动，安全生产领导责任不到位。

6.3.3.4 事故认识和整改建议

各相关省（自治区）各级人民政府要深入贯彻落实党的十九大精神和《中共中央 国务院关于推进安全生产领域改革发展的意见》(中发〔2016〕32号)、《国务院关于加强道路交通安全工作的意见》（国发〔2012〕30号），牢固树立安全发展理念，弘扬生命至上、安全第一的思想，健全公共安全体系，完善安全生产责任制，坚决遏制重大安全事故。

（1）切实加强危险货物道路运输企业源头管理。

各级人民政府及其有关部门必须加大危险货物道路运输安全的监督管理力度。严格依照《道路危险货物运输管理规定》《机动车运行安全技术条件》等法规标准，从车辆数量、公司规模、从业人员数量、从业人员专业能力等方面严格把关。健全危化品运输企业安全评估制度，实施危险货物运输安全生产风险辨识和管控。加强和规范危险货物运输单位监控中心设置和制度运行，落实监控安全责任制，确保监控发挥作用。加强危货运输企业基础管理，督促企业建立健全安全生产责任制和各项安全管理制度，强化从业人员安全教育培训，加强过程控制管理，全面落实安全生产主体责任。

（2）落实道路运输企业安全生产主体责任。

道路运输企业认真落实安全生产主体责任，不断增强守法遵规意识，建立健全并严格落实安全生产责任体系，提高安全管理水平，坚决杜绝违法违规运输行为。加强安全生产风险管控和隐患治理工作，特别是从事易燃、易爆、剧毒等道路危险货物运输的企业，要全面扎实开展安全生产风险管控辨识、评估、管控和隐患治理。严把驾驶员、押运员上岗关，严格车辆安全技术性能检查，严禁从业人员不适岗，严禁营运车辆带病运行。强化道路危险货物运输车辆动态监控管理，落实车辆动态监控主体责任，严禁超速、疲劳驾驶和不按规定线路行驶等行为。切实加强应急能力建设，完善应急预案，强化应急演练，加强应急物资装备的配备，特别是加强驾驶员、押运员安全应急知识培训，提高现场应急处置技能。

（3）进一步加大危险货物道路运输监督检查力度。

各级人民政府及其有关部门要完善危险货物道路运输监管机制，实行信息互通共享，健全协调联动机制，强化突击检查和第三方监管，及时查处和纠正运输经营过程中存在的各类违法违规行为。要采取切实可行的方式，定期组织开展对不按规定悬挂标志标识、违法改装运输车辆、超范围载货、违反行驶路线运行等专项执法检查，发现伪装运输危险货物、私自非法改装运输车辆、非法装运其他物品、不按规定线路行驶等违法行为，一律从严查处。切实加强对危险货物运输托运方的监管，督促危险货物托运方严格执行《安全生产法》以及危险货物运输的相关法规和技术标准，涉及产品包装、运输车辆等安全技术条件，必须符合技术标准要求。监督危险货物托运方依法对承运方履行综合管理和监督检查职责。

（4）进一步推进重点营运车辆动态监控联网联控工作。

要进一步加大日常监督检查力度，大力推动道路运输企业不断深化重点营运车辆动态监控联网联控工作。要督促道路运输企业及动态监控系统运营服务商加快完善动态监控系统功能，根据道路实际情况科学设置分段限速值，不断拓展系统的大数据统计分析能力，深入优化系统对疲劳驾驶、超速行驶等违法违规行为的自动识别报警功能，有针对性提高系统的精准化、科学化、智能化水平。各级交通运输、公安、安全监管部门要严格按照《道路运输车辆动态监督管理办法》要求，加强道路运输车辆动态管理，定期对道路运输企业动态监控工作的情况进行监督考核，并将其纳入企业质量信誉考核的内容，作为运输企业招标和年度审验的重要依据。公安交管部门要充分利用动态监控系统共享信息，对于满足非现场处罚标准要求的疲劳驾驶、超速行驶等动态监控报警信息，要切实加大执法处罚力度。

（5）进一步加强山区高速公路隧道安全管理。

各级人民政府及其有关部门要结合本地区实际，认真研究制定切实有效的高速公路隧道安全管理措施，组织对山区高速公路隧道进行安全评估、隐患排查，对排查出的隐患及时整治，加大安全投入，建设完善安全防护设备设施，特别是研究推广隧道事故报警、监控系统，提高应急反应和处置能力。根据出现的新情况、新问题，研究修改高速公路隧道设计建设规范，提高安全防护设施建设标准。

（6）进一步强化安全技术标准的执行。

针对包装运输类似氯酸钠性质的危险化学品，有关部门要督促企业严格按照《危险货物运输包装通用技术条件》（GB 12463–2009）等相关技术标准的规定进行包装、运输，在长途运输类似氯酸钠性质的物质过程中，应当注意通风散热，防止能量集聚。监督企业严格按照《道路危险货物运输管理规定》使用符合规定的车辆运输易爆危险化学品。全面执行 2018 年 1 月 1 日起开始实施的《机动车运行安全技术条件》（GB 7258—2017）新标准，加强对新标准贯彻实施情况的监督检查，查处不符合规定的运输车辆，防范轮胎自燃等类似事故的发生。

参 考 文 献

[1] 刘功智，刘铁民 . 重大事故应急预案编制指南 [J]. 劳动保护，2004(4):11-18.
[2] 王明贤，张莉莉，李俊 . 层次分析法在应急救援预案评价指标体系中的应用 [J]. 矿业安全与环保，2008，35(6):86–88.
[3] 张殿业 . 道路交通安全管理评价体系 [M]. 北京：人民交通出版社，2005.
[4] 丁辉 . 突发事故应急与本地化防范 [M]. 北京：化学工业出版社，2004.
[5] 北京市达飞安全科技开发有限公司 . 重特大事故应急救援预案编制实用指南 [M]. 北京：煤炭工业出版社，2006.
[6] 樊运晓 . 应急救援预案编制实务——理论 · 实践 · 实例 [M]. 北京：化学工业出版社，2009.
[7] 刘铁民 . 应急体系建设和应急预案编制 [M]. 北京：企业管理出版社，2004.
[8] 罗云 . 风险分析与安全评价 [M].3 版 . 北京：化学工业出版社，2016.
[9] 郭太生 . 灾难性事故与事件应急处置 [M]. 北京：中国人民公安大学出版社，2006.
[10] 吴宗之，刘茂 . 重大事故应急救援系统及预案导论 [M]. 北京：冶金工业出版社，2003.
[11] 李志宪，周心权，张劲峰 . 企业事故应急处理预案编制指南 [J]. 劳动保护，2002（5）：26-28.
[12] 吴宗之，刘茂 . 重大事故应急预案分级、分类体系及其基本内容 [J]. 中国安全科学学报，2003，13（1）：15-18.
[13] 王明年，杨其新，郭春 . 高速公路隧道及隧道群防灾救援技术 [M]. 北京：人民交通出版社，2010.
[14] 重庆高速公路集团有限公司 . 重庆高速公路突发事件总体应急预案 [Z].2010 年 8 月 .
[15] 重庆石渝高速公路有限公司，重庆渝黔高速公路有限公司 . 生产安全事故综合应急预案 [Z].2020 年 3 月 .
[16] 湖北省高速公路管理局 . 湖北省高速公路交通安全应急预案编制指南 [Z].2013 年 11 月 .
[17] 交通运输部公路局，中交第一公路勘察设计研究院有限公司 . 公路工程技术标准：JTG B01—2014[S]. 北京：人民交通出版社股份有限公司，2014.
[18] 全国交通工程设施（公路）标准化技术委员会 . 高速公路隧道监控系统模式：GB/T 18567—2010[S]. 北京：中国标准出版社，2010.
[19] 孙玉叶，夏登友 . 危险化学品事故应急救援与处置 [M]. 北京：化学工业出版社，2008.
[20] 国家安全生产应急救援指挥中心 . 安全生产应急管理 [M]. 北京：煤炭工业出版社，2007.
[21] 国务院 . 国家突发公共事件总体应急预案，2006.
[22] 中华人民共和国突发事件应对法（中华人民共和国主席令第 69 号），2007.
[23] 宋英华 . 突发事件应急管理导论 [M]. 北京：中国经济出版社，2009.
[24] 中华人民共和国交通运输部 . 公路交通突发事件应急预案（交公路发〔2009〕226 号）.
[25] 国家安全生产应急救援指挥中心 . 危险化学品应急救援 [M]. 北京：煤炭工业出版社，2008.
[26] 公安部 . 高速公路交通应急管理程序规定 .2008.
[27] 交通运输部 . 全国公路网管理与应急处置平台建设指导意见 [Z].2009-11-23.
[28] 潘安定，刘会平 . 关于南方雨雪冰冻灾害应急机制的探讨 [J]. 防灾科技学院学报，2008，10（2）：39-41.
[29] 周学农 . 突发性灾害之公路交通应急管理研究 [D]. 长沙：湖南大学，2009.